U0885136

INFLUENCE WITHOUT AUTHORITY

3rd Edition

提升影响力

成为可信赖的领导者

（第3版）

[美] 艾伦·R. 科恩（Allan R. Cohen）
大卫·L. 布拉德福德（David L. Bradford） 著

吴景辉　葛　嘉　译

電子工業出版社
Publishing House of Electronics Industry
北京·BEIJING

Influence Without Authority, 3rd Edition
ISBN: 978-1119347712
Copyright © 2017 by Allan R. Cohen and David L. Bradford. All rights reserved.
This translation published under license.
Simplified Chinese translation edition copyright © 2020 by Publishing House of Electronics Industry.
Copies of this book sold without a Wiley sticker on the cover are unauthorized and illegal.

本书中文简体字版经由 John Wiley & Sons, Inc. 授权电子工业出版社独家出版发行。未经书面许可，不得以任何方式抄袭、复制或节录本书中的任何内容。

版权贸易合同登记号 图字：01-2018-2001

图书在版编目（CIP）数据

提升影响力：成为可信赖的领导者：第 3 版 /（美）艾伦 • R.科恩（Allan R. Cohen），（美）大卫 • L.布拉德福德（David L. Bradford）著；吴景辉，葛嘉译. —北京：电子工业出版社，2020.11

书名原文：Influence Without Authority, 3rd Edition

ISBN 978-7-121-39657-1

Ⅰ. ①提… Ⅱ. ①艾… ②大… ③吴… ④葛… Ⅲ.①企业领导学 Ⅳ. ①F272.91

中国版本图书馆 CIP 数据核字(2020)第 209979 号

责任编辑：王 斌
印 刷：三河市鑫金马印装有限公司
装 订：三河市鑫金马印装有限公司
出版发行：电子工业出版社
北京市海淀区万寿路 173 信箱 邮编 100036
开 本：720×1000 1/16 印张：17 字数：324 千字
版 次：2007 年 1 月第 1 版（原著第 2 版）
2020 年 11 月第 2 版（原著第 3 版）
印 次：2020 年 11 月第 1 次印刷
定 价：68.00 元

凡所购买电子工业出版社图书有缺损问题，请向购买书店调换。若书店售缺，请与本社发行部联系，联系及邮购电话：（010）88254888，88258888。

质量投诉请发邮件至 zlts@phei.com.cn，盗版侵权举报请发邮件至 dbqq@phei.com.cn。

本书咨询联系方式：（010）88254199，sjb@phei.com.cn。

译者序

VUCA 时代，组织成员之间相互依赖

在今天这个 VUCA 时代，工作互赖性越来越高，组织内越来越难以出现“一言九鼎”的绝对权力；与此同时，知识型员工和年轻一代员工的管理也对传统的权力管理提出了严峻挑战。美国上将斯坦利 · 麦克里斯特尔在其著作《赋能》中旗帜鲜明地指出，“在错综复杂的新生态下，预测已经成为不可能，运营的关键已从控制–命令式转变为赋能–分布式，唯有如此才能在新生态下取得成功”。

技术变革越来越快、产品周期缩短、竞争日益激烈，从阿里、腾讯到百度，这些互联网公司越来越强调组织和成员快速地反应市场、客户的需求，不断地迭代产品。这种敏捷性需求，要求团队中的每个成员在协作的过程中通过发挥影响力来达成团队和组织的目标。

近三年，在给客户讲授“业务领导者的人才管理课”的过程中，我们看到很多管理者对下属缺乏有效的影响力，往往这种影响力渗透在日常的有效互动中。管理者的工作方式还是习惯于发号施令，并没有通过建立有效的关系创造出积极的影响力，也没有学会通过与他人、组织共赢的方式激励他人来完成重要工作，更没有有效赋能下属、释放个体潜能，实现组织目标。

然而当今商业环境中的客观现实要求管理者能与时俱进，基于此，我们希望通过翻译本书让所有的管理者、团队负责人还有每位团队伙伴都能够掌握影响他人的技巧和方法，学会破除发挥影响力过程中的种种阻碍，以应对这个时代对组织、团队越来越高的应变能力的要求。

一个建立影响力行之有效的流程指引

本书通过一个模型介绍了个体在组织中如何有效地发挥影响力并达成

目标。

第 1 章介绍了学习和应用影响力的重要性；第 2 章提出了科恩–布拉德福德影响力模型。第 3~7 章，重点介绍了有效应用影响力模型中的每个步骤的关键点；其中，第 3 章创造性地提出了“等价物”的定义。所谓“等价物”，本质上就是有价值，也就是被人所需求，并列举了工作中最常见的 5 类等价物。

第 8 章指出了影响力模型在使用过程中的性别差异。第 9 章的内容是如何影响上级，并提出了影响上级的三个关键原则：原则一，向你的上级表明，改变他的态度对他们自己有好处；原则二，向上级证明，他的最大利益是让你获得成功，因为这会让你更好地完成工作；原则三是以上级喜欢的方式与其沟通。在第 10 章，作者将影响力对象从个体延伸到对工作组、委员会和矩阵式团队。

除介绍理论之外，第 11~16 章还列举了许多工作中的实际场景，帮助我们更好地理解方法和应用场景，而这些场景都是基于工作中的难点和挑战展开的，比如如何对组织、部门和团队施加影响，以及当你在一个全球化组织机构中如何发挥远距离影响力，甚至是如何在组织中发起或者引领主要变革。

正如作者所言，真正无法被影响的人远远比我们想象的人数要少。绝大多数影响力实现的壁垒并不是（需要施加影响的）对象多么冥顽不化，而在于自我心态和影响方法。能够将每一位影响对象都视为潜在盟友，且是可以影响和改变的，这样的开放心态为实施影响力迈出了第一步；而科学严谨的方法论则保证阅读者能够按图索骥，逐步推进并能够保证随时进行复盘和反思。

作者反复强调了使用影响力模型和工于心计之间的区别——目标必须是完成工作或达成组织目标，而非为了实现个人利益。基于私利的交换可能在短期内奏效，但会产生组织氛围败坏等消极影响，甚至可能导致组织走向衰亡。而关注组织使命的行为，不仅可以通过建立影响力达成目标，通过了解对方、沟通需求，还能够关注如何协作和提升客户满意度，从而让自身变得更加可靠和值得信赖，建立更加积极的工作关系。

其实在生活和工作中，我们可能已经不自觉地在使用这一影响力模型。当然，并不是说我们每次实施影响行为都要对照影响力模型，而是要把它当作一面镜子，在我们遇到障碍或困扰的时候，能够通过对照模型平复心情，进而找到解决问题的办法。

每个人都可能比他们自己认为的更有影响力

为了更好地阅读本书，我们希望读者打破两个常见的思想桎梏。一是本书作者一直强调的核心观点——影响力并不是一种“玩弄权术”的技巧。二是每个人都需要且能塑造自己的影响力。

影响力并不是玩弄权术，而是从心理学角度剖析人际互动背后的动因——互惠原则：人们在付出时总是期待回报；相应地，一旦接受帮助，人们总是希望或早或晚地能够在合理的情况下给予对方回报。交换，也就是给予和索取，正是人际互动的核心，也是组织更好发挥作用的有效润滑剂。领导力大师艾伦·科恩和大卫·布拉德福德更基于此构建了一种非权力影响力的实施模型。从“所有人都是潜在盟友”的前提假设开始，确定目标明确优先级，对他人进行诊断分析，找到他人珍视的“货币”（等价物）从而确定资源，与他人建立关系，最终通过建立互助关系来施加影响力。

绝大多人缺乏的并不是改变事物的勇气，而是改变事物的技巧。我们希望组织中每一个伙伴不要给自己设限，认为自己缺乏影响力、也不需要影响力。事实上，面对工作越来越高的挑战性和复杂性，我们每个人都需要通过有效的杠杆点，塑造出自己的影响力。高特拉特博士有句名言“任何复杂的问题都有简单的解决办法”。如果你去日本旅行，当你从地铁站出来，从人行扶梯出站的时候，你一下就会发现扶梯上的人们会非常自觉地靠左站立，把右边都留出来。所以即使没有当地人告诉你应该这么做，你也会自觉地靠左站立。其实我们无时无刻不在释放着自己的影响力。

巨大的影响力来自专注于少数关键行为。少数行为能够带来巨大的变化。就如毛主席讲的“星星之火可以燎原”。唐·本尼特是第一个登上雷尼尔火山顶峰的人。凭借着一条腿和两支拐杖，他登上了4 390米高的山顶。当有人采访他怎么做到的时，他说“一次一跳”。他解释说，当他开始攀登时，他就在想“任何人都能跳出一步远，我也行”。进行到最艰难的地方，已经筋疲力尽了，他想：“你只需要迈出一步，任何人都能做到，我也行。”

每个人都可以关注自己可以做到的一个少数关键行为，就可以获得有效的影响力。本书中的科恩–布拉德福德影响力模型就给出工作中建立有效影响力的关键行为，每个人都可以从中学习并应用于工作中。

最后，衷心感谢电子工业出版社，尤其是刘露明老师，当原作者将本书更新到第三版时，她使本书及时出版，让国内众多读者能够在第一时间了解到两位领导力大师的真知灼见。

这是一个个人影响力越来越重要，也越来越能够发挥价值的时代。希望我们每个人阅读本书不仅学有所获，更能应用在工作与生活实践中，取得更满意的成果。

译者简介

吴景辉 HR转型突破中心高级合伙人。本科毕业于东南大学，东华大学MBA。七年企业高管经验，曾担任联发股份（002394）监事会主席，历任大型企业集团商学院院长、管理学院副院长，28岁担任企业（2 000人规模）常务副总经理，具有丰富的实战管理经验。译有《奥兹的智慧》《在组织中高效学习》《卓越领导之旅》《打造内驱组织》等。

葛嘉 HR转型突破中心合伙人。本科毕业于天津大学，浙江大学MBA。12年HR领域工作经验，曾任职于伟创力电子及多家知名民营企业，负责培训发展及人力资源管理工作，参与和主持多家公司企业大学/商学院建设项目、规划设计管理干部系统培养方案。擅长咨询领域为绩效管理与绩效改进、人才梯队建设等。

序

理念看起来如此浅显，如此基本。

在开始之前明确自己的目标，不要先开枪再瞄准。

假设每个人都是潜在的盟友，每个同伴都可以以某种方式帮助你实现你的目标。

你需要了解他们的现状、他们的处境，知道他们如何获取回报，他们是如何“争吵”的，以及如何让他们的利益与自身的利益保持一致。

始终保持互惠互利的人际关系，始终想着自己有哪些东西可以为对方提供帮助并不断践行。提前与对方建立信任关系有利无害，你永远不知道你什么时候会需要他们的帮助。

乐于交换，通过给予来获取自己想要的东西。

谁会不认同这些简单的道理？显然没有。

然而，在工作场合与同事合作时，当对我们的职业生涯至关重要时，我们中的很多人却没有想起这些，或者将它们作为我们的行为准则，我们反而抱怨着“基拉不配合我，应该怎样让她提供我想要的东西？”或者“马哈尔不来参加我的项目工作会议？告诉他必须要来!”

在过去的七年中，我们的用户从不到 50 家增加到 1 500 家，增幅达到 30 倍。世界上许多知名公司，包括通用电气、宝洁和可口可乐都使用着我们的产品，其他中小企业更是数不胜数。我们已经发现，我们所面临的问题的复杂性正在呈指数级增长，我们正努力应对这些复杂问题，并且尽力以清晰有效的跨职能合作的项目方式进行推进。

为了保持快速增长，我们清楚地认识到，必须致力于提升我们的管理者，才能让我们的组织在更多客户、更多合作伙伴、更多产品与部门的复杂环境中保持不断前进。所以我们所强调的核心是一个简单的理念：我们希望团队领导者能够高效完成工作，无论其负责的团队是否直接汇报给他。

本书中关于非权力影响力的理念是我们企业成功的核心，也是我们服务设计的核心。这样的方式使得我们的团队能够规避层级和信息瓶颈，以更好地达成协作。

影响力是现代商业世界成功的基础。本书是本简明易懂的指南，我们依赖它，我们教授它。想要获得成功，你也应当如此。

亚伦·利维（Aaron Levie） Box 公司 CEO
丹·莱文（Dan Levin） Box 公司 COO

目 录

PART Ⅰ 简介

PART Ⅱ 影响力模型

PART Ⅲ 影响力的实践应用

PART Ⅰ

简介

第 1 章

为什么需要影响力

> “影响力，是当今管理圈子中最热门的话题之一——如何让我更有影响力？如何让我的团队更有影响力？如何使用影响力让我的工作更有效？
>
> 在当今众多的跨职能、跨团队工作场景中，越来越多的项目制运作使得团队负责人很少拥有正式的权力。即使能够拥有，只依赖这种来自层级、地位的正式权力很难达到理想的结果。”
>
> 美国咨询公司领导力论坛首席执行官　旺达·华莱士博士
>
> VoiceAmerica（美国脱口秀）广播电台　“走出舒适区”栏目主持人

这本书讲述的主题是影响力——它是你圆满完成工作，尤其是挑战性工作不可或缺的能力。当你希望借助那些你无法直接掌控或命令的人，比如其他部门的人员，你的上级主管或其他比你更高职位的人员，你只有通过发挥影响力，才有可能达成期望。

不仅你需要如此，每个人都得如此。没有人在组织中拥有绝对的权力。在早些年，高层经理们看起来可以为所欲为地让下属们做他们期望的事情，然而这也仅仅是感觉而已。从未有人拥有过这样的权力。以前没有，以后也不会有。因为现代组织的运作机制就决定了不允许存在绝对权力。

当权力不能指望的时候，你只有通过充分建立影响力来达成你的期望。本书会告诉你达成的奥妙。

你将学会如何以与他人、组织共赢的方式激励他人来完成重要工作。让你即使在面对困境或处理复杂的个人、团队和组织关系而迷失方向时，也能创造共赢的局面。本书也会告诉你如何克服在发挥影响力过程中的种种阻碍，最终让你事半功倍。

当我们在 20 世纪 80 年代最初提出影响力这一概念时，我们还不得不向组织各个层级的人们解释影响力的重要性。因为当时管理和领导力的关注点都在于如何更好地掌控，如何提供更清晰的知识，如何保障执行。然而随着商业环境不断变化，单纯的指令式管理不断减少，横向协调和向上管理变得越来越普及。时至今日，每个人都知道了影响力的重要性，越来越多的人也了解了本书的主题——非权力的影响力，并对此表示认同。

正如死亡是所有人的归宿一般，管理者们也需要面对这一不可逆转的、确定的组织规律。在扁平化的组织中，上级是一种慈善资源；而在等级森严的组织中，上级会掐得你喘不过气来。然而无论在什么样的组织中，每个人都有需要对其负责的对象，需要依靠影响力来发挥作用。即使 CEO，也需要去影响董事会和投资人，乃至相关的金融界、新闻界，以及其他与本公司研发或销售相关的外部组织。

同样，组织中的每个人也需要与同伴打交道。时至今日，只有极少数的工作可以独立完成，更多的工作都需要依靠团队相互协作完成（见表 1.1）。

表 1.1　促使影响力技能提升变得愈加重要的因素

1. 技术变革越来越快，产品周期缩短，竞争日益激烈（包括国际化竞争）
2. 日益复杂的工作情境让决策越来越难，要求整合更有智慧的员工、更多的专家建议
3. 员工的不断多元化让团队达成共识变得越来越难
4. 工作地点面临更大的地域分散，包括空间与语言障碍
5. 人们对信息更加依赖
6. 通过削减规模和降低成本等方式减少组织冗余，要求更加高效地使用员工
7. 对于质量和服务更加重视，让“混日子”很难
8. 传统的层次结构越来越少，横向组织越来越多，包括基于产品和地域，以客户为中心的矩阵、虚拟、网络组织

最后，总有些人要作为其他人的监督者而承担责任，正如上文提到的那些高层经理和下属们。人们期望这些经理充分利用下属的才能来完成分配的任务。

因此那些只能在组织内部埋头自我工作的人将逐步被淘汰。无论从事什么样的工作，你都被期望加入团队，和同事一起从事重要的工作，这样才能彰显出你自身的影响力。你需要知道如何向他人介绍重要的项目，劝说同事提供你所需的资源，与团队和经理们建立良好的工作关系，让你的上级回应那些对他来说可能不重要的问题，对同事提出的请求给出深思熟虑的回应。今天对你提出要求的人可能在明天决定你的生死。

这就是当今组织的真实写照。

Manucom 公司是一家成功的制造业公司，它在 2014 年就意识到了行业中重要的市场变化，拓展了新的市场业务，并投入巨资来打造软件产品。该公司希望能够快速转型为一家科技公司，为此组建了独立的技术和产品团队。然而，产品团队绝大多数的成员都由销售和市场部的人员组成，并没有太多的技术背景（这意味着产品团队仅仅关注创造出新产品、带来可观销售额及利润后的奖励；技术团队最感兴趣的是用花里胡哨的新工具创造出新技术，他们的绩效仅仅和技术复杂性和新颖度有关，没有人关注客户想要什么及客户为什么付费）。技术和产品团队由拥有技术背景和 MBA 学位的人组成的平台管理部门连接起来。

新产品本应该在 2015 年 12 月上线，市场宣传已经开始了，销售团队已经跃跃欲试地期盼着用新产品达成销售目标并拿到奖励，然而技术团队进度严重落后。尽管如此，产品团队决定向销售团队展示并不完整的解决方案，希望用这个展示获得一些缓冲时间，然而这个产品在全国销售展示中现场失败了。

花费了数百万美元，团队群情激愤：产品团队指责市场营销、销售和技术团队；技术团队抱怨产品团队和市场团队。尽管每个人都来自同一家公司，但人们将彼此视为合同中的另一方，经常相互指责对方违反约定、背弃信任。

1.1 沙因·哈特的介入

几个月后，负责另一个部门的工程师沙因·哈特—— 一位新加入团队的 MBA 被指定来负责这个项目，包括指导产品和技术团队如何共事。

假设是你接手的话，你会怎么做？

在进一步阅读前，你需要考虑如何解决这种复杂且花费巨大的情况。你应该如何识别核心问题，帮助人们重拾信任，尽可能地挽救新产品或在必要时果断舍弃呢？

以下是哈特关于他如何利用影响力来应对挑战、获得合作，最终取得成功的访谈记录。

此前我并没有介入这个项目，我进入该项目前两周的主要工作就是从不同视角来了解失败的原因。我访谈了产品设计人员、工程师、项目经理、市场部经理和项目集经理。我想了解产品和人员，我很仔细地观察了人与人之间的互动，希望能够快速理解可以和所有人进行交换的"等价物"。

我花费了 2 周时间来与每个人进行谈话，从最低层到最高层。所有人都很擅长指出别人的问题。我想要了解权力，谁可以影响权力拥有者，同时保证不踩到地雷。

团队总共花费了 1.4 亿美元，他们都以为我会找到一个替罪羊。然而我说，我们都错了。我找到了问题所在。最后，我向我的高级副总裁进行陈述，表明这并非是一个技术问题，而是因为项目的过程管理不善：产品团队只了解产品，不知道如何完成软件开发。技术团队也是如此。区别于制造业的产品，软件产品团队需要精简问题和抓住重点，而不是一次性将所有要求都提给技术团队，否则技术团队很难掌控，势必导致问题出现。通过有序地、小颗粒地、有层次地接收指令，技术团队可以稳步前进而不会被压垮。

这是一个指责怪圈，每个团队都指责其他团队，它们并不知道如何设置优先级。如果我不能跳出来，我也会面临同样的问题，因为思考的角度往往受到个人所处位置的局限。

因为技术和产品团队成员会在其他场合进行合作，因此在大型会议上我无法公开表明到底谁对谁错。为避免陷入政治斗争，我会通过我的经理请高级副总裁回避会议。

在大会上，人们都说会由我来清理这个烂摊子，我并不希望孤军奋战，我想让每个人都支持我。我必须很巧妙地表达我们将解决这个问题。

副总裁很高兴我并没有越俎代庖，抢了他的台词。我把我的想法告诉他，由他来主持整个项目，在各类大型会议上进行汇报。

洛杉矶的产品团队一直在指责西雅图的技术团队，我在两个团队间来回沟通，反复强调"责备无用，不会帮助我们成功。我们必须把交付产品当成一个整体的工作，一损俱损，一荣俱荣，绝不可能出现两个团队一个成功而另一个失败的情况”。

在每次拜访技术团队时，我都会和每位工程师进行交流，问候他们的家人，和他们一起共进晚餐。我并不表现得很刻意，因此他们也不会感到我在给他们压力，也不会觉得我在试图取代他们的工作。在这样持续 2~3 个月之后，他们和我之间不再有上下级之间的距离感，当我询问项目进度和可能存在的问题时，他们会直接告诉我他们的各种顾虑，这有助于我理解工程领域的潜在问题。我的工程背景也让我很容易发现他们在解决问题过程中的谬误。

我会去了解问题出现的根本原因，然后我和工程经理沟通，帮助他从根源上解决问题。如果只是和经理沟通，得到的回应往往很容易是千篇一律的“没问题”。

11—12 月是重要的里程碑，三四个产品的首发都必须严格遵循时间节点，即使我们只完成了一个，也必须如实反馈。每周我都会将项目进度及时反馈给我的副总裁和高级副总裁。最终，我承诺的 4 个产品都准时发布了，他们都非常兴奋，因为之前从未做到过。对我自己来说，我希望是我的措施发挥了作用：通过双周会议明确“我们正在做什么”和“我们要做什么”。在此之前，这个过程只是走过场，没起到实际作用。

在产品展示的前一天，区域销售经理向我们表达了他们对产品的疑虑。因为历史原因，我们对此表示理解。然而，当我们在 500 位销售人员面前成功将产品展示之后，他们无比兴奋，“产品已经焕然一新，我们肯定会大卖！”，他们甚至开始提前庆祝起来！

同时，在高级副总裁到访时，我精心准备了一个简短的会议，主动询问他对于项目进度的反馈。在汇报中，我通过观察他的肢体语言以获取真实情况。我很想进一步获得成功，因此在这个进度汇报中，我展示我对项目的独特贡献，而不是由我的上级替我吹嘘，这是我发起项目进度汇报的另一个目的。

在开始时，市场部的负责人因为之前的失败而非常消极。当人们询问我的主管为什么我对此保持沉默、没有回应的时候，我的回答是：“我并不针对某人，我的目标只是完成产品的交付。我只想用两个月后的项目实际进展说话。”两个月之后，我每次看到她，她都会赞扬我：“沙因·哈特真的很棒！”

在这个例子中，并没有展示沙因所做的所有细节，但是预示了本书中的很多主题。个人和团体都有自己的目标和工作安排，没有谁对工作有“正确答案”，也不能命令他人来帮助自己，必须依靠协作。异地的工作方式更加容易造成对团队成员的偏见，因为不信任从而阻碍公开、诚信的沟通，最终导致糟糕的决策和巨额的额外花费。相应地，如果通过认真倾听和给予反馈充分建立开放沟通的氛围，会帮助团队更好地理解问题。团队内各方通过各取所需，真正形成合作，而合作的成功将强化进一步合作。对个体的认可必须来自工作成果，而不是个人吹嘘。

正因为组织中存在如此多的相互依赖，如何发挥影响力就成为个人必须掌握的技能。通过示弱获得同事们同情的帮助只能偶尔为之，但绝不是有效和可控的选择；过于强势、咄咄逼人的方式同样也不是很好的选择，把关键合作伙伴和上级变成敌人是自寻死路的做法。那到底应该怎么做呢？

如果你需要影响那些你无法控制的人，你就需要了解他们，了解他们到底想要什么，通过建立信任让各取所需成为可能，通过满足需求逐步建立合作的关系。一旦建立亲密的合作关系，互惠互利就变得水到渠成。

1.2　影响力模型

如图 1.1 所示的模型看起来是不是合情合理？你应该也是这样做的吧？当你知道如何通过影响个体和团队来获得所需的合作，那就应该坚定地这么做。

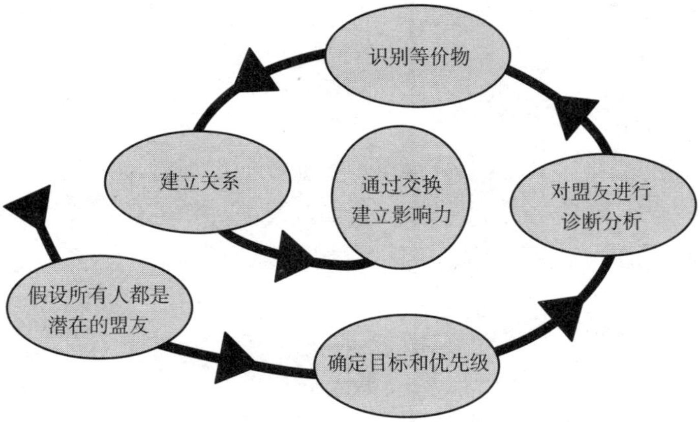

图 1.1　科恩–布拉德福德（Cohen-Bradford）的非权力影响力模型

如果你工作推进遇到障碍或遭遇挫折，如不知道对方的真实需求，无法和关键决策人建立关系，找不到可以给予的东西，对关键决策人找不到更好的切入点，那么一个系统的模型可以有效地帮助你对要开展的工作进行盘点，确认是否存在疏漏或问题。

我们研发的这个模型基于被社会科学家称为“互惠定律”的人际互动通用原则。这一原则揭示：人们在付出时总是期待回报；同样，一旦接受帮助，人们总是希望或早或迟，在合理的情况下以某种方式给予对应的回报。“给予”和“索取”，正式的叫法是“交换”，不仅是人际互动的核心，同样也是使组织更好地发挥作用的“润滑剂”。

虽然“给予”和“索取”的概念在很多方面浅显直白，但是这个交换过程相对复杂。在此过程中，我们发现有 6 个重要组成部分（见图 1.1）。模型各步骤简要描述如下。

1．假设所有人都是潜在的盟友

具备这样的心态，无论互动过程多么困难，最终都可以得到他人的帮助。经过充分的沟通交流，几乎所有的人都会关心你可以给予的东西，以交换你所需求的东西。

2．确定目标和优先级

确保你知道你想要什么，什么对你来说是最重要的，以及什么样的成果你能勉强接受。

目标需要非常具体，“良好的工作关系”并不是一个很好的目标，因为太过于笼统。

3．对盟友进行诊断分析

在组织中，人们关心的事情很多，比如他们如何被评价和奖励，他们的老板期望的是什么，组织的文化氛围，他们被交办的实际任务等。了解他们真正关注什么可以帮助你弄清楚你需要给予的东西。

4．识别等价物

因为涉及交换，资源可以反映某人的价值。不同的人看重的资源不同。幸运的是，大多数希望发挥影响力的人常常拥有的资源比他们自己想象的资源更多。

5．建立关系

包含两个方面，一方面指当前的关系状态（良好或紧张），另一方面指关键决策人能够接受的建立关系的方式。

6. 通过交换建立影响力

在这个过程中，你通过交换第三方价值（等价物）换取你想要的东西。你可以根据关系状态、组织文化和双方的个人偏好，可以隐晦或明确的、正式或非正式的方式进行。

第 2 章及后续的章节更加详细地探讨了这些步骤。然而在很多场景中，人们会本能、自发地使用这个模型来建立影响力。比如你之前就建立了良好的关系，已经能够相互影响，那么你就无须再刻意诊断分析对方、反思关键目标和评估关系。一切都可以很自然地推进。正如莫里哀《贵人迷》（“Le Bourgeois Gentilhomme”）中商人汝尔丹发现自己 40 年来都在“说散文”。①你可能已经很熟练地在使用我们所描述的这个模型，只是你并没有意识到。

然后有些情况会让使用影响力模型变得更加困难，如表 1.2 所示。

表 1.2　使用“影响力模型”的几种情况

当遇到以下一种或几种情况时，你希望使用影响力模型
1. 你要影响的对象很顽固
2. 你不知道你要影响的个人或团队，他们的需求花费不菲
3. 你和要被影响的对象关系不佳（或你的组织与对方的组织关系不佳）
4. 你只有一次机会
5. 你已经尝试了所有方法，但对方依然不接受

一般来说，不需要每次使用都参照模型。你可以把这个模型类比成飞行员的检查清单，飞行员会在每次飞行前进行例行的简单检查。飞行员知道如何做，但检查清单能帮助他们兼顾全部，不至于有遗漏。同样，在你面临焦虑或愤怒的情境时，你的关注点和应对措施往往因为情绪而受到局限，影响力模型可以帮助你更好地应对。

当你遇到阻力、合作很少时，这个模型可以换个角度来理解。

不必将所有人都视为潜在的盟友，而把他们当成是可以改变的（而不都是顽固的傻瓜）。

① 《贵人迷》，又译《醉心于贵族的小市民》，文中的商人汝尔丹，一心想挤进贵族行列，过上流社会的生活，因此喜欢附庸风雅。他听说自己的一句话“尼哥，给我把拖鞋和睡帽拿来”就是散文时，不禁得意地喊道：“天哪，我说散文说了 40 年，自己还一直都不知道！”作者在此表示已经进入状态多时，但还不自知。——译者注

不要尝试完全理解他人的内心世界，因为这种方式会让你分散精力而忘记自己的主要目标。通常正确的方式是进行简化和分类，虽然多数人不会这么做，但这正是模型的作用。它帮助你后退一步，看清目前的条件是否能够保证实现双赢结果。然而，到底在影响力实施中会有什么样的阻碍呢？

1.3 影响力实施障碍

我们必须意识到，确实有一些无法实施影响力的情况（见表 1.3）。确实存在一些无法被影响的人（虽然远比大家想象的人数要少），一些外部因素也会阻碍工作关系的建立。然而我们发现在大多数情况下，导致影响力实施失败的原因来自内部阻碍，而这些阻碍其实是个人可以掌控的。

表 1.3 影响力实施障碍

外部障碍	内部障碍
权力差距大	缺乏影响力意识
不同的使命、目标、优先级	预设的倾向和主观态度
不恰当的评价和奖励方案	畏惧对方的反馈
对抗、竞争、戒备	害怕失败

1.3.1 外部障碍

1. 你和你想要影响的人或群体之间的权力差距太大了

如此大的等级差距，以至于不可能产生联系，或者你几乎没有什么可以用于交换的东西。不过我们往往过高地估计了这个等级差距。

2. 你想要影响的人和你有着不同的个人或组织目标，无法找到共同点

可能确实是这样，也可能反映了我们没有足够深入地调研。

3. 你想要影响的人有着不匹配的业绩评估标准

这会导致你想要影响的人无法给予你想要的，因为系统给予他们的自由度不足。

4．你想要影响的人是你的对手，或者是感到你有竞争性、不想让你成功的人

比如你和想要影响的人（或者你们彼此的组织）之间可能会有过多的负面历史，导致没有合作的可能性。然而即使相互竞争激烈的组织，比如 IBM 和微软，也可以在特定的产品中找到共同点（如为 Xbox 开发芯片）。

对方不会受到影响的原因可能确实是客观的因素，然而你最终确定这个结论之前一定要反复确认。因为在当今社会，你的确可以发现许许多多跨越了多个界限的人和具体案例，他们在差异化的表面之下发现了另一个人或组织的真实需求，并与之建立了工作关系。

1.3.2　内部障碍

无论你是多么熟练的影响者，偶尔也会遇到一些无法克服的外部障碍。然而更多的时候，我们发现障碍来自影响者本人，这些障碍包括：

1．缺乏影响力意识

正如有人会把影响力当成与生俱来的技能，有很多人对于如何影响非权力管辖范围内的人或组织一无所知。他们并没有意识到影响力的本质是一种交换。他们也不能理解对于对方来说，得到需要的东西或帮助是多么弥足珍贵，因为对他们自己而言，这些东西根本不值一提。他们的关注点一直聚焦在他们自己想要的是多么美妙，而忘记了这本身对于要被影响的人或组织来说有没有意义和价值。

2．存在预设的主观倾向

主观可能会让你忽视那些原本可以帮助你的重要客观信息。你可能因为要被影响的那些人只认同事实真相，就认为你不应该去尝试，于是就放弃了。一种方式是迅速将这些人写下来，并假设他们可能在某些重要方面存在缺陷，并做好对这个非常普通的问题做很多说明的准备。另一种方式是你知道如何推动和影响另一个人，但是你无法忍受这样的人，因此你选择了退缩或与之对立。

3．害怕要被影响的对象和群体，以及他们的反馈

人们常常意识到，为了获得影响力，他们需要说些让其他人、组织生气或想要报复的事情。出于恐惧，他们很可能没有尝试就决定不再继续。

4．害怕失败

重要的举措通常伴随着失败和拒绝的风险。然而人们有可能过于担心尴尬、羞愧的场面，不愿意被拒绝，因此宁可选择不尝试，甚至接受项目失败的结果。

1.4 影响力模型的使用

你能否克服这些障碍（包括我们在后续章节中介绍的其他障碍）？我们将帮你制订一些新的指导方针。这些方法将帮助你克服自己的感受和反应，消除恐惧和误解，从而进行更好的需求诊断分析。

在接下来的一章中，将着重介绍 “科恩-布拉德福德”非权力影响力模型并开始你的理论学习。

1.5 计划但不要算计

这听起来像是工于心计，确实需要计算，但是要注意这是规划如何完成工作，而不是在计算如何获得个人利益。如果你试图影响的人们认为你只对自己的发展或成功感兴趣，他们会警惕、反感，或者事后进行报复。

追逐私利的行为（马基雅维利主义）也许在一段时间内会奏效，然而最终会导致帮助你的人失去兴趣，甚至树敌导致效率低下。可能某些人会因为利益选择和你交换，然而这样的行为对于组织来说是一种消极的行为，如果组织本身就是只有追逐私利才能获得回报的消极文化，真正关心组织目标的人会选择离开，那该组织最终必将自食其果而走向消亡。

只有抱着把工作做好的初衷，才能随着时间的流逝，将影响的过程变得更加真诚。大家都本能为他人的利益着想，致力于互利地互动沟通和资源分享。不择手段的利己行为是不可能长久的。

1.6　实现双赢

迄今为止的讨论都集中在建立双赢来实现你的任务目标。在达成目标的同时，往往还有意料之外的收获：更加积极的工作关系——通过努力了解对方，沟通他们的需求，关注如何协作和创造客户满意。这一系列过程通常会对工作关系产生积极的影响。

研究表明：良好的工作关系是工作中的关键因素（消极的工作环境可是有毒的！）。通常人们因为害怕疏远别人而不愿意尝试新的想法，而我们认为使用科恩–布拉德福德非权力影响力模型可以在达成工作任务的同时，逐步建立大多数人喜欢的积极工作关系。

1.7　本书的结构

本书概述：第 1 章介绍了学习影响力的必要性，以及学习一种系统思考方式的好处。第 2 章阐述了核心影响力模型。第 3~7 章详细介绍了模型的每个阶段。紧接着在一系列实际应用章节中，我们将在具体的场景中展示如何使用影响力模型来满足需求、做好工作。我们加入了 2 章新章节，包括性别与影响力、管理距离与影响力。你可以先选择阅读那些与你工作场景匹配的章节，而后再去阅读那些更加复杂的内容。

此外，我们的网站（见附录 A）上提供了几个案例以及更多的关于如何克服障碍获得影响力的延伸示例。关于这部分案例的具体细节和经验教训，可以参见附录 A。

这本书可以帮助你，通过更好地服务组织和个人来获得不断进步和更多的力量。

核心观点

（1）影响力的核心是交换，用满足他人的需求来交换你所想要的回报。

（2）关系法则：你拥有越优质的关系，你找到合适的人进行交换的机会就越多，愿意帮助你推动达成交换的人也越多。对绝大多数人来说，关系本身就非常重要。

（3）建立工作中的影响力要求你很清楚地知道你在做什么，是否有合理的计划，是否能胜任手上的工作。然而通常这还不够，这仅仅是入门要求。

（4）获取影响力必须关注组织的最终利益。真正关注组织使命可以让你更加可靠和值得信赖，而且让你不被认为仅仅是为了谋取个人利益，从而避免那些受到影响的人（因不满而）破坏你的声誉或寻求报复。

（5）需要认识到的是，发展影响力过程中的困难将会长期存在。当我们不知道应该如何做时，相对还容易些。真正造成影响力发展问题的是我们当下的工作习惯和决心。

（6）最后，可以确定的是：每个人都可能比他们自己认为的更有影响力。

PART II

影响力模型

第 2 章

影响力理论

> 阿波罗，我为你做得够多了。现在轮到你为我做点事情了。
>
> ——公元前 700—公元前 675 年，希腊阿波罗神像上的题词。
> 这揭示了对互惠互利概念的古老理解
>
> “来吧，非常好，太好了！”
> “谢谢你，先生。我欠你个人情”
>
> ——乔治·科尔曼，《可怜的绅士》，第 4 场，第 1 幕，1762 年
> 这揭示了 18 世纪对于互惠互利概念的理解

为了解决我们在第 1 章中所描述的各种挑战，你应该如何去影响那些你不能直接命令控制的人？简单的答案就是要产生影响力。想要通过交换获得，你需要准备好他人想要的东西。这个影响力的关键是基于人类社会人际互动的基础原则，即互惠定律。

2.1　违背互惠定律，后果堪忧

互惠定律，就是我们通常所说的“付出才有回报”，或者“种瓜得瓜，种豆得豆”。类似的理念，从中国到世界，从原始社会到现代文明社会，几乎遍及人类社会。同样，这一定律也延续到了组织中，最常见的表现形式就是“按劳付酬，多劳多得”。

对大多数人来说，背负“人情债”很难受，因此他们总是会寻找合适的机会来“偿还”，直至感觉基本平衡。正是这样的基本理念使得处于组织复杂环境中的人们可以获得合作。

关于狱警的一项经典研究表明，因为狱警人数有限，他们并不能单纯依靠威胁和惩罚控制犯人。然而，狱警可以通过给予犯人“恩惠”，诸如给犯人提供香烟、对一些小错误视而不见，以此换取犯人的合作（遵从规则）。对于囚犯而言，正式的权力无法让他们令行禁止（他们就是因为违反法律才入狱的）；他们服从狱警，是用他们的合作交换了狱警对他们的监禁生活更高的宽忍度，而并非对于“规则”的尊重。

在更高层次的组织和团队中，工作推进同样有赖于类似的“交换”。某一位经理提醒她的同事，他们的 CEO 今天情绪不佳，尽量别惹到他。这一小小的善意得到了回报：心怀感激的同事将所了解到的竞争对手的 IT 战略告诉了她。不久之后，这位经理又将一位潜在的新客户推荐给了这位同事。这位同事抓住机会，推动了一个内部联合项目，通过减少不必要的操作程序，节约了一大笔费用。这样的“付出”与“回报”关系让组织变得更加美好。

有利必有弊，这样的“交换”也可能出现不理想的结果。可能会因为缺少合作而变得没有实质意义，甚至造成损失。负面的交易甚至还会对组织的未来发展造成威胁，或者导致双输的结果。

正如亚当·格兰特（Adam Grant）所说，几乎所有人都在自我平衡交换中的得失。在工作场景中尤其如此，对于那些不能为他人创造价值的人，人们会中止与他们继续合作。我们在后续章节会展开讨论。

2.2　“舍得”的艺术

我们可以列出很多种影响力行为，比如说合理规劝、励志鼓舞、咨询分析、奉承迎合、人格魅力、建立联盟和施加压力等一系列方法。这些方式看起来纷繁复杂，然而其本质都是“交换”——用有价值的东西换取你所需求的。任何形式的影响力都是以“互惠”为基础的交换。举个例子，人们能被劝说，是因为这个人看到了接受观点之后的好处；励志鼓舞能被接受是因为被激励的人觉得会有好的结果；阿谀奉承能有效是因为有些人喜欢这种被吹捧的感觉。然而，如果接受者感觉不到有所收益（无论是物质的还是情感方面的），那么没有哪个策略能获得成功。当然，你仍然有必要掌握这些不同的方式方法，尽管核心原则是交换，但是在实际使用中，你需要基于具体的情境来制订不同的策略。

这样的互惠活动在组织中持续不断地发生着，人们不断地付出着并获得回报（见表 2.1）。

表 2.1 组织中的“互惠”案例

你付出的	你获得的
1. 按照岗位描述来工作	1. 基本工资和福利
2. 愿意在周末加班完成项目	2. 领导的表扬、晋升的机会、额外的假期
3. 在重要会议上支持同事的方案	3. 同事给予的项目机会
4. 帮助同事完成复杂的分析工作	4. 在上级面前夸赞你或当你需要时帮你走出困境

案例

互惠互利在组织中默默地发生着

斯坦利·施耐德博士——科学家、发明家、企业家，是美国中西部一所知名大学的高级科学家。一直以来他一直特立独行地把自己定位成“局外人”。然而最近，他通过非常艰难的经历学会了获得必要的影响力。

长期以来，作为一名分子生物学的博士，施耐德博士一直都是生物学系的一员。在那里，他为学校开发了多项专利技术，并通过版税和捐款来维持研究费用。然而，他一直是研究所副教务长心里的“一根刺”，施耐德博士认为副教务长一找到机会就会请他走人。

2001 年“9·11” 恐怖袭击事件之后，随之而来的炭疽病毒造成了社会恐慌，施耐德博士本身专业就是生物学，美国政府需要对炭疽病毒进行快速检测，一家公司也希望施耐德博士能够协助它进行开发。他和另一位正在培育和研究炭疽病毒的科学家同时进行合作，很快开发出了一种廉价的炭疽检测方法。随后施耐德博士前往学校宣布这个消息，并着手安排专利转让协议。

出乎意料的是，学校管理部门非但不对此感到高兴，反而因为对于炭疽病毒的过度担忧和戒备，施耐德和他的同事被当成了行为失当的科学家甚至是罪犯，受到了大学、当地警方和联邦调查局的调查。他们被校方强制安排了停职休假。

施耐德博士很喜欢在学校的工作和生活，他并不想离开但又无可奈何。在这危难时刻，物理系的学术带头人泽利科夫博士出现了。在此之前，施耐德博士曾经帮助他完成过一个专利申请。他与施耐德博士碰面，讨论了施耐德博士的就业问题，泽利科夫博士最终决定邀请施耐德博士加入物理系。

尽管泽利科夫博士本人也是个"独行侠"，但是他在学校体制内还是比较游刃有余的。泽利科夫博士希望能够帮助施耐德博士和学校解决这个两难问题。他对政策和流程进行了研究，意识到邀请施耐德博士加入物理系是一个很好的选择。他本人可以得到一个能干的同事，物理系也可以得到施耐德博士带来的版税分成。而施耐德博士本人可以得到继续进行研究的实验室和办公室，同时获得一些保护和监督。为了中止生物系的副教务长对施耐德博士的穷追猛打，他们和生物系的教务长（副教务长的上级领导）进行沟通，达成了对三方都有利的协议。

目前，施耐德博士正在致力于转化研究成果并创造出新的发明，他的成果中有一项已经成为极具价值的商业产品，为学校提供了大量专利版税。

2.3　科恩–布拉德福德的非权力影响力模型

非权力影响力模型如图 2.1 所示（该图在第 1 章中也给出过），非权力影响力的应用场景有：①需要更多系统性尝试来提升影响力。②建立初步计划来帮助确定哪些具有足够吸引力以获得合作。

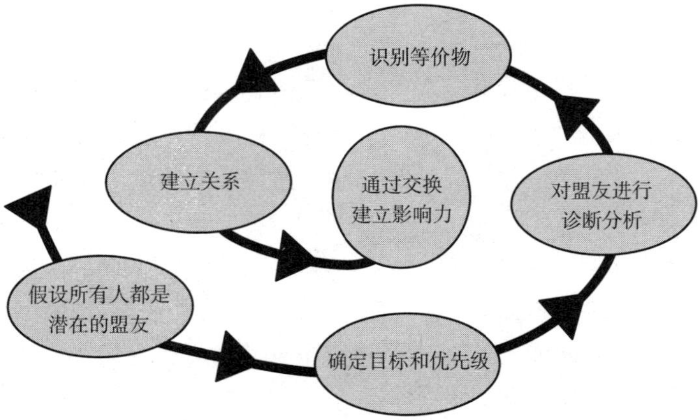

图 2.1　科恩–布拉德福德的非权力影响力模型

2.3.1　假设所有人都是潜在的盟友

我们要坚定“他们最终都会合作”的理念，而很多时候我们往往过早地下了定论，认为他们是不可能合作的。相应地，你必须坚信，你想影响的每个人都可以成为工作中潜在的盟友。这可以让你对对方的世界保持好奇，通过不断地探寻来发现你们共同的兴趣。认为对方永远是对手的观点往往会阻碍你去了解对方确切的情况，形成误解，沟通不畅，甚至可能给对方贴标签，并自以为是。此外，将他人视为敌人会让你不由自主地产生敌对策略。假设其他人是潜在盟友的想法同样适用于你的上级：如果你把管理人员都当作组织中的合作伙伴，那么和上级一起讨论确定如何建立更加互惠互利的关系也是你的责任（我们在第 9 章将详细论述如何做到这点）。

2.3.2　确定目标和优先级

弄清楚你自己想从潜在盟友那里获得什么并不容易，以下这些问题将帮助你进行选择：

- 你的主要目标和次要目标分别是什么？
- 它们是短期还是长期的目标？
- 这些目标是“必须获得”还是“最好能获得”？目标有谈判的空间吗？
- 你的首要任务是完成任务还是维系（或改进）关系？

你必须认真思考你的核心目标，以确保你不会舍本逐末。反复询问自己到底要什么；在几个选项中间如何设定优先级；达到你最基本的需求你需要付出什么；你是想在某个特定项目上达成合作，还是愿意建立更好的合作关系；一次短期的胜利是否值得你给对方造成不好的印象。在通常情况下，希望提升影响力的人往往不会把个人需要和工作需要严格区分开，因此有可能给对方造成困扰或引起对方的抵制。举例来说，如果你过分关注于不惜一切代价地确保“正确”，不论是通过羞辱别人还是自己最终拍板，你的个人关注点可能成为（争论的）焦点问题，并很有可能干扰到其他更加重要的组织目标。那么你愿意“做正确的事”还是达到效果？

2.3.3　对盟友进行诊断分析：组织的力量可能影响目标、关注点和需求

在这个环节中面临的挑战是确定潜在盟友的组织状况。组织状况往往决定了盟友们的关注点，并且会在确定什么对盟友们比较重要时起到决定性作用。

如果出于一些考虑，你无法直接询问（对方想要什么）的话，你可以分析组织的目标、关注点和需求。例如，在这个组织中，员工是如何被评价和被奖励的；经理们和员工们的期望是什么；盟友目前的职业发展情况如何，等等。你需要在盟友可能的需求点上下大力气，以获得对方的合作。同时关注获得你想要的东西所耗费的成本。

这种诊断的方式有助于我们克服看到不喜欢或不理解的行为之后，就简单地将问题归结于对方人品、性格不好或行为不端的倾向，帮助我们透过对方表现出的工作角色而看到其真实的人。了解盟友所处的环境和面对的压力可以帮助我们发现潜在的盟友，避免将其妖魔化。

2.3.4　识别等价物：盟友的和自己的

我们把人们在意的东西定义为“等价物”，因为这等同于你拥有一些可以和对方交换的有价值的东西。人们在意的东西有很多（如信息、资源、地位、钱、被人喜欢）。如果你能识别可以集中应用的等价物，你能够用于交换的可能性将变大（见表 2.2）。

表 2.2 “等价物”的来源

来　源	示　例
1. 组织因素	1. 业绩表现、行为准则、奖励制度
2. 岗位因素	2. 保障措施、做好本职工作
3. 个人因素	3. 个人偏好、个人信誉

2.3.5 根据盟友的需求分析资源

一般来说，既然已经是盟友，你肯定有一些资源是对方想要的。因此，盘点自己已有的或可以调动的资源有哪些非常重要。许多人往往低估了自己的能力，因为他们只关注正式的预算和权限。你需要仔细思考你还有什么可以调动的资源，以获得更多的潜在谈判筹码。我们常在不经意间失去了自己（本可以有）的影响力，比如准时完成工作，传递重要的外部信息，捍卫本部门的原则，提醒上级存在的隐患等。

当我们把这一切拿到台面上时，听起来有点功利，像是交易或算计。然而在组织中，影响力更多的是为了达成组织目标和组织的互利互惠，如果交换仅仅（或者被认为）出于私利，怀疑和猜忌就将产生，使得诸多努力付诸东流。

2.3.6 建立关系

这里涉及两个方面：①你与目标对象当前的关系如何？是积极、中立的，还是消极的？②这个人喜欢什么样的沟通方式？

如果先前的关系就很不错，这很好。因为已经有了信任关系，便于你提出需求。反过来，如果之前就有不信任关系——无论出于个人恩怨还是部门冲突，都需要谨慎行事，必须在提出需求前建立必要的信任和信誉。

每个人都有自己喜欢的沟通方式，有人喜欢在谈判前进行彻底的分析，有人更希望听到初步的想法和各种可能；有一些人总希望有备选方案，而另一些人则只想听你的结论。需要当心，不要把自己喜欢的沟通方式强加给别人。如果你能让对方感到沟通愉快顺畅，你就有机会获得更大的影响力。

2.3.7 通过交换建立影响力

一旦你确定了自身的资源，并想以此换取你所需求的资源，你需要考虑以下问题：

- 自身资源的吸引力。
- 盟友的需求。
- 对盟友的需求程度。
- 组织中的潜规则，比如人们可以如何表达需求。
- 与潜在盟友先前建立的良好关系和期望的互动方式。
- 是否愿意为想要的资源冒险。

罗列以上问题可以帮助你更好地规划，找到最佳的时机和方式来切入。通常来说，有 4 种方式。

1．证明满足我的需求也是对方的最佳选择

例如，你向你的上级展示，如果由你来独立承担一个短期任务，将使你在核心问题上更有发言权，并与另外两个从未全面合作过的组织建立良好的关系，最终让你上级的长远目标得到很好的实现。

2．用别的方式来回报对方的付出

例如，你希望你的同事在关键市场调研中帮你检验产品创意，或许你可以帮他引荐一位你比较亲近的高层主管，帮助你的同事获得在另一个他希望的部门工作的机会。

前两个选项是首选，因为它们更加实际，更加容易操作。

3．承诺未来的回报

比如向对方陈述："如果你这次帮我，我欠你一个大人情。如果我们成功了，我让你也参与最终的汇报怎么样？"

4．强调过去的付出

比如当一位受人敬重的同事不愿意支持你的项目提案时，温柔地提醒他是谁在去年花费整整两个周末，帮助他在"不可能"的时间期限内完成了客户项目。

双方对互惠的期望是获取影响力的关键点，至于具体的方式方法，我们将在本书后面的章节更加详细地讨论。

2.3.8 交换成果：任务与工作同样重要

在所有的组织中，影响力都包含两个要素：任务和关系。人们很少和无关的人打交道。事实上，也不需要因为想要让人对你另眼相待，为了交际而交际。此外，对于未来关系不同发展结果的认知也会影响当下的关系建立。因为忽略未来的风险，赢下眼前的战役却输掉了整场战争。你可以选择忽略过往历史，或不管过往为了建立关系，各种莽撞尝试带来的后果。然而当你再次面对这个对象的时候，它还是不免会成为绕不开的问题，这在组织中是非常常见的。

新人在影响力实现过程中起着非常重要的作用。如果人们认为你过于工于心计或自私自利，而不是为了实现组织目标，他们就会不再信任你，产生抵触情绪甚至会发展成敌对的态势。因此，随着时间的推移，最终只有那些真正关注他人福利、建立互惠互利的合作关系的人才会真正获得影响力。自私自利、不择手段的行为也许一时奏效，然而最终会四面树敌，失道寡助。

良好的关系更容易达成合作，而合作又反过来促进了双赢的交换。通过一起把事情做好来促进关系，通过言行一致来促进关系，或提供他人所需来促进关系。成功的合作让彼此的关系更加融洽。

- **尽早沟通、时时沟通。**有时候，糟糕的关系会导致对方拒绝合作，尽管合作对他们来说最有利。在这样的情况下，你必须先投入精力重建关系，再考虑其他合作的可能。为了避免“临时抱佛脚”，你需要尽早地开始建立关系。假设你希望你的同事帮你进行新产品计划的特殊分析，如果之前你们关系紧张，在推进工作之前，你需要想方设法缓解紧张、恢复友好的关系。只有这样，才能让正式的工作沟通变得更加融洽，获得被帮助的可能。

我们要认识到，所能得到的和彼此的关系通常成正比。如果仅仅关注最后的结果而忽略互动的过程，不仅会让你这次的合作出现问题，更会有损未来的长期合作。

当你建立众多的关系和良好的信誉时，你将被认为诚信的人而得到诸多帮助，而你也应该知恩图报。良好的信誉就像在下雨天把雨水存起来，在你需要的时候就可以取用。要在银行中存入善行，永远不要质押未来，因为你永远无法知道未来你需要别人什么样的帮助。

2.3.9　积极的交换与消极的交换

上文我们也有提到，这样所谓的“交换”可以往两个方面发展：如果是积极交换，我们将相辅相成、互利互惠；反过来，消极交换的后果是“我们各扫门前雪，我对你的提议毫无兴趣”。消极的影响因素可能来自组织、第三方或其他不公正的事情。

这里列举两种消极交换的反应：①含蓄暗示或直接表达不满，声称会采取行动；②报复行动，最后双输。负面反馈让实施者和接受者都感到不愉快，但为了最终实现积极合作，有时可能也是必要的（正如我们将在下面讨论到）。而双输式的报复行为最不可取，只能作为最后的制衡手段考虑。

- **偶尔采取的消极交换策略。**提出积极交换条件的同时，往往隐含着不接受条件会出现负面后果。如果接受合作让双方受益，那么显而易见的，不接受合作也会带来不良的结果。你可以明确指出后果或让对方意会。“借给我那个化学工程师，我就可以完成这个重要项目”，言下之意是说如果不借的话，这个项目将失败或进程受影响。最终，你也可以逐步抬高不合作的筹码，逼迫合作的达成。

在公开场合讨论可能的负面后果也可能有助于推动合作，显示强硬的态度，表达出对事情的重视和严肃性确实可以成为影响他人的有力方式，如果这个威胁能够直指要害的话。

以负面后果进行威胁并不是一种友好的交流方式，但在一些特殊的困难情况下可能也是必要的。就像给骡子带上辔头，它才能更听话。当提到负面后果时，最好再能给出一个胡萝卜：“我不想采取这种方式，我更喜欢那样，但是如果不能按照我的想法，我也只有被迫如此。”我们在第 7 章将对此进行更多分析。

当然，合作中出现障碍和问题时，直接抛出威胁比谨慎分析要容易得多。然而感受到威胁的人也很容易迅速转向负面的应对方式，比如同样以简单威胁的方式应对。这就很有可能导致负面的连锁反应，最终损害原本可能的合作。

- **对积极的沟通方式存在偏见。**虽然负面威胁是一种强有力的影响方式，我们依然鼓励从积极的沟通开始。有些人觉得如果一开始过于软弱会让后面必要时强硬不起来，但是我们依旧相信：对大多数人来说，采取积极的沟通方式会有助于提升影响力。

也许采取消极的方法可以达到互利互惠，但是有可能让对方因为感到被你逼迫而产生对抗，于是你开启了一个针锋相对的模式。受到威胁的人往往以暴制暴，而这让沟通变得更加困难，反过来又强化了你自己的消极想法，让你变得更加强硬。最终愈演愈烈，直到每个人都感到烦躁不安。更有甚者，一旦你因为态度强硬而名声在外，其他潜在的盟友（在你尝试合作时）会因为害怕被你的强硬占取先机，而主动对你采取强势态度。

此外，强调积极态度的另一个原因是同行和上级有可能也很强大，拥有不输于你的报复性资源。这隐藏着恶性竞争的危险。他们本来就可能正期待着证明自己更强硬的机会。反过来说，积极的期望也确实更能创造出合作双赢的氛围。你提出要求之后发生的大部分事情，不仅取决于你对对方需求把握的精准程度，还取决于对方对你的信任程度。这是你过去言行的积累，大家是否认为你是一个良好的合作伙伴。

最后，不要忘记未来，因为当今社会中角色互换非常频繁。积极地探寻双方共赢的机会，即使没有成功，留得青山在，也能为将来的后续合作建立可能。

2.4 影响过程中的自我设障

我们已经学习了一些简单的理论，学习了如何对事情进行分析，如何执行以达到最好的效果。多年以来我们已经教会了很多人成功地使用这个理论。与此同时，我们也观察到了每个阶段中许多失败的尝试。例如，渴望影响力却将事情变得更糟、过早地放弃，或者陷入本在意料之中的挫折而难以自拔。在随后的章节我们继续介绍如何使用该理论的重要部分之前，我们总结了在各个阶段常见的几种自我设障的情况，以供警示（见表 2.3）。

表 2.3 影响过程中的自我设障

1. 未把他人视为潜在盟友
2. 未明确你的目标和优先级
3. 不了解盟友的等价物
4. 不接受盟友的价值观
5. 不对自己能提供的资源进行评估
6. 没有诊断（或提前修复）与潜在盟友的关系
7. 不明确想要如何交换

障碍 1：未把他人视为潜在盟友

在建立影响力过程中，未对他人报以积极乐观的态度可能是最致命的陷阱（心理学家称之为“归因”）。这往往在首次被拒绝时产生。你迫切需要这个支持而对方明显可以给予帮助，即使被拒绝，如果你真的需要，你应该要求第二次，甚至第三次。在不确信对方有过失的情况下，很少有人会接二连三坚定地拒绝帮助别人。少数这样连续拒绝的人往往具有性格、动机或智力上的缺陷，或者是糟糕团队中“无能”的典型代表。

因此我们常见的负面归因，诸如“又一套空洞的市场理论”“一个工程呆子”“来自财务部门的‘数字痴’吃人鲨鱼”“软耳朵黑心 HR”“没有人性的海盗会计师就是精算师”等，是很片面的。然而一旦你建立了这种印象，无论你是否说出来，你都会下意识地认为对方存在缺陷，并且关闭继续尝试的可能。一旦你认为“对方是一个混蛋”，你很难把自己的这种认知隐藏起来，然而谁会愿意与不认同自己的人交往呢？

经典笑话：千斤顶的故事

天色已晚，一个旅行者正独自行驶在一条陌生的乡间小路上。他的车胎突然坏了，他停下车打算换个轮胎。可是他找遍卡车也没找到千斤顶。在发了一通牢骚之后，他只好步行上路，到附近的农舍去借个千斤顶。走着走着，他开始担忧起来：已是深夜，他这个陌生人却要把别人从睡梦中吵醒。然而天气越来越冷，没有别的办法，所以只好继续前行。最后，他终于看到一间农舍，但随着越走越近，他越来越担心对方被吵醒后的反应：“他可能非常生气，也有可能会开枪。”……等他走到农舍门口，敲了敲门，又开始胡思乱想对方会有多么生气。经过敲门和一段漫长的等待之后，灯终于亮了，门打开了。就在这时，旅行者突然用力地推搡了开门的人一把，一边大喊着“留着你那该死的千斤顶吧！”，然后跺着脚走掉了。

在此刻，要把沮丧和“这个人永远不可能成为盟友”的结论分开。即使他们提出的反对客观合理，也要尽量寻找共同点。不要轻易否定别人，无论他们表现得多么难以接近。只有所有的方法都尝试之后，才可以选择放弃。

障碍 2：未明确你的目标和优先级

一种错误是你想要达成的目标可能很多，甚至其中还包含那些很难实现的。而目标太多只能带给自己过大的压力，让自己失去信心。另一种常见的错误是将个人目标和组织目标混为一谈，不仅仅寻求实现目标的资源和支持，还额外地加上了对个人的认可、关注，或者金字塔顶端部分人员的特别认同——如工程技术部门的市场专家、组织中的唯一女性、白人组织中的非洲裔美国人。

把工作做好，随着时间的推移，通常都会带来期望的个人声誉，但是如果把它和工作中的要求混为一谈，会让人们对你的目标产生疑惑，减少获得帮助的机会。

当你的个人需求过于强烈，表现出要赢、不能输、不能丢脸、要处处领先、彰显自己多聪明等行为，这些都是自我设障，让别人觉得你并不是想通过合作来完成工作，而仅仅就是想赢。个人的勋章是否真的如此重要，以至于位列组织目标达成和良好关系维系之前，如果你的答案是“是”，当然这也是你的权力，然而请三思而后行。

案例

某国际软件公司案例：没有考虑到组织

为什么这个产品经理如此失落？因为法国的地区销售经理不愿帮助他来尝试新产品销售。评价地区销售经理的主要标准是商品在整个地区内的销售情况，而推销一种新产品要比大量销售原有产品耗费更多精力，而且不能马上产生效益。因此产品经理尝试推进，受到挫折，然后放弃了。

然而，缺少合作意识并不是唯一的原因。产品经理的一大失误在于没有提前分析产品经理和地区销售经理两者目标之间的差异就盲目地提出了要求。另一大失误在于虽然他能理解地区销售经理的出发点，但是忽略了其他对于销售经理可能产生吸引力的因素：这位地区销售经理或许希望获得第一个成功开发新产品市场的荣誉呢，又或许他希望能够有机会参与到新产品的早期市场规划中呢，这些都是产品经理可以提供的。

障碍 3：不了解盟友的等价物

其中常见的一种主要障碍是没有关注想要影响的个人或组织的需求。那些渴望获得影响力的人往往对于他们想达成的目标过于兴奋，畅想在自己对于未来生活的改变中，对于自我需求和价值实现的过分看重使得他们往往忽略别人的价值。每个读者也在不同程度上具有这样的局限性。你可以想象一个狂热的足球爱好者试图将足球这项运动推销给篮球或橄榄球迷："这是有着无比精妙的技术和战术的运动，虽然得分很少，但如果你看得足够久，你就会发现它如此之美！"这样的评论人们经常在用，然而其实并无太大意义。

另一个常见的主要障碍是没有意识到人们对于有价值资源的认定范围，往往把自己喜欢的东西当成每个人都喜欢的。正如电影《窈窕淑女》中的亨利 •希金斯先生一样，不明白"为什么这位女士的行为和自己完全不同呢"。这个问题的关键是假设了每个人只在乎一件事，只认同一种"等价物"。你如果缺少这样的东西，这件事就没法办成（可以参阅产品经理和法国地区销售经理的案例）。实际情况当然并非如此，每个人珍爱的东西绝非唯一，即使更看重其中一些，也往往可以进行权衡。

障碍 4：不接受盟友的价值观

有些时候，影响者确实理解了他们影响的对象所关注的东西，但是他们就是不愿意接受，认为这和自己的价值观完全不符。当然，如果对方的需求明显违反了普遍的价值观和道德原则，这是需要另当别论的。但很多时候，仅仅是看法有分歧而已。具有创业心态的"拼命三郎"可能很难接受那些专注于组织架构和流程的同事，这可能导致他想要去改变他的同事，而不是适应他们从而达成更加重要的事情。交换的影响力来自用对方想要的来换取你所需求的，而并不是改变对方的需求。

障碍 5：不对自己能提供的资源进行评估

这个环节最大的障碍是没有意识到自己也拥有其他人渴望的东西。你无需他人同意就可以给予诸如理解认可、表达赞赏、给予尊重、帮助他人等有价值的东西。如果其他组织只对项目预算感兴趣，而你恰恰并不具备，除有时通过有创意地讨价还价来尽量争取之外，你可能进入了一个"死胡同"。但是大多数人拥有比他们自己意识到的多得多的东西。

障碍 6：没有诊断（或提前修复）与潜在盟友的关系

我们已经提到，忽视积极关系会妨碍我们进行"交换"。如果你不被信任，那将很难找到合作伙伴与你冒险合作。有时，渴望得到影响力的人错误地把注意力都放在"交换"完成后的任务收益上，或者试图在最后一刻表现得很好，结果只能是镜花水月。

又或者，有一些急切希望获得影响力的人会假装和对方拥有同样的兴趣爱好，以此来建立关系。有些时候这非常有效，然而实际上这是试图操纵别人，一旦被人发现就会产生不信任。一旦被认为是一个利己主义者，任何技术都不会产生作用。要强调的是，这个理论只是影响者为组织谋求福利而非个人利益时才会奏效。当然，如果利己主义者打着“一切为了大家”的旗号，实质上掩盖了为自己谋取利益的情况，将会让问题变得更加复杂。

障碍 7：不明确想要如何交换

再次强调，缺乏信任是获得影响力的主要障碍。如果斤斤计较，或是从不依靠过于强势的相互善意的交换方式，即使很有吸引力的交换也会被搞得一团糟。有时候我们会遇到这样的情况，某些人因为过去良好的关系就想当然地发号施令，忽略对方的利益，一旦不被对方认同就大发雷霆。结果可想而知，愤怒会干扰双方的关系，让当下和未来的影响力荡然无存。

另一种常见的障碍是无法匹配盟友偏好的交换方式。这是因为对人际关系不敏感而造成的。例如，你没有注意到盟友喜欢简洁的沟通方式，而在某个细节问题上喋喋不休。有时候你注意到了对方的偏好，却因为固执于自己的偏好，还美其名曰坚持自我。如果把互动方式和个人诚信联系在一起，人们就无法接受他人可以掌控自己沟通偏好的权力，这为双方的合作增添了很多麻烦。

前面我们提到，一个产品经理因为缺乏适当的理论模型来指导他的行动，最终无法获得同事的帮助。关于如何规避这个问题，可以登录我们的网站，查看“他为什么不听”这个案例详细了解。而接下来的 5 章中，我们将进一步介绍非权力影响力的内容。我们首先从深入讨论等价物及其意义开始。

第3章

交换中的等价物

> 抢劫犯：要钱还是要命?
> 杰克·班尼（喜剧演员、臭名昭著的小气鬼）：……（沉默中）
> 抢劫犯：嗯?
> 杰克·班尼：我正在考虑……

3.1 等价物的概念

科恩-布拉德福德的非权力影响力模型建立在交换和互惠互利的基础之上——用彼此所有交换彼此所需。当你拥有对方所需的东西，不论是什么东西，交换就有可能达成。最近一份关于美国监狱的报告显示，拉面正在取代香烟成为监狱中的"硬通货"，因为政府预算开支缩减导致犯人的伙食质量和供给大大降低。所谓"等价物"，本质上就是有价值，也就是被人所需求。作为你用来判断如何与潜在盟友达成合作的依据。因为等价物代表着可以交换的资源，因此等价物是获得影响力的基础。如果你不能提供对方想要的，你就无从交换，获得影响力也自然无从谈起。在本章中，我们会详细介绍等价物是如何运作的、组织中常见的等价物，以及如何理解它们的应用。

3.2 常见的等价物

想要达成交换，你需要了解对方关注什么以及自己能够提供什么。在表 3.1 中，我们列举出了组织中最常见的 5 种等价物。

表 3.1 组织中常见的等价物

1．与激励相关的等价物	
愿景	从事对公司、组织、客户与社会有重要意义的工作
追求卓越	有机会将某项重要工作完美达成
指导或教授的机会	帮助他人学习和成长；传承智慧
捍卫伦理道德	在捍卫“正确的事情”方面有更高的标准
2．与工作相关的等价物	
新资源	包括钱财、追加预算、人员、场地等
新的挑战或学习机会	承担能够提升个人技术与能力的工作
工作援助	分担当前的项目或额外的工作
组织支持	以公开或私下的方式表达（对某人或某事的）支持
快速响应	更快地执行与反馈
信息	获得关于组织或技术的相关信息
3．与职位相关的等价物	
认同和赏识	承认付出的努力、成就或能力
高层引荐	有机会结识组织中的高层或重要人物
声誉	被认为胜任岗位且诚信
圈子或重视度	被组织或团队接纳，有“众星捧月”的感觉
人际互动	与他人互动沟通的机会
4．与人际关系相关的等价物	
理解	关注和倾听

续表

4. 与人际关系相关的等价物	
包容接纳	亲近和友谊
个人支持	个人和情感上的力挺
5. 与个人相关的等价物	
感激	知恩图报
责任或投入	承担重要工作的责任
自我概念	对价值观、自尊和身份的肯定
安逸	避免冲突

尽管这份清单并不全面，分类也未必非常严谨，但它确实能够帮助你跳出传统的思维框架，从更加广阔的视角来对等价物进行思考。它可以提醒你哪些东西可能是别人看重的，而你恰好拥有的。

3.2.1　与激励相关的等价物

与激励相关的等价物主要反映了鼓舞人心的目标，这是人们从事工作的根本意义。这也越来越受到组织中各个层次人员的重视。

1. 愿景

愿景可能是最宏大的等价物。它可以激发人们对公司或部门未来那激动人心的展望，同时你也可以展示作为盟友如何通过合作达成目标。如果你可以使你的潜在盟友看到无比美好的合作未来，那你就能克服来自个人的阻挠和各种困难。

2. 追求卓越

如果有机会能够把重要的事情做得非常完美，这其实很有激励性。从这个意义上来说，精益求精并不是空话，只是需要人们去努力尝试。人们都希望从事体面的、高品质的工作，如果了解如何为他人提供这样的机会，可以让你增加很多筹码。

3. 指导或教授的机会

对某些人来说，如果能够指导别人、帮助别人提升工作效率，发挥出经验的智慧将带给他们极大的满足感。他们往往认为这是一个回馈的机会，即从他人的成长中获得自我实现。

4. 捍卫伦理道德

大多数公司员工都希望做他们认为符合道德标准、合规、利他或其他正确的事情。然而这些在工作中往往难以实现。对于这样的人来说，相对于工作效率和个人收益，他们更看重能做“正确的事情”而获得的道德优越感。他们的自我形象让他们不愿意蝇营狗苟。因此，能够让他们彰显美德就是对他们最好的回报。

3.2.2 与工作相关的等价物

与工作任务相关的等价物往往来自工作本身，即某人对所负责工作的胜任感以及工作成就带来的满足感。

1. 新资源

对某些管理人员来说，尤其是那种资源稀缺、难以获得的组织中的管理人员，一项重要的等价物就是能够赋予他们更多资源来实现他们的工作目标。这些资源包含但不仅限于费用预算，还包括人员、场地或设备的借调使用。

2. 新的挑战或学习机会

在现代组织中，人们都对在挑战性任务中工作的机会格外看重，因为这些任务往往伴随着学习和成长。在“你认为工作中什么最重要”的调研排名中，“挑战性任务”总是名列前茅。在某些极端情况下，技术人员为了从事一项艰巨任务几乎不惜一切代价。在很多技术性公司中，流传着这样的笑话：对于每周玩命工作 80 小时、攻关艰难项目的奖励，就是给他一个更难更重要的项目。对这样的人来说，挑战和学习的机会是他们所期望的。

通常来说，找到挑战性任务并不太难。你可以邀请你的潜在盟友加入问题解决小组，或把工作中有难度的一部分交给他来负责，这些都是提供挑战性等价物的方式。

如果你的上级就是这种看重挑战的类型，你可以用你目前工作中面临的难题向他请教，请他一起商量棘手的问题，或是指出困扰推进的主要问题（反过来，厌恶挑战的领导们看重的是避免陷入复杂的问题之中）。

当今社会，尽管人们已经被爆炸式的资讯所淹没，但学习的机会依旧是一种行之有效的等价物。

3．工作援助

诚然，大家都希望承担更多的责任和挑战，与此同时人们也总是希望接受工作援助或摆脱麻烦。也许是因为他们个人不喜欢这些工作，或是因为目前的困难举步维艰，或是工作要求并不合理，总之他们因为一些原因而选择放弃。不论具体原因是什么，他们都会对提供帮助的人给予有利的回应。

另一种援助的形式是项目推动中的各部门之间相互配合。这些配合的要求应当根据接受部门的需求来量身定制。如果能够在推动项目之前真诚地尝试了解对方，并根据对方部门的需求进行匹配调整，这会非常有助于创造出援助式等价物。

4．组织支持

对于项目负责人来说，他们最看重的等价物是组织支持，即通过公开或幕后支持，将项目推广介绍给其他人。对于那些系列项目的推动者，或是能从高层或其他同事的赞美中获益的人来说同样如此。重大项目不可能一帆风顺，因此能在关键时刻获得高层或关键人物的帮助尤为重要。恰当时机、恰当人选的一句美言，对一个人的职业发展或目标达成有着无比重大的影响。尤其是当项目推进不顺畅，负责人受到质疑时，这种对人或项目的支持是最有价值的。

5．快速响应

对同事和上级而言，对紧急需求的快速响应非常有价值。帮助他们节约时间可以为事后的合作建立坚实的基础，尤其是那些手握重权又无法“临时抱佛脚”的高管们。

当然我们要警惕走入误区：无论是不是真的，都表现出“是在百忙之中抽出时间”给予其帮助，以获得对方的好感。这样的小伎俩可能短期有效，但绝不会长久。因为秘密不会永远是秘密。

要小心！夸大自己的负担以获得对方更多的人情，这样的方式不仅会使帮助贬值，还会在双方之间形成不信任。

6．信息

意识到“知识就是力量”。对于有些人来说，任何对于能够帮助他们提升部门工作表现的信息对他们都是有价值的。对于特定问题的解答是有价值的，广泛的信息同样是有价值的，诸如对于行业趋势、客户关注点、高管的战略方向、其他部门的工作安排，对关键任务的计划和管理都大有裨益。

内部信息可能价值更高。谁在正常推进、谁遇到了麻烦；最高层决策者最近的关注点是什么；什么是行业中最热门的趋势；客户的最新动态；“信息迷”会竭尽全力地帮助任何可以向他们提供内幕信息的人，即使这些信息不能帮助他们立即完成任务。

这种对于信息的渴望能够为任何已经获得宝贵信息并愿意分享的人创造机会。如果你的上级重视这些信息，你就会拥有额外的资源在组织中拓展关系。另外，能够获取一线的信息对于你的老板来说非常重要，因为在当今的组织中，地位越高就越不了解一线的实际情况，同时也更越希望获得这样的信息。

3.2.3 与职位有关的等价物

这些等价物能够增强一个人在组织中的地位，从而帮助他达成目标或推动职业生涯发展。

1. 认同和赏识

当人们在相信他们的付出将会被认可时，他们更加乐意伸出援手。然而在通过认同和赏识获得等价物方面，我们实在太局限、太失败。一项关于经理层的研究成果证明了这个结论并非巧合：（只有）在创新较多的组织中，组织中层极其致力于建立组织信任、传播组织使命。因为他们认为认同和赏识是非常重要的。

2. 高层引荐

雄心壮志的员工已经意识到，在一个大型组织中，有机会崭露头角、被高层人士看到才是获得机会、晋升的决定性因素。这也就是为什么项目小组中的成员会争着由谁来向决策者们做项目陈述。

3. 声誉

声誉更是被普遍重视的等价物。良好的声誉可以创造大量的机会，声名狼藉的人连尝试的机会甚至都无法获得。有着良好声誉的人会被邀请参加一些重要会议，人们就新项目和关键事件咨询其意见，在寻求帮助时都被认为是重要对象。反过来，声名狼藉的人即使占据高位，也只是有名无实，没有人会在意他的想法和意见。

需要注意的是，实际的能力只是获取声誉的一小部分，至少在大型组织中是这样，因为在大型组织中，很少有机会直接了解到每个人的具体能力情况。无论是否准确，声誉引发的后果可能并不完全可见：缺少声誉可能会被无视，尽管有能力却没有被邀请参与。

基层的人往往认为他们影响力很小，而没有意识到其实他们完全有机会影响到手握重权的管理层的声誉。经理的声誉好坏后果迥异。因此，聪明的销售人员会对决策人的秘书和支持者们表达善意，因为他们意识到秘书对他们的负面评论可能给老板造成难以磨灭的不良印象。

4. 圈子

对于某些人来说，进入某个“圈子”可能是最有价值的等价物。能够获取内部信息就是进入“圈子”的标志之一；另一个显著的标志就是结识重要人物。能够参与重要事件、计划、任务，这本身就说明了自身的价值。也有人通过接触圈子并炫耀他们能够如此靠近，以此获得的“显要”的感觉。

5. 重视度

交际圈子的变化，使得有机会“使其感觉自己很重要”也成为等价物。被什么圈子接纳、获取什么样的信息，能够表现出价值。你需要了解的是，对大多数一般人来说，成为“显要”很有吸引力。

6. 人际互动

人际互动和前面提到的很多等价物都有所关联，因为人们通过人际互动才建立了可以进行互惠互利交换的网络。有些人对自己很自信：只要能接触到，就能建立良好的关系。组织管理技能可以将人们聚拢到一起，便于相互熟悉了解。

案例

人际互动大师

我们的朋友爱丽丝·萨金特是一名组织顾问，她曾是世界上最伟大的人际关系互动大师。“爱丽丝的通信录”——因为她的专业知识而发起创办，有着友好、开放的氛围，也使她能够不断开拓自我，认识新朋友。她曾为成千上万的人服务，当然也包括我们。无论我们的任务是什么，她总能告诉我们“应该要与谁沟通”。她总是无私地帮助大家，而我们也一直很感激她分享的各种资讯信息。她英年早逝，然而即使在她临终前，她依然在帮朋友寻找合适的联系人。许许多多的咨询顾问和公司因她受益。从她身上，我们学到了帮助人们建立人际网络的能力。

3.2.4 与人际关系相关的等价物

与人际关系相关的等价物更多的是强化彼此关系，而非直接完成组织任务。当然这么做并不会降低任务的重要性，反而会事半功倍。

1. 包容接纳

有些人最看重的是与他人的亲密关系，无论是个人、部门、还是组织，他们更愿意接纳那些以温暖和友善为等价物的人。对他们来说，他们可能更加看重亲密关系而非工作方面的等价物，或者最起码他们不愿意和那些在正式沟通中没有保持和蔼、包容态度的人维持长期合作关系。

2. 理解

那些因为组织需求陷入困境，或者被上级孤立得不到帮助的人尤其看重同理倾听。几乎所有的人都喜欢畅所欲言，特别是面对那些没有利益冲突、不需要设防的听众时。然而管理者们并不认同这种纯粹倾听不加评论反馈的方式，他们的本心和工作性质使得他们需要发表建议。他们并没有意识到，倾听本身就是有价值的。

3. 个人支持

对于有些人来说，在一些特定的时刻，获得他人的支持是他们最看重的等价物。对于一个感到压力、不安、虚弱、急需安慰的同事来说，一个体贴的问候，例如，“你怎么样了？”，或一些鼓励，又或者是拍拍他的肩膀会让他难以忘怀并心存感激。而某些人则天生具有敏锐的直觉和洞察力，以最合适的方式给予同事力量，比如送上一束鲜花，相约一醉，又或是给予赞许。当然，善意表达的作用远大于对项目的实际支持，无论表达的方式是不是最佳的。

遗憾的是，有的时候这样的善意表达有可能“表错情”或被曲解成其他的含义，比如进一步的亲密关系或个人友谊。例如，邀请别人到自己家共进晚餐，对于特别内向的人来说可能是一种困扰。

尽管有时我们需要谨慎，但我们相信真正的善意最终能够化解误会。

3.2.5　与个人相关的等价物

此类等价物因人而异，无穷无尽。人们因为他们能够增强自我意识而对他们珍视。这些等价物可能来自任务，也可能来自人际互动，我们只列举几个比较常见的例子。

1．感激

感激可能是另一种形式的认同和支持。不一定完全与工作有关，感激之情往往被乐于助人的人更为珍视。有些人希望接受帮助的人能以感恩或顺从的方式回报他们。这也是一种微妙的等价物，一旦被过度使用就会贬值。也就是说，初次帮助带来的感激可能远远大于第十次帮助。

2．责任或投入

在组织中的另一种等价物是让盟友感受到他有机会掌控某些重要事物，或可以做出重大贡献。虽然这类等价物和其他很类似，但对某些人来说，有机会让他们从事自己喜欢的事情，这本身就是对他们的奖励，他们完全不需要其他额外的回报。

3．自我概念

我们之前提到的捍卫道德伦理是一种等价物。另一种关于自我认知的等价物是那些与对方个人形象相一致的等价物。“回报”并不一定来自他人。如果你始终坚持你的想法或者本心，你的回报可以自发形成，它来自你的自我信仰：善良、仁慈和致力于组织的福利。如果某人能够强化你珍视的价值观、自我认同和自我价值，你很可能因此回应对方的请求，因为回报归根结底是人际互动中的刺激性行为。例如，你通过合作实现了组织目标，就会自发产生。又如那些认为“这些事情就应该这么做”，而“不是出于狭隘的个人利益”去帮助他人的人，他们的等价物就是自我满足。

著名的变革研究者罗莎贝斯・坎特（Rosebeth Kanter）研究发现，许多致力于创新的中层管理者在明知不会受到褒奖的情况下，仍长期致力于推动变革。甚至有些人还因为推动变革，触动了现有经营理念或冒犯了高层而受到了惩罚。他们知道他们的努力会让自己陷入困境，然而依然义无反顾，这是因为他们坚信他们所做的一切都是正确的，而不用介意别人的想法。

4．安逸

最后，还有一些人高度重视个人的舒适感。喜欢循规蹈矩而讨厌冒险，他们愿意尽一切可能来避免被打扰或陷入尴尬局面。在公共场合大惊小怪，成为丑闻的中心，承受他人的怒火是他们避之不及的事情。相对于业绩和进步，他们更加关注以最小的干扰完成工作。如果你能帮助他们规避外人的打扰和接近，他们会非常高兴。

3.3　消极等价物

等价物是人们所看重的，然而也存在着负面的等价物，这是人们认为没有价值而希望尽量避免的（详见表 3.2）。如果错误地使用这种消极等价物，可能会带来不希望发生的结果。然而有时候，他们又是有效而必须使用的。

表 3.2　常见的负面等价物

拒绝给予等价物
1. 不给予认可
2. 不给予支持
3. 不给予挑战任务机会
4. 威胁退出
使用不受欢迎的等价物
1. 与对方高声争执
2. 对方请求帮助时拒绝合作
使用不受欢迎的等价物
3. 将问题反馈给共同的上级
4. 把问题带到大众面前，缺少合作诚意
5. 指责对方的声誉、诚信问题
6. 败坏对方的声誉
7. 把关系搞僵

一般来说，消极等价物有两种形式：①拒绝给予对方看重的等价物。②直接使用不受欢迎的等价物。

每当盟友表达出对一种等价物的看重时，缺少这样的等价物，或是威胁移除（已给予的）等价物同样也可以作为激励。太多人在追求影响力的时候，对消极等价物可能产生的消极影响过于担忧，因此会强调使用积极的等价物。但这样无疑忽略了诸如“拒绝给予”的力量，无谓地限制了自己。

拒绝给予资源、认可、机会和支持也有可能导致合作。在特定的情境中威胁退出，或中止已经给予的收益等方式也会奏效。

注意事项

直接使用不受欢迎的等价物相当危险，因为最终盟友可能会发现。虽然每个人对等价物的价值判断不同，但几乎很少有人会喜欢这些，例如，被劈头盖脸指责；将他们的所作所为在上级或其他人面前揭露；将他们的一言一行公之于众；让同事们攻击他们的声誉。只有当你确信非如此不可的时候，才建议你使用这些消极的等价物，或者说威胁。

而危险在于这样的举动可能会立即，或是在未来遭到对方的报复。你尤其不应该招惹那些弹药比你多，又不在乎和你同归于尽的人。这会是一场战争，你即使在短期内获得胜利也会让你树立一个敌人，在你最不期望的时候给你致命一击。

因此，即使你不得不使用这样的消极等价物，更有勇气的方式还是进一步探寻积极的沟通方式。“我知道你也不愿意离开”这样的表达方式要明显优于“如果你不合作，那就走开”。

在这两种使用消极等价物的情况下，你都要明确表示只有不达成交换你才会这么做。当你要使用消极等价物时，请你想一想未来，如果还是希望在未来有所求，还是不要使用为好。

3.4　等价物的复杂性和约束性

即使对自己拥有的等价物数量了如指掌，但在使用中依旧存在着复杂的问题。以下进行了概述，在第 7 章中将进行介绍。届时我们会讨论当面对复杂交易时如何定位，以及如何将相关的资源都涵盖进来。

3.4.1 建立等价物汇率：如何对不同的等价物进行衡量

如果每个人都希望以某种形式得到回报，那么交换的形式就很重要，多少己方等价物换取多少对方等价物？怎么让对方觉得公平？

在经济市场中，所有的商品都可以转化为货币等价物，这使得公平交易变得更加便捷。一吨钢材是不是等价于一套高尔夫球杆？通过将两种商品转换成美元（或欧元、日元或卢布），陌生人也可以很容易做出公平的交易。然而在组织中，回报的计算就复杂很多。我应该如何报答你愿意帮我完成工作的好意？简单的一声“谢谢你”是不是足够？还是说我需要在你的上级面前说你的好话？如果我们对于回报的等价与否存在不同的看法，那我们即使对同一件事情的评价也会截然不同。正是因为缺少既定的标准，用交换来获取影响力就变得非常复杂。

了解盟友所珍视的东西，最有效的方式是去检查他们交换的商品和服务。他们看起来关注什么？他们的语言传递了什么信号？他们在解释他们不会合作时首先提到了什么内容？你通过对他们内部进行评价和分析是不是管用？你可以以询问是否需要帮助的方式直接询问吗？也就是通过找到方法帮助他们从而让他们来回馈你？要注意的是不要以自己的主观想法来揣测对方的喜好。这是他们的喜好，并不是你的。

只有在很少数时候，人们会非常明确他们期望的回报是什么；在更多的时候，只要源自善意，回报只要过得去他们就会满足。因此，更为重要的是确定潜在盟友喜欢的等价物，并把你的资源兑换成这种等价物交付给对方，而并非在于确定等价物的具体数量。换句话说，在这样的交换中，质量（等价物的属性）远比数量更为重要。

3.4.2 萝卜白菜各有所爱：不存在通用的等价物

某些等价物能被大多数人认同和珍视，例如，希望对他人有影响力，得到赞赏，得到公平对待以及拥有良好的声誉和积极的工作关系。然而，这些几乎可以通用的等价物在不同人眼中的价值也是不同的。等价物的价值完全取决于当事人的看法。

难道不是每个人都希望拥有影响力？也许。然而会有一些人更偏向于独自一人完成工作，不要被打扰。无独有偶，积极的工作关系在很多人看来很重要，然而那些不喜欢和人打交道的人就未必同意这个观点。某位经理觉得感谢信是一种表示感谢的方式，但另一位经理可能会认为这是阿谀奉承，而第三位经理可能认为这是对各种帮助和支持的廉价回报。正所谓仁者见仁，智者见智。

此外，如果你对同一位盟友及其组织总是以一成不变的方式进行回报，这种等价物有可能会不断贬值，乃至不再奏效。例如，如果你对别人多次费时费力的协助始终只是报以口头感谢，那么最终这种感谢听起来就会十分空洞。

3.4.3　多种多样的等价物与回报方式

本书中关于等价物的讨论并不是完全准确和固定的，它们也存在着各人认知和现实语境的差异。

- 例如，提供一份特殊分析，报告这一行为，有可能被转换成若干种不同的等价物，对于接受者来说，它可以是一种业绩等价物（“通过这份报告，我可以了解到应该推广哪些产品”）；它也可以是一种政治等价物（“这份报告会让我的顶头上司觉得我很棒”）；它还可以是一种个人等价物（“这份报告丝毫不会影响我的最终决策，但这份报告传递了你认为我很重要的善意”）。同一种等价物可能会因为不同的原因被不同的人所珍视，有时即使是同一个人也可能同样如此。
- 一种等价物可以以不同的方式来回馈。例如，你可以通过直接面对面、在公开场合表达支持、向同事陈述，或告知盟友的上级等多种方式来表达你的感谢和赞美。
- 因为等价物的价值是可变的，因此更有必要去理解对于每个潜在的盟友来说，什么才是他们最看重的。不仅要听他们说，也要看他们实际工作中的选择。有时候，根据盟友的不同风格和偏好，以投其所好的方式提出合作建议往往会更加有效。要注意的是，不要夸大。如果你并没有合适的资源，夸大其词只会适得其反；如果你有，你也要考虑下如何陈述能让对方更能接受。

3.4.4　等价物不总是个人层面的，也可能是组织层面的

我们已经根据“什么是你要影响的个人所珍视的”这一话题详细讨论了等价物。而另一种等价物则是关于部门或组织的利益。在员工强烈认同其团队、部门或组织时，我们应当把关注的焦点放在集体利益的交换而非个体上。

当个人获得了“善良”或“在做正确的事”这样的心理满足感时，这绝不是毫无价值的。对很多人来说，能使他们自己认为自己是善良、仁慈、诚信的

人，这绝对是一种有力的等价物。这种回报影响如此巨大，以至于即使一开始人们需要付出的东西会有损他们的个人利益也义无反顾。事实上，在某些组织中，人们会很乐意做一些并非对自己有好处的事情，而这样的做法恰恰有助于发展影响力。因为在这样的组织中，利他主义至高无上。正如马萨诸塞州的 Blue Cross Blue Shield 组织中的中高层管理人员，他们专注于可以为会员及那些没有社保的人服务，拒绝谈论狭隘的自我和部门利益。管理层能够创造性地倾听客户需求，提升客户价值。又如联邦快递（FedEx）广为宣传的：在雪崩后，为了确保“次日送达”的承诺，员工甚至雇了一架直升机来投递包裹。

综上所述，鼓励潜在盟友为了谋取私利而合作是极其破坏原则的行为。即使是声誉的提升，也应该是伴随目标达成的，即“水到渠成”，而不是应该被公开兜售的。

3.4.5 等价物的重构：选择匹配文化的语言表达

你会如何将个人利益与组织利益的区别，清晰明确地向盟友所在的组织表达出来？很多高科技公司希望员工能够直接地表达对他人的需求，员工们对于资源的流转和处理可以畅所欲言。而在诸如 IBM 这样的传统大公司，对需求的表达就不会如此直白，同时必须基于组织的整体利益而不允许个人收益。在 IBM，没有人会说“你帮我这次，我回头将帮助你升职加薪”。他们会这么说：“你的工作会帮助我们提升产品价值，你的团队将因为杰出的贡献而获得相应的认可。”结果也许是相同的，但达成结果的语言表达是截然不同的。

虽然也有一些直来直往的交换情况，“你做初一，我做十五”（正如新泽西州一家我们所了解的已经举步维艰的建筑公司），而在大多数组织中，你需要以能够获得关注的方式来表达你的需求。除关注个人之外，关注组织文化也非常重要。如果因为语言表述不清，你很可能会失去那些最需要的支持，导致即使是很好的合作方案也会受到阻碍。而不恰当的表述方式会把明明对潜在盟友很有价值的等价物变得一文不值。

本书的一位作者曾经通过与惠普（Hewlett-Packard）这样传统、守礼的公司的沟通经历，切身体会到了这一点。惠普希望提升管理，而作者给出了“如何提升个人势力”这样的建议方案。人力资源部门对提升影响力的方案内容的确非常需求，然而“势力”这个词听起来太过于生硬了（他们实在是太与人为善，直到该作者退出这个项目之后才辗转地告知到他）。

3.4.6　扩充你的等价物：投资未来

正如我们所强调的（下文也会展开讨论），大多数人拥有比他们认识到的更多的等价物。除实际所掌控的资源之外，了解如何扩大等价物“池子”也非常重要。

当你专注于当前的工作并想获得与其匹配的影响力时，你很容易关注当下而忽视未来。我们需要想得更长远一些，规划相关同事（或未来可能的同事）所拥有的未来的等价物。比如你的工作可能与运营相关，而成本压力正使你的组织考虑将一些工作外包给中国或印度，你也许会自发地提前了解外包过程中的难点。如果你提前储备了相关知识，那么你对负责运营的同事就有了价值，当他们工作推进突然受阻时，你可以给予帮助并获得未来回报的人情（关于鼓舞人心的例子，你可以登录我们的网站搜索内蒂）。

下面的例子展示了谷歌（Google）的项目营销经理雪莉・马罗姆如何发现机会并采取行动取得成果。

案例

预测未来的技能需求

雪莉・马罗姆，谷歌的项目营销经理。

多年以来，我一直在经历着组织重组——从曾经的管理层到整个项目被取消。对我来说很有帮助的一件事情是学到了能够不断应对变化的宝贵知识和技能，并且在团队内进行了分享。

例如，我在市场部门工作时曾与跨职能团队紧密合作。当我的项目被取消时，我们不得不从头开始进行新产品的研发。我并没有产品研发的经验，然而我非常有兴趣对此进行学习。我对此进行研究，并在伯克利的高管学习计划中找到了一个很棒的为期一周的产品管理课程。通过申请，我的经理和总监同意我参加了此次课程。课程结束后，我在团队内进行了学习分享。

这使我成为一个意见领袖，对我非常有益，而我也因此受到了认可。

3.5 等价物使用中的陷阱

交换的概念看似简单，然而人们很容易弄错（参见等价物陷阱的规避清单）。

等价物陷阱的规避清单	
不要低估你提供的东西，尤其是你过往的学习和经历带给你的	
1. 你拥有的资源	资源评价人
☐ 技术信息	________
☐ 组织信息	________
☐ 客户信息	________
☐ 人事信息	________
2. 自身可以掌控的资源	资源评价人
☐ 声誉	________
☐ 赞赏	________
☐ 透明度	________
☐ 感激	________
☐ 认可	________
☐ 尊重	________
☐ 个人帮助	________
3. 对你无价值，但对他人有价值的等价物	
☐ 根据你对这个人的了解与其配合	
☐ 以这个人喜欢的方式与其配合	
☐ 提供对方想要的东西，即便你自己并不喜欢	
4. 你是否愿意承担额外的工作	
☐ 超出工作范围的要求	
5. 不要夸大或说谎	
☐ 你是否可以信守承诺	

3.5.1 不要低估你给出的帮助

从你所知的开始梳理，你的所学和工作经历是否让你拥有一些可能对其他人有帮助的内容？

- 稀缺的技术知识
- 组织信息

专家在哪里？哪些部门对你的部门很关注？谁正在从事有趣的工作？谁拥有有用的信息？谁还有剩余的资源？

- 客户信息

关键客户与谁关系紧密？在使用公司产品中客户有什么问题？客户的使用体验能否转介给其他客户？还有潜在的没被发现的客户吗？

- 人事信息

谁不开心？谁打算离职？谁在上升？谁在接近核心高层？

你可以自主支配什么？正如我们前面陈述的，感到无能为力的人往往是因为对于资源的思考过于狭隘。他们认为只有预算经费或升职加薪才是资源。如果没有这些，他们就认为他们毫无资源可以交换。然而你可以给出感激、认可、欣赏、尊重和帮助等其他人会珍视的东西。高层们也不会强制命令写感谢信、公开表扬、对需求快速响应（而这些都是你可以用于交换的等价物）。只要你把思维放宽，都能找到有价值的商品和服务。

人们喜欢与你沟通，说明他人对你感兴趣、对你依赖，成为这样的人很有价值。即便是别人没有获得实质回报，（与你沟通）也能让人们心情愉悦。

3.5.2 回报他人珍视的等价物，而非自己珍视的

这个陷阱很好理解，毕竟人们总是更知道自己想要什么，并且假设别人和自己都想的一样。如上文所言，确实有一些普遍存在、几乎人人希望获得的东西（自我价值、工作认可、工作关系），即使这样的等价物也可能被错误或过度地使用。有些人喜欢积极的关注和感激，然而另一些人并不喜欢站在聚光灯下或并不喜欢因为他们的日常工作而获得人们的感谢，还有些人只想独处不被打扰。遗憾的是，人们往往专注于自己的需求，而并没有注意到他人的需求表达，或是对这些表达视而不见。

我们注意到很多人，包括已经身居高位的人，他们确信他们的上级已经无法被影响，然而他们完全忽视了一些显而易见的东西，比如上级喜欢开篇给出

结论的方案报告。例如，某下属希望得到上级的反馈，而她因为了解到上级不喜欢她的方案，因此在会议前都没有将简要的备忘录发送给上级。撰写和发送备忘录完全是这位下属控制范围内的工作，但她从未意识到这对她那位忙碌而又喜欢深思熟虑的老板有多么关键。就这样，她错过了简单而有效获得影响力的机会（关于如何捕捉到对方释放的信息，请参阅第 4 章）。

最糟糕的是，当沮丧的影响者听到对方想要一些他们自己并不喜欢的东西时，他们完全不想给予对方。比如对于某一位对地位热切渴求的同事，对我们看起来有威胁，因此我们竭尽一切可能让他不那么成功；或是因为讨厌野心就百般阻挠而不是帮助这位同事。要记住，互惠是用其他人珍视的东西来回报。

3.5.3 摒弃不满情绪

有些人拒绝帮助他人达成目标，因为这并不是他们的本职工作，然而这限制了这些人获得影响力。他们的原则是“这并不是我的工作，我的观点是正确的，同事们应该接受”。当然，原则并不应该被违反，但“这不是我的本职工作”这一说法绝不应当成为坚守的原则。需要把对同事的援助想象成投资，说不定将来什么时候你就需要别人的帮助。另外，如果组织利益要求你配合他人达成目标，最终这也一定能符合你自身的利益。

3.5.4 警惕夸大其词

对提供的等价物进行合理地描述和推荐，确实可以增加满足对方需求的机会。细致、周到的沟通会增进相互的深入了解，更有利于将己方的建议和对方的需求联系起来。

然而这个过程也是有风险的，巧妙的话术在任何销售中都很有用，但要避免夸大其词和画蛇添足。在组织中，不能兑现的承诺，虚假声明，甚至是过多一厢情愿将损失你的可信度，从而危害未来的交换。而正如我们一再强调的，声誉在组织中是无比宝贵的财富，即使再重要的交换也应该保护好声誉。

案例

无法兑现的等价物

一位高科技公司的创始人、董事长、博士，与他五年前聘请的哈佛

MBA 总裁互相越来越看不对眼。这位总裁正致力于创造最大化的股东财富，这对他来说是最为重要的。他预测该公司的进口产品线很快就会令市场饱和，同时研发的主要方向和资源应该向终端客户产品进行战略转移。因此他得出的结论是该公司短期内应该通过压缩成本来实现利润最大化，最终实现上市的目标。

然而董事长对此不为所动，因为他重视的东西完全不同，他的乐趣在于技术挑战。作为一个财富自由的人，他对削减研发费用或将研发部门打包出售，以最大化获得 1 000 万美元或更多利润毫无兴趣。他需要的是把研发部门作为测试他直觉、提出创造性灵感的地方，而不是资本的变现。

他们的分歧越来越大，先是争执，之后是对立。而他们进一步地探索发现他们无法达成一致，因为彼此的最终目标无法协调。这样的认知使得他们达成共识——总裁应该在找到更好的下家之后离开公司。事实上确实也是这样，总裁去了另一家公司，在那里，他很好地发挥了他的作用。

3.6　结语

一个必要的警告是并不是所有的东西都可以转化为交换的等价物。如果双方基本价值观不同，两者很难找到结合点。公开诚实的沟通只能保证存在交换的可能性，双方有可能达成合作；或者即使双方未能达成合作，也不会因此破坏彼此的关系。但有时候，交换无法实现，此时应该中止交易，优雅走开。

等价物很重要，但并不总是显而易见的。在第 4 章中，我们将介绍当你不了解或是不能直接向希望施加影响力的个人和组织进行探寻时，应该如何确定对方想要的东西。

第4章

了解需求

> 不要将己之所欲施之于人，你们的喜好未必相同。
>
> ——萧伯纳，1903
>
> 与人共事，知道其本心和做事方式就可以领导他，知道其目标就可以规劝他，知道其弱点和缺陷就可以威吓他，知道其兴趣就可以统御他。
>
> ——弗朗西斯·培根，1561—1626

当你能为他人提供其所需时，你就可以建立关系、完成工作，并在这个过程中获得影响力。然而你如何才能知道对方的需求呢？了解那些你需要影响的人，包括所有重要的利益相关者的关注点、目标与风格，对确定给出什么样的建议来达成合作至关重要。他们的沟通方式，互动偏好，了解得越详细，就越能确定他们所珍视的东西。

对于频繁合作的对象，你大概率会知道对方的偏好并有效地推进工作。然而如果你并不了解对方或其组织关注的内容，尤其是当常规方法并不奏效，或因受阻而心存疑虑，又或是气急败坏地假设最坏打算时，你愈发要仔细地分析对方。

需要影响达成既定目标的相关利益方越多，或是找到正确方式的难度越大，你就越应该提前准备。本章将着重对驱动力尚不明确的潜在盟友进行分析，由此你可以知道如何建立当下和未来的双赢关系。

如果持续只从自己的角度来看待问题，很容易陷入重复做无用功或是痛苦的沉默等等自我挫败行为中，尤其那些有着强烈企图，想要成就一番伟业或是进行重大改变的人，他们很容易忽视潜在盟友的核心关注点。而一旦不理解对方的行为，盟友的不配合行为就看起来很难改变，甚至会认为对方完全没有理性。千万不要落入这样的陷阱之中。

4.1　两种解释人们所有行为的原因

如果能找到一种形成影响力的方法，就能帮助你理解是什么导致了对方的种种行为。然而很少有社会科学家会告诉你所有的行为可以被解释成两种原因，这就是我们提出的：个性或其他情境。

个性对于理解对方的喜好而言当然很重要，如果你确信你对对方的心理把握很准，了解他做具体事情的原因，那么你就很容易制订出相应的影响力建立方法。然而要小心：研究表明，人们对他人的评价往往过于简化，太容易给人贴上一个标签。如果不是对对方非常了解的话，其实很难了解到其真实的个性，即使有着广泛的合作互动，个性依旧难以捉摸。另外，个性并不容易改变。综上所述，我们并不太建议在对方个性研究方面投入大量精力。

另一种情况，人们的关注点往往来自他们所处的情境，以及在过去类似情境中的行为和结果。实际上，情境对于某人偏好的影响程度往往远大于个性。例如，在工作中，很多因素都会影响行为。我们后面会详细展开，在此先列举一个最明显的：对人们的考评和奖励方式塑造了人们的行为。史蒂夫·科尔的经典文章“期盼 A 却奖励 B 的蠢事”清楚地表明了组织对于个体实际回馈的影响作用，远远超过管理层的日常絮叨。

本章的前提，就是不在该组织内部，对该组织或其中个人也一无所知的情况下识别某人的工作环境，从而可以为你的探索提供一些参考：对于你试图影响的人来说，是什么核心要素驱动了他们的行为。进而，找到他们所珍视的等价物。偶尔，某人的某个重要性格会在所有情境中占据主导地位，然而这种情况并不多见（精神健康的某个定义是人会调整自身的行为以适应不同的环境。

如此说来，如果某人对待他的老板、父母、爱人、孩子、同僚或下属的态度是完全相同的，这样的人是有问题的）。

在这样的认知背景下，我们转而分析对于个人或组织来说通用的影响力要素是什么，并由此找到对方关注点，并达成交换的有力线索（图 4.1 给出了常见的影响力要素）。

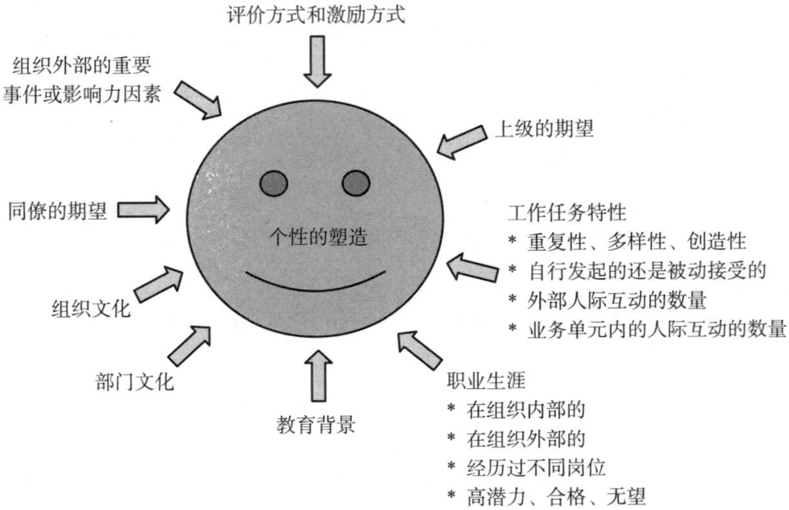

图 4.1　个性与相关行为的影响力因素

4.2　如何知道什么对他人来说很重要

以下列出的种种因素都可以帮助你判断，对于你希望影响的个人或团队来说，他们所珍视的是什么。

4.2.1　潜在盟友的工作任务

了解潜在盟友的工作职责和任务可能是影响他的关键，可以从下列的 7 个简单、基本的组织要素思考对工作的影响：

- 这份工作每天是与人还是与数字打交道？
- 这份工作是重复性的还是充满变化的？
- 这份工作要求谨慎、精确和可重复性还是要求创新和即兴？

- 这份工作经常被别人提出要求还是经常向别人提出要求？
- 这份工作是处于高风险、高透明度的岗位还是受到层层保护的岗位？
- 从事这份工作的人拥有完成工作所有的资源和信息，还是需要依赖他人？
- 这个岗位有多大的不确定性？

这些信息都为探寻潜在盟友所珍视的等价物提供了索引，即盟友如何看待事物，应该如何接近他们。例如，品牌经理的工作任务，包括产品的全方位定位、产品呈现、价格制订等。与其他那些以统计学、有效性、科学方法为工具，关注团体及其喜好的市场研究者截然不同。品牌经理必须将串联组织中的多个部门，和各个要素迅速地整合起来。而市场研究者则是孤军作战或是与很少数的同事合作，以缓慢的速度来发现重大的成果。

4.2.2　潜在盟友的环境

另一些影响任务要求的因素包括人际沟通的程度：

- 组织外部的人际沟通（客户、供应商、监管机构、金融机构等）。
- 高层管理者。
- 集团总部人员。
- 销售人员。
- 制造工厂人员。
- 进口设备或不可靠设备相关人员。
- 媒体人员。

其中的每个环节，如果缺少这些环节都将对负责工作的人员造成压力，影响他们看待问题或请求的态度。例如，那些经常处理客户投诉的管理人员，相比起从未接触过客户的管控部门的管理者来，可能更加容易接受对于质量改进的请求。

4.2.3　任务的不确定性

对潜在盟友又一重要的影响力因素是其工作中相关的不确定性。

在组织运作中，控制是有成本的。而不确定性越大，控制的难度就越大，因此在工作中的最大的不确定因素，应该成为关注的要点。你可以帮助他人掌控其工作中的不确定因素，从而获得这个盟友。

当然，不确定性并不完全是盟友全部压力和担忧的来源，因此从其他方面来思考哪些还可能对于盟友比较重要，通常也很有用。

4.2.4 评价与激励方式

如前文所述，人们的行为方式往往受到其业绩评估方式和激励方式（或称绩效标准）的强烈影响。那些表现出“艰难”或消极的人们只会去做那些“做了才会被认为业绩良好的”行为。

了解其他人的绩效标准可以帮助你确定通过增加价值或改变要求来匹配对方的需求。在有些情况下，也可以来质疑评价方式的合理性，部门绩效评价方式往往由高层制订或从过去沿用至今，确实也可能存在一些意想不到的消极结果。如果能把这种消极的影响明显地显示出来，组织可能最终调整这些评价方式。然而短期内，判断对方的评价方式才是你判断要推进还是要绕过的依据。

案例

激励方式差异导致的不匹配

银行的信贷经理非常生气，因为投资部门的同事没有介绍一个优质的客户来办理大额抵押贷款，他可能并没有意识到投资顾问的收益来自客户保留。如果银行的贷款利率没有竞争性，客户可能会认为投资代表（的建议）没有价值而转向其他银行。投资顾问如此回应并不一定是无视信贷经理的请求或忽略了银行的业绩目标，而是源于他的考核目标。

无独有偶，信息管理系统（MIS）经理反对工厂经理关于自动生产的方案，很有可能是如此一来，评判 MIS 经理本人的项目库存项考核指标可能会超标，而采用相对简单的方案则无须从头设计简化规划和库存控制，因此她有可能错失了一个周期略长但非常理想的方案。同样，财务负责人认为采用最新的技术，某些财务数据会变得很难看，因为增加昂贵的设备需要很长时间才能产生相应的回报，因此他对 MIS 经理的提议表示迟疑。

4.2.5　组织与部门文化

大多数人都会受到其工作的组织文化影响，有时还会受到他们具体的工作团队的特定的亚文化的影响。文化是一种自动假设，是群体中的人们关于事务应该如何运作、什么应该被珍视以及人们应该如何互动的一种设定。

不同的组织有其不同的践行的价值准则（价值准则驱动行为），这些价值准则往往比组织中的信仰作用更强一些。即使在同一组织中，人们可以在不同的并行的价值准则下工作。

例如，是犯错就被指责的文化还是将错误视为学习经历的文化？是“不成功便成仁”的文化还是即使在同一岗位也可以很成功的文化？是成员之间能够互相帮助还是各自为政的文化？是管理层因谋求私利心存愧疚还是理所当然的文化？这些在不同的业务部门答案也不尽相同吗？

案例

两种截然不同的文化：投资银行和保险公司

投资银行的工作者（高风险、高收益）和保险公司的工作者（低风险、可以预期的回报）往往截然不同。无论是关于是应该强势，还是如何公开谈论金钱和野心？是如何着装，还是如何对待同事？又或是什么样的专业知识才值得敬重等。

这两类公司的办公室支持人员都没有较高的组织地位，收入并不高，可能更注重细节，更枯燥也更直接。他们被迫只考虑非常短期的目标，就像合上教科书，就完全按照教科书所说的来做了。在任何类型的组织中，员工都倾向于不断强化其部门的文化，因为那些特立独行不遵照正确行为设定的人往往会被组织认为是维护组织文化的威胁。

因此，某个粗暴直接、喜欢讥诮而又强势的员工很可能是他组织文化或职能工作的产物，而并非其天性人格。反过来，如果部门以友好为荣，或对客户响应的有力文化，如善意、耐心和个人兴趣也同样可能作为副产品出现。

当然每个行业中都有一些特立独行的公司，每个大型组织也会有一些不尽相同（甚至是冲突）的亚文化。

4.2.6 组织外部影响力因素

可以推动行为的外部影响力因素如下：

- 整体经济状况。
- 员工对于工作和跳槽的感受。
- 重大竞争。
- 影响行业或公司的法律裁决。

这些外部影响力因素都可以影响到组织或不同部门中的每个人。来自美国证券交易委员会某一提案的威胁，诸如招聘与晋升政策中关于歧视的禁令，又如股价下跌可能引起的强烈反应。例如，一旦一家软件公司以收购竞争对手的名义被起诉，法务部门的成员也许会对此前忽略的行为重新重视起来。换言之，孤悬海外的公司，又或是行业垄断地位的公司，他们的表现又往往与大多数其他组织的行为截然不同。

4.3 职业抱负与个人背景

组织因素当然是盟友们需要考虑的一部分，来自他们先前的工作经历和对当前目标等许多个人关注点同样需要考虑。

你可能和潜在盟友不太熟，对他本人和他的过往并不了解。然而如果你知道他之前的职业经历或是很轻易地通过询问（其工作经历），你就很可能获得宝贵的认知。你并不是在窥探过往的尴尬历史，人们对于过往经历的评论往往可以为他们重视关注什么而提供线索。

是敌是友？认识与否？如果以下这些关键问题你都知道答案，潜在盟友的世界对你来说将一览无余。

- 你的潜在盟友是在晋升“快车道”还是在原地踏步？
- 你的盟友是受到重构部门或产生内部变化的压力，还是希望保持部门的平静气氛？
- 你的盟友如果答应（或拒绝）你的方案，会合作（中断）多久？他是否因为很快要调任因此对方案结果不置可否？

我们要避免给对方“贴标签”，然而我们还是可以检查一下对盟友个人经历的了解。他是否在美国之外的地区长大？是否是第一代移民？教育背景也会对我们的了解认知有所帮助，包括盟友在哪里学习、所学的专业。缺少大学学历的管理者，甚至是在某些组织中缺少 MBA 或其他高级学位的经理们，可能对他们自己认为的缺陷或是人们可能对他智力水平的轻蔑分外敏感。

常春藤联盟的文科毕业生可能比大型州立大学毕业的工程师更加关注文化和礼仪，而工程或会计专业的毕业生相对于市场营销专业往往更偏好讨论具体的数据和细节。完全基于这样先入为主的方式可能存在风险，然而可以为我们提供一些更仔细诊断的线索。

- 此人在之前的工作中有多成功？
- 此人是否自视甚高？是否仍在持续学习？
- 此人是在岗位中快速产生业绩，可以四处救场，还是只能按部就班适应岗位然后持续下去？
- 诸如你要推进的项目，此人在之前类似的项目中是大获全胜还是全军覆没？
- 此人是否是武断裁员或某个糟糕经理的牺牲品？
- 此人在承诺给予下属支持之后，是否有食言或“背后捅刀子”的行为？

曾在谷歌或 Facebook 工作的经理人看待问题的方式，与那些一生都只为一家中型家族企业服务的经理人完全不同。而那些有过欧洲或日本等海外经历的职业经理人，与那些从未离开过底特律的经理人看法也会大相径庭。

所有这些情况都可能会影响人们对新想法、重大变化和重大项目的反应。

案例

职业经历带来的变化

斯坦是一家全球 500 强公司的人力资源副总裁。在高层会议中，他很少说话，即使问题直接影响到他所负责的区域，他也从未针锋相对地争吵过。一位新加入的管理层对此感到很困惑，因为斯坦曾经有过管理业务的经历，因此他的风格按理说应该更加明确和激进。

这位新管理层人员从同事处得到了一些信息：“前任 CEO 曾经有一天对斯坦所说的话大发雷霆，并且当场要解雇他。虽然后来晚些时候，CEO 收回了这个决定。然而斯坦从此就变得沉默寡言。新任 CEO 比尔到任之后，尽管他比前任更加能够接受不同的想法，然而斯坦始终未变。”

4.3.1 潜在盟友的忧虑

除了研究影响潜在盟友的环境因素，还要考虑这个人可能的焦虑是什么。问问自己，什么样的工作会让盟友半夜辗转反侧难以入睡。至少对于你的上级而言，你应该知道这个问题的答案，如果你连上级最大的忧虑都不知道，你将永远无法从上级那里得到你想要的帮助：

- 来自中国的长期竞争，或工作外包的问题。
- 随着需求的变化，下周工资的着落。
- 合并工厂的谣言。
- 预算超标导致老板发怒。
- 国外 AI、机器人等新技术的影响。
- 如何应对令人讨厌的政治游戏中的“负隅顽抗”分子。

诸如此类问题的答案有助于你确定如何接近盟友。

4.3.2 潜在盟友如何看待世界

盟友很难了解，通过了解他们对于关键问题的看法（领导力、动机、竞争、变革）可以帮助你确定什么是他们所珍视的。

通常对这些基本问题人们会进行公开的评论，这就可以让你了解到他们的观点。例如，有些管理者相信人天生懒惰懈怠，因此需要密切关注。对其而言，很可能控制和可预测性就是他所珍视的。相对地，那些相信人们都期望做好工作的管理者往往会珍视挑战和成长。无论如何，认为什么事情都可以谈判的盟友与坚持某些永恒真理的人行事完全不同。

为了让我们讲述的概念变得更加生动，请你想想一个难以被影响的同事，然后就此人来填写我们的询问表单（见表 4.1）。当填写完成后，你对他了解了多少？你对你的答案有多大的把握？是否已经足够你推断出这个人的情况并确定其珍视的等价物？如果还不能，如何才能了解更多？通过你的分析，此人最珍视的等价物应该是什么？

表 4.1 询问表单

询问的范围	我知道的内容	确信度标尺 低 ——→ 高	确认的最佳渠道
核心职责		1 2 3 4 5 6 7 8 9 10	

续表

询问的范围	我知道的内容	确信度标尺 低 ——→ 高	确认的最佳渠道
优先任务		1 2 3 4 5 6 7 8 9 10	
此人被考评的标准		1 2 3 4 5 6 7 8 9 10	
此人如何评价他人		1 2 3 4 5 6 7 8 9 10	
互动最多的部门和个人		1 2 3 4 5 6 7 8 9 10	
职业期望		1 2 3 4 5 6 7 8 9 10	
工作与沟通方式		1 2 3 4 5 6 7 8 9 10	
担忧、工作压力、不确定因素		1 2 3 4 5 6 7 8 9 10	
之前的工作经历		1 2 3 4 5 6 7 8 9 10	

4.4　收集他人想法的实时信息

首先需要警示：上述所有的方法，包括直接询问，都会帮你获取有用的信息。然而在采取行动之前，你必须试探性地得出结论。把收集的信息作为工作假设来进行进一步测试，而不是作为最后的结论而忽略一切的盲目执行。对于你发现的任何事情，询问自己对他人诊断的有效性有多少把握，另外如何去验证它。通常，你可以在直接的影响行为中发现新的重要等价物，因此一定要学会仔细倾听。

4.4.1 语言是发现有效等价物的线索

正如我们所提到的，任何以对方珍视的等价物为载体，提供的观点和请求都更有可能成功。因此重要等价物的任何线索都非常有用。快速了解等价物的最有效方法之一就是倾听他人的话语。一旦你开始留心，你会惊奇地发现人们陈述他们的等价物——也就是他们所看重的东西，重复次数如此之多！

人们对于比喻的选择常常透露出他们的关注点。是使用军事（还是运动）相关的词语，诸如战役、斗争、来比喻消灭对手吗？还是使用园艺相关的词，来表明了他对于学习和发展组织能力的关注点？盟友喜欢将工作比喻成无生命的机械术语，还是喜欢引用大量关于人们弱点和成就的例子？严格来说，以下两种关于维护组织变革的短语描述了同样的事情，但不同的使用者展示出了对事物不同的看法。

（1）“我正在寻找一种把每一步前进都锁定住的装置。”

（2）“我们需要抓住人们的心，这样他们就会保持激情坚持下去。”

当向对方提出帮助的请求时，对方第一时间询问还有谁参与其中，你就该知道政治方面的关注点就是此人的重要等价物；另外询问 “这对我有什么好处？”，则表明了对自我的关注，并暗示了可能简单直接的回馈是最好的选择。另一位管理者则询问这是否符合公司的使命，这揭示出对他来说，组织利益高于个人利益，也许他会对成为一个先进榜样的机会而感到高兴。

4.4.2 把表达出的焦虑作为线索

值得注意的是，过于乐观的影响者往往会完全忽略潜在盟友偏好的明显线索。某些心存疑虑的潜在盟友当他们产生担忧和顾虑时，反而会释放出他们核心等价物的信息：“如果我们这么做的话，我会担心……”，或者 “我并不认为财务会为此买单”，或者 “我的顾虑是……”。你可以轻易地把这样的信号看成是对方比较顽固或难以处理，但它们同时也说明了对于该对象来说什么是最重要的，也就是彰显了重要的等价物。因此，不要急于把他们从焦虑中拉出来，要让他们多聊聊他们的焦虑。能否通过一些问题来发掘潜在盟友在担忧的内容，有没有可能性将其转化为一种双赢的结局？ “如果我们会和财务部门负责人进行会议，让你放心的话，你会加入工作组吗？ ”

可以通过对象所使用的语言风格，如打的比方、采用的图表、使用的行业俚语都可以揭示对方的关注点，但语音语调和非语言信号（肢体语言）也可以成为感受和态度的重要线索。即时了解他人的情绪是一种你应该练习的沟通技巧，在试图找出对盟友来说重要的东西时，这个技能尤为重要。无论是在发现老板脖子变红时及时缓和语气，或是在举步维艰时发现感兴趣的眼睛，小心地注意这些非语言提示可以帮助你判别使用什么样的等价物，以及如何组织语言来引出期望的回应。

敏锐地发现非语言提示，说起来容易做起来难。在我们的管理培训研讨会中，我们一次又一次地发现参与者都很热衷于展示他们在解读他人关注时的技能，然而很快他们就开始兜售自己的观点，而不是尝试来确定盟友的观点。

4.4.3 其他信息来源

即使你向一个陌生人问路，他也可以指示得很清楚，不会有大的偏差。谁都遇到过不论什么话题就是喜欢炫耀的同事，认识 5 分钟就开始介绍他们的名校学历或 MBA 背景。对他们来说，显然地位可能是一种重要的等价物，并不需要很好的分析便可洞察到这一点。

案例

兜售自己的观点，错失他人等价物的线索

马拉希望拉杰什加入一个特别工作组来解决公司招募顶尖人才的问题。拉杰什反驳说："花费几个小时去做这些没用的'更好的工作条件'，高层管理人员没有签约奖金和股票激励的话怎么会签约呢？"马拉反反复复听着拉杰什强调货币激励在招聘中的重要性，无力地尝试向其解说这项工作有多么重要，然后就举起双手，远离了这个唯利是图的工程师。然而她并没有意识到拉杰什更偏好于快速决策的重要信息，以及他因为难以获得高层批复的沮丧、他对其他参与项目人员的怀疑、他对金钱搞定一切的信念。马拉本可以对所有这些可能的等价物进行讨论，找到哪些可用哪些不可用。然而这一切只有当她认真倾听，而不是全神贯注于自己认为重要的事情——为特别小组挑选合适的人选时，这个任务才有可能被完成。

只要动动脑筋，你常常可以找到信任度的人来给予帮助。然而这种办法也有局限性，我们将在本章后面讨论。

4.4.4 直接询问

直接询问对方的价值观或者顾虑往往很难。尤其对于已经陷入困境中的人际关系，这有很大的风险，然而我们并不想因此就忽略单刀直入方式的好处。

我们稍后讨论如何解决直接询问的障碍——关系问题，先假想一下你对你期望影响的人说："我想更好地理解你所承担的压力，这样我就可以尝试提供帮助，至少不会因为我的不知情而妨碍到你。我们的领域是互相依存，如果我们能够相互帮助，彼此都可以受益。"这样的话，你就正在以更好的理解和良好的工作关系作为等价物给予对方，通常这样都有效。

案例

一个理解重要的利益相关者极端解决方案：加入他们

克里斯托弗·帕尼尼是一位市场经理，就职于一家快速发展和富有进取精神的世界500强高科技公司。他被多次告知他应该更好地理解销售人员才能让工作更有效。用他的话来说，事情是这样的：

“我意识到，为了更好地完成市场工作、提升价值，我必须学习销售。因此我通过内部面试转岗到了销售部门，开启了一个新的世界。两年半以来，我作为一名销售代表，负责费城、巴尔的摩和华盛顿特区的客户。我的工作是发掘新客户并从竞争对手那里挖走业务。这意味着我需要在互联网泡沫膨胀时期，对陌生客户进行拜访，将我们的企业价值观传递给任何愿意倾听的人。销售客户经理的一部分工作就是赢得人们的信任，在晚宴上招待高管，和他们一起打高尔夫；在特殊的活动中招待他们，所有我做的这些都是为了建立起客户和合作伙伴的关系网络（这将是在任何组织内部运作的绝佳方式！）。我花费了一半精力边做边学。突然之间，我被公司视为是在客户的信息基础设施中发挥战略作用的人。

有一天，我意识到我不再是一个市场人员而是销售人员。这些认识发生在以下几次变化时：想到我迫在眉睫而无处不在的指标，从半夜一身冷汗中惊醒时；花费佣金来进行冲动消费时；安排好每个财务季度的个人生活事件时；在失去六个机会之后最终赢得第一个订单时；将我的日本经济型轿车更换成德国赛车时，我的指标不断在提升，我也竭尽全力地去达成它。每天早上7点和区域经理进行团队会议，在20个吹毛求疵的经理人面前进行2小时的内部检查等。以上这些经历让我真正理解了我所支持的销售人员，这些很有趣，而且很真实。当我再次回到市场部门时，我的观点和建议不断被我在销售部门的所学不断验证，我成为一个优秀的人。”

4.4.5 “贴标签”的危险

排查所有信息，将其视为线索而不是事实。不要用一条线索就确定所有等价物，因为人们需要面对的复杂的压力很多。例如，精算师们可能确实很喜欢清晰的统计报告，然而在我们和高级精算师的合作中，他们有理有据地说明了重要决策中数值分析的局限性和直觉判断的必要性。

我们并不是说必须为每一个潜在盟友都编制一份完整的档案，通常你只需要一些信息就可以确定从哪里入手开始讨论。你需要进行初步诊断，从而展开进一步的行动。而在后续的工作推进中，你才会完全理解对另一个人至关重要的东西。情况越复杂越困难，花时间进行仔细诊断并做好准备就显得越明智。

4.5　运用所获信息时的障碍

关于从想要影响的个人或组织方得到的信息，有些事情会阻碍你对其的运用。

4.5.1　消极归因恶性循环

当你在获取期望的影响力受阻时，对他人意图、动机甚至个性的消极归因可能使你进入一个恶性循环。当你遇到不合理的障碍时，你的所有努力都无济于事。因为与此人打交道是如此不愉快，你开始回避与其进行互动，然而你依旧需要找到一个让自己心安的理由，此时最差的方式就是将其归因于对方是个自私的毫无同情心的混蛋，这会让你对他的后续影响变得一筹莫展。图 4.2 消极归因恶性循环描述了这一情形的过程。

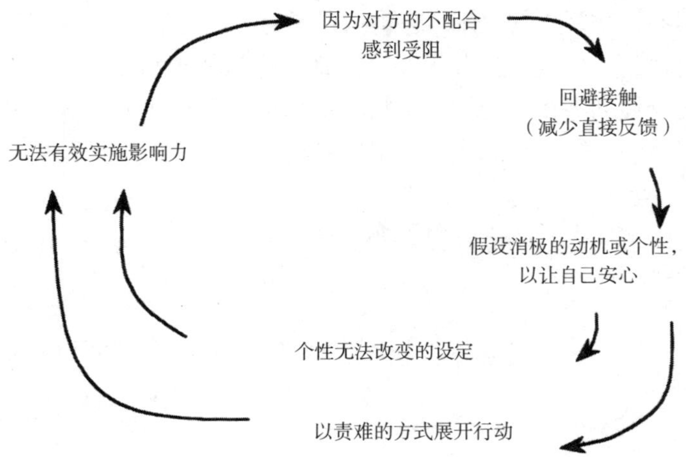

图 4.2　消极归因恶性循环

4.5.2 “选择性认知”的偏见

一旦人有了初步的结论假设，认知心理学中的一个常见陷阱就是只会听取与初步认知相符合的信息以自我确认，而忽略那些冲突的信息。先入为主如此容易产生，以至于我们会把不好的印象假设为“真实的情况”，而把其他的表现都当成是对方的表演。

4.5.3 疏远难以影响的人

人们倾向于与他们喜欢的人进行更多的互动，而避免与那些“不一样”的人互动。虽然这样的方式避免了因不熟悉或观点冲突带来的不适感，让生活更加愉悦和可以掌控，然而往往会因此远离那些你可能需要得到其帮助的人的信息。

因此，最重要就是发现那些你最不可能理解的人的兴趣所在。如果没有沟通和讨论，你就无法发现那些沟通困难的潜在盟友所珍视的等价物，让交换成为可能。

4.5.4 关注人格、忽视环境影响

人们用一种很自然方式来解释其他人令人费解的行为，就是将其归因为动机。因为有动机，才导致了行为。这样的解释是基于人们的行为是由内部动机所驱动，而非外部组织环境（见图 4.1 个性与相关行为的影响力因素）。

如果你不喜欢某人的表现，你会倾向于“妖魔化”这个人，给他贴上“混蛋”或是更坏的标签。虽然几乎每个人都在这么做（给人贴标签），但过早贴负面标签会让找到潜在盟友的等价物变得很难。没有谁生来就是消极归因的，然而消极归因的习惯一旦养成，就很容易终其一生都是如此。

> 学会理解他人；不要像某人那样说：“他太聪明了，我不明白为什么他不支持我。”
>
> ——帕特里夏·希尔曼（Patricia Hillman），
> 福达投资（Fidelity）前任执行副总裁

4.5.5　消极归因引发的持续互动衰减

一旦对于人格的假设像混凝土一样固化下来，任何互动的倾向都会减弱。为什么要在你认为具有负面特质而且无法改变的人身上浪费时间呢？不是还有其他人吗？因为你已经得出了结论，要以冒犯的行为来伤害或激怒这个无法改变的人，因此他可能就不在你的盟友名单之列了。

在某些不太可能成功的情况下，你确实会有消极归因的想法产生，确实太难做到不对不配合的盟友进行指责和否定。这样也可以减少自身的挫败感，然而这无助于帮助你的同事学到有用的东西。而一旦消极归因开始，即使对于潜在盟友无法改变的判断是错误的，你的攻击行为也已经排除了任何积极反应的可能，你无法达成交换行为，即使你坚信你的消极理念是无比正确的。这种爆发虽然可以短期内释放自身的挫败感，但无法建立相互信任，因此也让相互影响成为可能。（关于真实的误解导致的恶性循环悲惨故事，请参阅我们的网站。）

4.6　产生距离感和限制影响力的替代方案

有一种方式可以避免消极归因恶性循环，你需要意识到认知发展的规律。每次你为你不合作的同事或上级贴上消极人格标签时，你都将其视为需要进行进一步调查的警告。这位潜在盟友的确可能难以改变，然而没有经过测试，你就无法确认。

你可以通过询问同事来获取信息，看看是否他们和你认知一致。他们的观点也许更加详细、更加独立、更具有洞察力，让你免于得出不正确的结论。当然你要让同事知道你并不是用这些答案去攻击那个人，而是希望真正地了解那个人，以便于完成工作。

遗憾的是，同事并非每次都是有用信息的来源，虽然他们的不同信息可以帮你避免过早强化随机结论，然而同事的意见存在两个潜在问题。第一，你会更信任那些和你看待世界观念类似的人。分享偏见和假设让同事关系更加值得信赖，增加了双方相处的舒适感，但也增加了对事物的曲解。相反，你感觉互动困难的人，有没有和他们很好共事的人？你能探寻出他们到底是怎么做的吗？第二，即使对方的观念与你不同，他们也可能无法提供比你现有更好的证据。他们对于你的询问，可能也只能基于有限的观察和一些谣言，而非第一手资料。因此，从同事那里得到有用的证据并不总是那么容易。

4.6.1 将直接询问作为备选方案

正如前文所提到的，理解他人的最好途径就是直接问。尽管有被拒绝的风险，然而如果有疑问，还是要问。当然，询问是为了真正尝试解决问题，而不是质询和指责。

为了做到这一点，你必须抛开任何消极判断，假设潜在盟友所表现出的行为并不是故意使坏。绝大多数人都认为他们的行为是合理和正当的，无论他人看起来如何。很少有人会在早上起床时说："我今天要成为一个真正的混蛋"。因此，把自己从消极观点中解脱出来的诀窍就是假设潜在盟友认为他们的行为是合理的，因此你必须理解这些人合理的行为以找到双赢的解决方案。换句话说，你能通过他人的眼睛看待世界吗？尝试退后一步，问问自己"如果这时一个聪明而且讲道理的人没有与我合作，那必定是有些我没有理解的原因。一旦我表现出好像他的动机是故意的，采取了相应的行动，但如果事情并不是这样的话该怎么办？如何能够更好地理解？"可以提出什么样的问题来展开讨论。表 4.2 提供了不把对方假设为消极动机时，我们可以提出的问题。

表 4.2　不进行消极动机假设的提问示例

1. 我想更多地了解你所承受的压力，你可以帮助我理解你的工作及其要求吗？
2. 你的什么工作使得你夜不能寐，能和我详细聊聊吗？
3. 你似乎很担忧……为什么你很担忧这件事？我能做点什么让问题减少吗？

通常，你可能只需要一个直接的问题。但如果这种直接的质问会让事情变得更糟的话，你就需要一些开放式的问题。因为封闭式的问题往往会激怒接受者，而不是让他们尝试探索性讨论。

一旦你对某人形成消极意见之后，就很难进行客观的评价。当你依旧疑惑不解时，最好能够尝试理解盟友眼中的世界，而不是在你尝试之后，就在脑海中将此人"定罪"。

4.6.2 询问的好处

尽管对于公开承认自己不理解某些东西天然会感到害怕（尤其是对着某些想要抓住你把柄的人），但这样的开放性依旧很有效。原因有以下几点：首先，潜在盟友会对你的真正兴趣感到惊讶，因为在组织中很少有人费心去问别人他们看待世界的方式，因此被询问到的人往往很感激。他们会欣赏你敢于直接表达自己的疑惑，作为回报，会提供你所需要的信息。其次，大多数人都很高兴有机会讲述他们的故事或是向他人介绍自己和他们的情况。当然这只有在你真的对对方的故事感兴趣时才有效，而不是通过一些书里学来的技巧进行表演。

奇怪的是，许多组织中的人往往坚信他们可以随心所欲地愚弄他人，但没有人可以成功地愚弄他们自己。总体来说，很少有人能够接受不诚实，因此如果你不是真的有兴趣或者感到迷惑，或者你不能停止自己做出的消极假设时，请不要伪装。

最终，真诚、坦率的询问可以建立开放和信任的关系，而这有助于未来所有的交换。你很容易陷入试图影响潜在盟友而不是向他们学习的陷阱中。询问他们，什么对他们重要可以让你保持一种更加开放的姿态，而这有助于增强对方对你的信任，从而加强相互的影响。

4.7　结语

是什么阻止人们达成相互满意的理解？为什么询问关键事情如此困难？如果你直接觉察到他人的关注点和所处境况，那么找出交换的可能性将变得更加容易。即使双方的关系并不太理想，直接询问也可能很有效。为什么很难做到这点？表 4.3 总结出了各种理解他人世界中的自我设限情形。

表 4.3　理解他人世界时的自我设限

1．只需要你的意识进行改变
过于专注于你想要的东西，没有调整以适应对方
假设所有的不顺畅都是源于对方的个性并非组织因素，妖魔化对方的性格、动机和智商
不熟悉对方的情况，几乎没有线索或只能凭假设猜测
不仔细倾听对方的话语，尤其是对方的关注点
不提问，不愿意走出舒适区
2．你和你的态度问题
以一种导致防御或愤怒的指责方式提出要求
拒绝与难以影响的人接触
仅仅从一条信息就形成结论
否定对方的世界，而不是尝试理解行为背后的原因

如果你有耐心尝试去理解对方，那么尽管在起初看起来并没有机会，最终也逐步会找到突破口。

然而，了解潜在盟友的世界只是你需要了解的一部分，你还需要明确自己的需求和兴趣，以增加找到盟友所珍视等价物的可能性。在第 5 章中，我们将介绍如何了解你自身的世界和控制的力量。

第5章

比你想象的拥有更多

【我是一个志愿者组织的一员】哥伦布伙伴组织，由16位CEO组成。该组织推选我作为领导者。我的就职演说是："我并非权威，大家都是志愿者，有着共同的慈善事业，我会尝试引领大家，但我只会影响大家。我很清晰地了解你们都是董事局主席，某些公司甚至比我的公司要大得多，因为实力悬殊，我只能借助影响力来领导大家。因此，影响力模型、权力模型、倾听技巧、组织技能、构建愿景技能等，这些都是领导者需要练习的科学与艺术，在慈善事业中运用这些技能很棒，这会丰富和推动我们的事业。"

——莱斯·卫克斯奈，L Brands公司创办人（维密秀、The Limited母公司），2003年秋于哈佛大学肯尼迪政府学院的演讲

5.1 自我觉察

我们的基本前提是假设你的影响力来自你能提供给他人想要的资源（来源于技能，而非你所处的位置）。你通过提供互惠互利的交换获得影响力，你可以提供的资源越多，就能获取的影响力越多。如何找到有价值的东西以便于可

以提供给他人？首先，正如第 4 章中所述，了解你希望影响的个人或团队，他们可能珍视的等价物是什么，这点非常重要。这些信息可以激发你的想象力，帮助你在特定情况下识别你的宝贵资源，无论你平时是否意识到这一点。

例如，拉金梅塔描述了她在世界 500 强科技公司担任项目经理时，与一位更高层级的男性同事打交道的案例。她比对方年轻得多，经验也比较欠缺，因此她必须弄清楚对他来说什么是重要的，并创造出有价值的等价物来赢得对方的尊重。

案例

我被分配与一位叫我“小妞”的同事一起工作，我简直难以置信。这是对我的不尊重和贬低，我绝不认同。我才 20 岁出头，他是一位中层经理，总是用他的年纪来压人，而不是提供经验和帮助。他为何要这么做？是因为我经验不足，对团队的帮助很少。

我希望得到一个更好的发展平台，我的确需要学习，但我不想以这样的方式。因此我必须彰显出我的价值。

该如何做才能让我的职业生涯不过早地凋零，我开始思考：我为什么被录用，我曾经做过的各种项目、我的教育背景，我可以从大学和高中的各种兼职工作中汲取经验。我意识到他希望因为他自身的专业而受到重视，因此我想以展示出我带来了一些新东西的方式来接近他。

我发现我与他的孩子年龄相仿，而我的职业生涯刚刚起步，所以我选择了“我希望学习这些，我能给出那些” 这样直接的方式。我们在同一个业务单元，因此我开始向他询问他会如何来处理某些问题；我可以从他的介绍中获益，而他自己也觉得自己的位置提高了。例如，我们当时与某个软件供应商合作开展的一个项目，我有一些我正在合作的供应商，我问他是如何处理他所负责的供应商的，并把我的发现告知他，让我们的供应商协同工作。

这个项目这样持续了 1 年多，我每次让他先发言，然后尽量回馈更多信息给他。让他看到我是如何有效地尝试了不同的做法。毕竟，通常需要和别人进行多次互动才能建立更好的关系。

我后来才知道，他并不想晋升，而更希望被认为是专家。因此我一直持续坚持了我的理念，分享那些我在学校学到的理论工具，更重要的是共享实际工作中的经验收获。例如，我的某个供应商团队是这样的类型，你是如何与他们合作的？我承认他希望被认作专家，但我没有必要因此就言听计从、缩手缩脚。

我致力于创造更多的沟通对话，不断询问，分享我所了解的信息，让我们的关系更加和谐。

多年之后，拉金梅塔坦言："我还是会这么做，主动分享我的收获体验，承认自己不懂的地方但不是一无所知。这完全取决于人际关系，大家直指目标如何完成。如果不这么做，我们很难走远。过于强调自身的价值，让自己过分关注于自己不知道的事情，会降低自信。而当我意识到这点时，我的信心就被建立起来了，因为我必须反思，确定我自己能做什么，然后向伙伴说明白。如果其他人更有经验或能做得更好，在这样的推动之下，能够达成更多共识。你必须承认自己所不知道的事情，不要假装自己是专家，而要表达出学习的意向。而和我们共事的伙伴就是我们学习的来源。"（第 8 章会详细介绍性别与影响力的关系。）

能够做出这样的交换，尤其是像拉金这样初入职场的人，需要更加了解自己。自己的兴趣、能力、期望成就。同样也需要了解潜在盟友的内心世界（这并不容易，因为这要求自己不被对方的表面行为所迷惑）。在此之前，我们都假定你自己对于自己非常了解，然而很遗憾的是，我们经常看到在很多组织中各层级的员工都不清楚他们想要什么、他们可以提供什么（他们掌握的资源）。虽然他们渴望影响力，然而他们并不清楚他们在不经意之间做的某些事情会削弱自身的影响力。

正如第 3 章所提到的，你也许能给出比你想象得更多的筹码。仔细地诊断分析可以揭示更多尚未开发的资源。即使在困难情境中，你仍然可以使用这些资源来获得影响力。本章将向您介绍通过加强对自身和盟友世界的了解，找到更多可用元素，进而扩充资源和影响力模型。

5.2 明确你的目标

提升影响力的第一步就是明确自己到底想要什么，至少需要给自己的目标排个优先顺序。这一点说起来容易做起来难。最终获得巨大影响力往往需要达成多个目标，因此问题就在于确定哪个或哪几个目标是最重要的，以及在必要时，哪些目标应该舍弃。

总体来说有一点很重要，那就是要仔细考虑你希望从试图影响的个人或团队那里得到什么。要事先确定你对每个人的最低期望，因为在多数情况下，潜在盟友愿意（或能够）给予你的都会低于你的期望值，因此你必须了解哪些是可有可无的，哪些是必不可少的。

例如，假设你被要求领导一个可能存在争议甚至遭受较大反对的项目，但该项目对组织非常重要，有可能是你职业生涯的一个重要转折点。在理想情况下，你可以选择各位成员，基于他们对该项目的专业了解，他们在组织中的声誉和影响力情况，他们可能支持推荐的方案类型，他们作为团队成员的表现如何，你与他们每个人的关系情况，也许还有更多。然而由于这个项目的争议性，你的上级以及更高的上级主要基于政治考虑，从确保稳定的角度来选择成员。低下的效率像是回到了若干年前。

你不可能获得全体成员的支持，也不可能获得一个人完全的支持。如此一来，什么是最重要的？什么是次重要的？你可能缺失哪些东西？换句话说，如果所有的创新想法都可以尝试的话，会有多少人是这个任务的阻挠者？

想要获得成功，可能需要与不同的利益相关者进行多次的对话，以了解谁会提供帮助，而谁又应该是竭力回避的人；对上级（或上级的上级）进行分析找到等价物；一个关于各种利害关系与可能性的有说服力的愿景；最终将各种内部事宜明确优先级。

5.2.1 你的主要目标是什么，次要目标是什么

如果不得已，你可以放弃哪些目标？这样你才能聚焦在最重要的事情上。

请思考下文中莱斯·查姆的案例，当他意识到自己不再喜欢保诚公司的工作时，他希望能与对自身后期创业时提供帮助的许多人建立联系。他想获得在复杂金融交易方面的经验；摆脱传统公司种种限制和文书工作的束缚；他还希望能够保持自身个性而不让自己感觉到因为工作就把灵魂都卖给了公司。

虽然莱斯最终可以做所有这些事情，但他需要确定自己工作的优先级。如果保持个性是莱斯的主要目标，他可能会专注于这点并与他的老板迪克·吉尔对立起来（很多年轻人都因为没有理解组织中的行事规则而激怒了他们的老板），然后他会因此失去探索新事业的机会。相反，通过从日常文案工作中解脱出来，他获得了更多时间来结交那些潜在的贷款客户。此外，不按照常规时间让他在上班前或上班后与潜在客户见面一起用餐，而不是在正常工作时间和

客户在银行见面。而当他证明自己的能力之后，他就可以获得保持其个性的机会，事实上他也很快证明了自己的实力。

从事任何职业的首要目标就是达到别人对自己的期望。如果莱斯在开展金融交易方面没有做出成绩，那他充其量只是个夸夸其谈、过分自信的 MBA 毕业生而已。将明确的目标和出色的表现结合起来，莱斯就为实现他的其他目标奠定了基础。

要做到控制个人欲望很难，尽管只是暂时搁置，也并不容易做到。很多时候，我们看到人们被他们的个人欲望所驱使，从而脱离了工作目标的主题，同时也让人们无法了解他们的真实需求。其中的重点不是要压制欲望，而是应该搞清楚需求的优先次序。

案例

莱斯・查姆：保诚保险新人，用成绩换自由

改变不利的处境，我们的朋友莱斯・查姆，一位年轻的 MBA 毕业生，快速找到有价值的等价物来换取他所期望的工作经历。莱斯虽然初入职场、层级较低，但他找到了实现影响力的方法。尽管他和所在组织中的其他人截然不同，但他通过驾驭好自身的才华、抱负和渴望，抓住了难得的机遇。

现在，莱斯是一名成功的企业家、经销商、解决问题的专家，他总是精力充沛、敢于冒险。他喜欢挑战复杂的金融分析，发现不同寻常的可能性。当他在巴布森学院完成本科学业之后，他又考入了哈佛商学院攻读 MBA。在 MBA 毕业后，他的第一份工作就是担任保诚集团下属的一家私人信托公司的分析师。这是一家老牌的保险公司，官僚主义非常严重。莱斯的个性与公司文化及其不匹配，这在他入职初期就非常明显。

从十几岁时，莱斯就开始在他父亲的皮革制造厂工作了。他习惯于早早地开始工作，而他在保诚上班的第一天，他早上 7 点半就到了公司，急切地想投入工作。然而公司除他之外空无一人——他之前并没有询问，也没有人告诉他朝九晚五的作息时间。当其他人都到齐之后，他们那种保守、僵化的气氛也令莱斯感到非常不适。

迪克・吉尔，该部门的高级副总裁、一位资深保诚员工，在莱斯入职的当天致电莱斯，把他叫到自己的办公室，开篇第一句话就是：“欢迎来

到保诚，你打算什么时候离职？”莱斯听不明白，便问吉尔是什么意思。吉尔回答说：“一个像你这样雄心勃勃的犹太男孩子不可能会在我们这样的地方长期待下去，那你打算待多久？”

对于这样坦率直接的问题，莱斯很惊讶，他决定用同样的坦诚给予回应：“你希望我待多久？”“两年，”吉尔也非常直率地说，“两年时间可以让你学会这项业务，也可以创造足够多的业务来支付你的学费。”莱斯认为这是一个非常合理的安排，然而仅仅两周时间，他就开始感到不耐烦。他讨厌需要准备的各类文书工作，对其他人习以为常的常规、官僚生活方式感到厌倦。他希望拜访马萨诸塞州东部的企业家们，与他们建立联系，尽快开展业务。他该如何熬过这两年，或者说让这两年更好、更愉快、更有收获呢？

当莱斯开始思考他的计划时，他开始意识到他是这个公司的新人，在这片保守地域中是一个异类。他的正式职位比吉尔低两级，手下没有任何人，这样的职位无法保证得到他喜欢的自由的工作方式。

此时莱斯回忆起他在家族皮革厂之外的唯一的一次工作经历。在他得到工商管理学士学位的一周之后，他的父亲去世了。莱斯计划用一年时间卖掉父亲的工厂，然后再开始攻读 MBA。6 个月之后，工厂卖掉了，莱斯发现自己成了待业青年。仅仅一个月之后，迫于失业人口统计的压力，莱斯匆匆在波士顿第一国家银行的资产评估部找到了一份短期工作——面试官录用了他，给他安排了一个低级别的信贷审批岗位。

在银行工作的第一周，莱斯的上司理查德·阿贾明邀请他出去小聚。经过一番寒暄之后，理查德突然对莱斯说：“你必须在 9 月的时候去研究生院学习。”莱斯没有提出反对，理查德继续说：“这对我来说不会有问题，你不用担心。你可以每周工作 2 天完成你当前的岗位工作。我今年 31 岁，我想晋升到更高的位置，我希望你能帮助我一起前行。我打算让你进入管理培训项目，这将使你看到银行的每个部门。你会遇到很多人，所以你的时间会得到充分的利用。我将会以管理培训项目为契机，把你送到银行各个资产保理部门。你可以寻找系统中能够发现的每一个问题点，然后每周向我汇报。这样我就可以完善增强我们的部门，你也会发现这更加有趣。”

莱斯欣然接受了，作为一个没有成见却有着新颖观点的新人，他可以发现体制的漏洞。更妙的是，他可以结识银行中的许多重要人物，他们为莱斯后期的创业提供过了有益的支持。

最重要的是，莱斯明白了一个道理，那就是人们可以通过向对方提出足以引起其兴趣的双赢提案来倡导协商。在银行时，理查德·阿贾明提供的机会就成了莱斯向保诚公司提议的模式。

在保诚公司，尽管莱斯名义上是迪克·吉尔的下属的下属，但莱斯的上级更加喜欢经营自己的业务而不是管理其他人。莱斯意识到他应该向吉尔施加影响，因为吉尔在公司负责引进新业务，尤其是一些公司通常无法接触到的非常规业务，他可能有兴趣寻求莱斯的帮助来开发新客户。如果他能与吉尔达成协议，莱斯可能有机会摆脱长期困扰他的文案工作，能够和各种企业家与金融家碰面；而作为回报，他能够帮助吉尔开发有价值的业务。

因为部门规模很小，很容易直接接触到所有人。莱斯找到吉尔，对他说："迪克，我知道你对所有人都很了解，但我敢打赌你在引进新业务方面需要帮手。这件事情我可以帮忙。但是我要做到这一点，必须满足两个条件，一是我可以自由支配我自己的时间，二是有专人能够帮我处理相关的文字工作。除实际的业务处理之外，我不想在办公室中夸夸其谈和花费时间填写表格。如果你同意我的意见，我会带来前所未有的大项目。如果你对此有兴趣，就给我机会让我去打拼一下，证明我的能力吧。"

吉尔说，一旦莱斯的努力有所突破就会支持他，而在此之前，莱斯需要独自打拼。莱斯说他接受这些条件，吉尔就批准了莱斯的申请。

在接下来的五年里，莱斯一直在保诚以他自己喜欢的方式工作，他创造了该部门最高的贷款业绩。尽管他工作十分勤奋，但他很少在办公室工作，也完全不遵守公司的条框限制。即使他出现在办公室，他也穿着高领毛衣而非西装；然后他会随意地逛到执行主管餐厅吃饭；他花费在意向客户和潜在客户身上的招待费用也是全办公室所有人中最高的；有时他还会和吉尔开开玩笑。有一天，他直到上午 9 点才姗姗来迟，吉尔问他："你今天打算做点什么？"他回答说："我今天的工作已经结束了，我已经搞定了 2 笔生意。"

莱斯最终的离开也涉及了重要的交换。在五年之后，莱斯告诉吉尔他打算离开了，虽然还不知道自己想要什么，但他想开创自己的事业。"我有个提议，"吉尔回答说，"再多留 5 个月吧，这样你就有时间把手上跟进的大生意完成，并培养出你的继任者。作为回报，我可以每月依次多给你休息时间，第一个月 1 天，第二个月 2 天，依次类推。你将会按照满勤来计发工资，我来搞定这些。”莱斯同意了。尽管保诚公司的考勤制度中没有这样的规定，但莱斯和吉尔都得到了自己所需要的东西，公司也因此从中收益。

5.2.2　会妨碍到你的个人因素

这里的问题不仅仅是未能将个人问题与更重要的目标分开，而是个人需要和欲望阻碍了影响力获取时出现的问题。正如下一个案例中卡尔·卢茨的失败。

要吸取的教训并不是你应该完全抛弃个人需求，这样做既不可能也会适得其反。你需要亲自参与到本书所倡导的流程和变革中。如果没有个人投入，你就不会拥有设定目标并将其贯彻到底的动力。要承认个人需要的存在及其合理性，而不是将其当作见不得人的秘密或是让它们逾越理性的控制。不过我们也不能被它们奴役，应该有意识地确定自己打算在个人需求上花费多少精力，而不要仅仅把它们当成良好业绩带来的副产品。

对重要影响力有追求的人在多数情况下，总是提出超出他们任务目标的需求。他们可能还需要了解自己或他们的部门，通过关联到某个项目让自己扬名立万，需要肯定和尊重等。这些额外的个人需求不仅能为我们克服困难提供能量，也能够为公司带来收益。以莱斯为例，为了有足够的时间来实现他承诺的业务目标，他需要从日常文案工作中解脱出来并享有更多时间自主权。而目标的实现又反过来保证了他的自由。他的个人需求与自身职业目标、工作要求相吻合。在方便的时候，他可以与创业的潜在客户见面，而不是在银行营业时间。相比之下，卡尔·卢茨个人需求超出了工作相关的限度，因此引发了不必要的冲突。

案例

不匹配需求和能力的风险

卡尔曾是某家大型金融服务公司信息系统的副总裁。他曾经在组织中一路稳步升迁，但雄心勃勃的他依然十分觊觎高级副总裁的位置。当他两次尝试晋升失败之后，他感到非常震惊和沮丧。尽管卡尔很有才华，但与他共事的同事觉得他为人粗鲁、固执己见，因此对他能否胜任高级副总裁这一需要相当政治手腕和高度人际敏感度的岗位缺乏信心。

卡尔对于最高层管理者常用的巧妙、婉转的沟通方式不屑一顾，他总是批评这样的人，说他们“总是拍马屁，形式主义，不注重实质，缺少直面冲突的勇气和信念”。

当他第一次晋升失败时，他的上级曾经试图向他解释失败的原因。但卡尔太过于想得到这个职位，完全听不进任何意见。他执意坚称自己受到了不公平待遇，而他一而再地大发雷霆反而进一步证明他确实是个难以共事的人。由于他始终不能领悟，最后老板只能请他另谋高就。

令人遗憾的是，卡尔缺少对于需求优先级的思考，以至于他并没有发现他真正喜欢的是复杂的技术任务，而不是管理协调工作。具有讽刺意味的是，他所在的业务部门其实很乐意让他在主系统设计项目中承担更多的责任，这也是卡尔所喜欢和擅长的。

当人际关系使得问题处理变得困难时，例如，你个人比较喜欢某人，不愿意伤害他；又或是你害怕某人，不想得罪他。在这样的情况下，会出现个人需求和公司需要相一致或相冲突的情况。这些事情对你来说异常棘手还是易如反掌？你需要抛开情感因素直接决断，还是首先照顾情感因素循序渐进？如果你对某人的业绩表现感到不满，能否更有技巧一些，还是说你除了激烈冲突别无他法？当个人情感和工作任务交叠在一起时，仔细区分优先级就变得更加困难。但如果你希望处理得当，不想被感情因素所吞没，你就必须做到这一点。

个人需求的另一个障碍在于你是否会在本应在幕后支持的时候急于跳出来表现自己。例如，你试图和一些位高权重、希望自由的人一起制订让他们感到被束缚的新流程。如果你一定要自己出风头而压制他们，你过分膨胀的个人欲望反而可能令他们提出相反的意见。你是否真的如此需要展示自己？还是说你能够提出建议、说明利益，然后退后一步让他们也觉得有所收益？

当然，我们并不是说个人需求总应该排在第二位。有时候个人需求也非常重要，如果忽略的话，需要花费的成本太高。玛塔就是这样的情况。玛塔是一位技术精湛但情绪不满的专家，她认为她长期以来一直都没有得到应有的认可。

案例

抓不住的救命稻草

玛塔看了一眼刚刚写完的给老板的邮件，"因为我们目前陷入的僵局，请在月底前接受我的辞职"，然后按下了发送键。

在长期的抗争之后，玛塔终于受够了。她曾在一家咨询公司工作，该公司主要是向没有设置战略部门的公司提供战略规划项目。这项工作令人兴奋，她很喜欢看到自身工作对客户公司的积极影响。她也做得很好，这让她很高兴，因为她并不像大多数同事一样有一个 MBA 学位。

抛开实际的项目表现，缺少一个更高的学位确实是玛塔发展的障碍。她总是被排除在顶层会议之外，有时候尽管她相信自己具有相同的能力甚至可以做得更好，但公司往往还是把任务分配给其他人。她的薪水也较多数男性同事的更低。

在项目中她还开发了一个新的战略落实模型，可以跨项目进行应用。虽然组织对此表示赞赏，因为这个模型确实促进了各个项目的实施推进，提升了公司的业务水平。但玛塔并未获得制订战略新方法的赞誉，而被视为"只是（开发了）一种工具"。

该公司是按照业务方向划分组织架构，玛塔原本一直在营销组工作。除了手头的工作外，她还关注着战略性电子商务相关问题。这是一个快速发展的领域，整体电子商业零售的市场规模超过 3 500 亿美元。该公司对这一市场领域非常看重，并鼓励玛塔对该市场进行开发（并且为玛塔的工作提供了充分的财务保障）。

通过 18 个月的努力，玛塔对电子商务领域的开发非常有效。其规模和应收迅速提升，达到了公司原有业务单元的水平。

然而这项开发任务是一个项目型工作，因此玛塔面临两个问题。首先，她是否应该将该（一次性）项目工作转成常规业务工作。其次，如果转的话，这个业务单元是否应该并入市场部还是应该要独立出来。

虽然并入市场部在业务上没有问题，但玛塔担心她也许会因为不是原市场部的嫡系成员，得不到足够的财务支持。而成为独立业务单元，她可以得到更好的预算和人员编制配置。此外，玛塔非常希望成为公司唯一一个非 MBA 而领导独立业务单元的管理者，从而得到对自身成就的认可。

她找到她的上级彼得来讨论她的想法。彼得说："你做得非常棒，当然应该领导这个独立部门，我不会反对你将这个项目转变成常规业务而设立部门。"但随后他又说："我并不确定这是建立新部门的最佳时机。我们从外部空降的新 CEO 已经入职了 7 个月，他希望能够掌控这个公司。他对公司目前的组织架构是否正确也不太确定，能不能让我们先谈一谈你打算怎么开展市场营销活动？"

玛塔没有正面回答："彼得，你看，这并不是我们第一次在组织中将临时性项目转成常规业务，我们之前也因此增设了业务单元。而对我自己来说，我觉得自己终于有点用了，我一直表现很好，但没有得到其他人的认可。我会努力开发电子商务领域的业务，这是我当前最重要的工作。"

彼得承认了玛塔一直的工作表现，并说他会尽力而为，但更多的决策是由更高层来掌控制订，"如果你认为这个领域会是你长期的工作方向，我们来讨论一下具体的执行细节吧"。

在随后的讨论中，他们就工资水平和管理权限达成了一致。最后玛塔询问了这个业务单元负责人的头衔。"只要不是部门总监头衔，你和人力资源部门协商的结果我都能接受。你和 HR 来确认一下，我会跟进执行委员会来确定是否独立设置部门和你的头衔。"彼得说。在玛塔与人力部门的协商中，人力部门告诉玛塔，"你和执委会达成一致的任何头衔，我们都可以接受"。玛塔高兴地用电子邮件将这一消息发送给彼得，并期待着好消息。三天之后，彼得来电话，让玛塔到他的办公室沟通。

"我有一个坏消息，执行委员会坚定地反对在这个时候启动任何新业务和做出任何新的改变。他们支持你接管电子商务领域，但是不会给你新的头衔，也不会有正式的人事任命。"

玛塔非常难过，她向彼得表达了她的失望和沮丧。彼得安慰她："玛塔，你看，你还是得到了重要的东西——你可以掌管这个业务，你的薪水和权限都获得了提升。头衔（相对实际管理的业务）对你来说真的那么重要吗？""你根本不明白！"，玛塔丢下这句话就转身离开了。当玛塔回到办公室时，她下定决心提交辞职报告。

从局外人的角度来看，可以得出结论。玛塔对于优先级的设定存在一定问题，因此遇到了职业发展上的挫折。毕竟，正如彼得所说，玛塔本来可以获得一份权限和薪水更高的称心如意的工作。公司的头衔有什么价值呢？但这是从外部角度（男性）对案例进行的分析，并不是玛塔最看重的东西。

玛塔重视的是她能获得的头衔和这个头衔关联的独立部门在公司所代表的内在含义，尤其是她长期在没有获得公司认可的情况下。彼得和公司都没有完全理解，玛塔的关注点是被看重和认可，而非金钱。薪酬差异当然也很重要，但远不如公司完全理解并公开承认她的成就那么重要。

反过来说，玛塔如此关注自己所关心的事情——这对很多希望获得影响力的人来说是共同的问题——她忽略了对彼得和公司来说什么比较重要。她没有考虑到在新的领导架构下，对于组织架构的调整是需要时间的。当玛塔坚持认为应该不假思索地设置独立部门时，她忽略了对于 CEO 来说，变动组织架构意味着报告关系、权责分工、预算调整等诸多问题。此外，在公司中，正确与否，更多取决于高位管理者的认知，而非单纯的业绩表现。空降 CEO 在采取可能引起一系列反应的变革时会慎之又慎，尤其面对的对象是一大群资深咨询顾问时。

确实，让双方都能够正确地了解对方并充分重视对方优先关注的事情，毫无疑问是非常困难的。即使他们有这样的沟通交流，在上述的情境中也很难有一个大家都满意的解决方案。玛塔后来向朋友透露："我知道如果我接受这样的方式继续在公司工作，我会非常愤慨，以至于必定不能有效地开展工作。"（这个复杂案例也涵盖了性别问题，关于性别和影响力的更多信息，请参阅第 8 章。）

当人们对某种等价物感到不适，或某人阻止你使用这种等价物时，另一个问题便会出现。例如，有些人对于冲突非常难以面对，无论多么必要他们都无法做任何有争议的事情："哦，我不能要求那个，这将会让它具有争议性和攻击性"。同样，有人非常在意彼此的融洽关系，因此在对方有机会消化请求、心平气和之前，他们无法讨论任何可能让对方产生愤怒的议题。还有一些人不喜欢亲密关系，因此他们和重视情感和亲密关系的人打交道就会很困难。

最后还有一个问题，是我们之前提到的：因为个人喜好，不认为某种等价物有价值或者不愿意交换这样的等价物。你不喜欢那些追逐权力的人，因此当人们想要谋求地位时，你就更愿意置身事外。或许你发现同事们都很担心自己会被认为是自私自利的，以至于他们对你的赞美都没有好的回应，直到有一天你再也不想对他们说任何积极的话。

但是，影响力取决于你需要做些什么才能获得合作，而不是将你的偏好强加给别人。你有权讨厌你不喜欢的等价物，并不将他们用于交换，即便因此你可以获得你想获得的影响力。你可以选择 "正确的"（根据自己的定义）方式，而不一定选择最有效的方式。只是你需要清晰地知道后果就行了。

5.2.3　灵活变通地实现目标

即使人们知道自己的首要目标是什么，他们也常常因为实现目标的方式过于死板而失去影响力。有时候，优秀的创意和坚定的决心会让人变得过于偏执，而过于偏执往往导致忽略变化。因此他们可能会错过吸纳同盟者想法的机会——可能与自己不同但能达到更好结果的想法。

研究发现，能够在组织内部发起重要变革的人往往兼备高度的持久性和灵活性。他们能够严格执行预订的计划，但在对待需要获得其合作的利益相关者时却能保持开放的心态。虽然有时候基本目标会随着实际情况变化而发生相应的改变，但在更多情况下，目标并没有改变，变化的只是细节和实现的方式。

正如莱斯·查姆说，他知道自己的愿望是成立的自己公司，他需要这方面的技能和关系网。起初他认为他只需要在保诚集团工作两年，但当他发现经验和关系网对自己的事业的重要性时，为了继续学习和建立自己的关系网，他在保诚工作了 5 年多的时间。

5.2.4　调整对自己和盟友的期望值

如果人们随意定义自己与潜在盟友的职责界限的话，人们很可能限制了自己的潜在力量，并因此丧失了选择的机会。

有几个理由可能说明传统的职责界定对人们产生了过多的限制。其中之一是，工作环境在不断变化。在以前，公司与个人之见的契约关系是："做好你的本职工作，公司给你回报。"这强调的是你待在公司章程界定的条框内，不要干涉其他人已经明确的任务。如今的员工要做的工作大大超出了岗位描述的界定，因为没有一套固定的规程能够预见所有即将发生的改变，因此我们需要的是主动创新而不是被动执行。

限制人们的另一过时的传统是对待上级的态度。和同事协作时打破界限是一回事，但是与拥有权力的上级相处是另一回事。传统做法中，上级和下属之间存在明确的交换："我是明智的老板，我来做重要的决定，我会把所有的决策做好。"下属接受这样的安排是因为他们可以把困难提交给上级领导。谁不想有用一个完美的老板呢？他体贴周到而不忘工作，纠正错误但不粗暴指责，给予自主权力但不放任自流。但是这样完美而全能的上级只存在于想象之中，抱有这种幻想的下属只能在自己的位子上苦苦挣扎。如果老板都不做"他们应该做的事情"，那么公司中较低职位的人们还能做什么呢？

5.3 你可以影响你的上级

虽然我们在第 9 章会用整章的篇幅来讨论影响上级的问题，但我们还是要在这里简短地强调一下。因为这是导致多数人无法有效发挥影响力的关键领域。更多时候，人们将注意力放在“按时完成高质量的工作”或是“做好自己的事情”上，而忽略了上级需要的其他东西，他们很少能像莱斯那样：了解上级的关键需求，然后找出直接满足需求的方法。

如果你真正与上级的目标和兴趣保持一致，你就有机会推进自己想要争取得到的东西。你可以和上级争论问题，甚至还会因此得到表扬。在多数情况下，如果你能提供上级想要的东西，你就有机会提出要求，进行坦诚讨论并改变现状。

然而，上级需要的东西到底是什么？你拥有哪些可以交换的等价物？尽管每个上级都有独特的兴趣，但大多数上级都很乐意接受我们在第 3 章中提到的那些被广泛珍视的等价物，想想你拥有其中哪些（详见表 5.1）。

尽管表 5.1 中列出的条目并不完整，但如果你了解如何生成这些等价物，就可以从“提出要求”（依靠其他人的好感）转变为将你的要求与上级的目标联系起来，或建立个人信用来换取你所渴望的结果。

表 5.1 你所掌握的对任何上级都有价值的等价物

1. 超越上级期望的工作表现，是与所有上级建立信誉的传统方式，在今天而言仍然是最基本和有效的。 当上文案例中的莱斯·查姆要求开辟新的高收益贷款业务工作，并顺利完成任务时，他的上级给了他充分的自由度
2. 让你的上级不必对交付你的工作有任何担心，他知道你一定会准时完成
3. 考虑组织中的政治因素，不做政治小白
4. 帮助上级发声，但请确保是上级想要的声音
5. 成为上级可靠的信息来源，了解其他部门和基层信息
6. 及时告知上级问题，不要制造意外 很多人都会歪曲他们告诉上级的内容，因此上级也希望获得可靠的信息
7. 警告上级可能存在的隐患（地雷），让上级意识到潜在的问题
8.（精准地）代表上级参与组织中的各种活动，解放上级的时间

续表

9.	成为创造力和新想法的源泉
10.	捍卫和支持上级（及组织）的决定。即向下属团队传递信息时，不采取“暗示所有不受欢迎的决策都是‘上面’压下来的”，能够贯彻而非巧妙地削弱上级的可信度
11.	对上级给予鼓励和支持，“在上级的团队中”。高处未必不胜寒，但做出某些可能影响他人生活的决定是一个艰难的负担。管理人员通常特别欣赏下属的忠诚、鼓励或疑问。即使独行专断的领导也希望身边有人能够坚持不懈地坚持下去。当然这只有在你真正欣赏上级的情况下才有效
12.	主动提出新想法。主动预防问题而非被动等待。上级比过去更加需要采取主动，而不是等待被动等待于事无补指示的下属

5.4　了解自身需要和欲望

在本章的第一部分，我们强调了树立个人目标，更加明确了解个人需要的重要性。虽然这一步很关键，但这只是你与希望影响对象交往的第一步。如果只关注自己想要的内容，而不是你想要影响的人的需求，这样的策略很难成功。

如果你清楚地知道自己想要什么（而且这些需求也是其他人会提出的合理要求），你可以放心地把注意力聚焦在交换的条件上。然而通过分析你所要求的资源，你可以确定这个交换是否能够满足他们的需求。如果无法提供有交换价值的等价物，这个交换也就无从谈起了。

5.4.1　自身误区：交易中的“断电”

1. 不敢提出合理要求

在下文的案例中，吉姆向他的上级提供了有价值的交换条件。然而有些人因为不懂得如何让其他人承担起该负的责任而让交换遭遇了停摆。

当有人“欠你人情”但不承认时，你是否会沮丧放弃？你害怕你的进一步动作会伤害这种关系？你是否考虑了对方并没有意识到你所做的一切或他虽然知道却不放在心上。也许你的同事认为你只是在做你分内的工作，所以你需要表明你是花费了多少努力才完成了对他的帮助。你能让对方不认为你是在抱怨的前提下说清楚你所投入的努力（交换等价物数量）是多少吗？也许你把完成工作的各个步骤做一个事实性描述会有所帮助。考虑到你可能对你的同事很有价值，他可能也同样担心失去你的善意。最起码来说，采用这样方式的测试是在掌控中的。

你不用成为一个吝啬鬼——给人施惠并不断提醒对方，当别人没有意识到你的努力时，你可以采用合理的方式，至少发起一个直接的对话，在这个对话中你可以直截了当并礼貌地询问你的努力是否没有达到对方的期待（因此被他们忽视了）。为了让你的同事了解你的努力，你必须挑起“话头”，提出问题并不能保证得到你想要的反应，但至少能推动事情的开始。

案例

与上级共赢——吉姆和韦斯

吉姆和他的老板韦斯之间出了点问题，因为韦斯总是隐瞒信息。这导致了吉姆常常从自己的下属那里得知公司总部的最新计划。这就大大影响了吉姆在下属心中的可信度和影响力。

例如，吉姆从他一位下属处得知公司正在计划对另一大部门进行大型整顿，这位下属发现吉姆还未听说此事时显然吃了一惊，随后感到非常尴尬。

吉姆曾经尝试让韦斯能更好地将消息知会给他，然而情况并没有好转。因此吉姆开始担心韦斯把他当成了苛刻、不可靠的人。为了得到更多的信息，吉姆需要提供韦斯所需要的东西。在吉姆与韦斯的沟通中，吉姆并没有强调自己需要什么，而是说：“我们以前曾经讨论过我们部门对于高层信息知情的重要性。你曾经多次说过，我们如果熟知内幕就能产生威信。我对此完全认同，我也想很好地向下属传递信息，但有时无法做到。如果出了什么问题而我又得不到你的消息，整个部门看上去就会很被动。因此我们能否每周二早上开一个 10 分钟的短会，以便你很快向我传达高层的信息？”

吉姆强调了韦斯（以及其组织）的最佳利益，而不仅仅着眼于自己，最终取得了成功。吉姆向韦斯提出交换条件——韦斯所重视的部门声誉，以促使他召开每周例会。

2. 不敢提出自己的需要

在提醒他人注意其本职责任时，常见误区就是不能为了自己的目标提出明确的要求。这种情况发生你知道无法命令对方，也料定对方会拒绝时，你只能委婉地提出自己的要求。如果你的计划很重要，而且你的初衷并非是争名夺利而是真正的公务，那么你就没有必要畏首畏尾、拐弯抹角或是收回自己的要求。如果你只要求对方提供可靠的帮助而无法使其意识到你们之间的共同利益的话，仅仅说明你的目的是不够的。

案例

讨债人的烦恼

茜拉·希尔顿是一家大型艺术博物馆中某一重要收藏品的展览策划人。她抱怨说她自己常常满足了许多部门主管的需求，但他们对她的要求却置若罔闻。“我经常为了别人的事务而忙碌，为其他项目人员提供帮助、完成研究项目或出让馆藏空间。但当我自己需要帮助时却没人帮忙，我不想开口提醒他们，他们应该自己想到的。如果他们还算是好同事，我至少可以抱一点希望。他们欠了别人人情怎么能这么无动于衷呢？”

茜拉的影响力模式和关系网完全取决于她的同事对她所做的事情、对自身的价值以及对他们自身的善意。这三者可能都存在问题。他们是否意识到了自己的工作对茜拉带来了不便？他们是否觉得茜拉只是做了她该做的事情？他们是否觉得茜拉对自己的帮助可能没有她想象得那么大？她的长期默默忍受是否让大家觉得习以为常，以致认为她是乐于奉献的人？由于她没有提出这个问题，她永远也无法找到答案。

5.4.2 了解自我认知

为了获得你所拥有的影响力，你需要了解自身和潜在盟友。可以使用表 5.2 中的清单来测试你的自我认知。

表 5.2 自我认知清单

1. 你的任务或项目的目标是什么？
2. 哪些目标是主要目标？哪些是可以在必要时舍弃的？

续表

3. 你的个人和职业目标是什么？它们可以帮助还是阻碍任务获得成功？
4. 你是否正在利用所有可用的资源？
5. 你是否能够发现很多可以利用的潜在交换条件？
6. 你是否能根据需要进行合作或对抗？
7. 你是否愿意向欠你人情的人提出合理要求？
8. 你是否不敢利用某些交换条件，虽然他们可能有效？你知道是什么在阻碍你吗？

如果你想要尽可能获得更多的影响力，请仔细关注核对清单上的问题。然后你可以通过成功交流获得影响力。

这可以帮助你从影响力中获得最大利益。接下来在第 6 章中，我们将更加深入地讨论如何获取、构建和修复影响力所需的关系。

第 6 章

建立有效的关系网

“那陌生人在我的门里，
他也许淳朴，也许宽厚，
但他不以我的语言与我交谈，
他的思想我无法感受，
我看到那脸，那眼，那嘴，
但看不到背后的灵魂。
那些与我源出一脉的人，
他们也许很行，也许很烂，
但他们习惯了听我说谎，
他们的谎言我也听着习惯，
当我们想和对方做笔买卖，
不需要翻译，替彼此中转。
那些与我源出一脉的人，
他们也许坏透了，
但至少，他们听到我所听到的，
看到我所看到的，
我怎么看待他们的那点喜好，

他们也就怎么看待我的。”

——《陌生人》，鲁迪亚德·吉卜林（英国小说家、诗人），1907年诺贝尔文学奖得主

6.1 重要的关系网

与自己熟识且有相似目标、价值观和品位的人建立关系并不难。他们的思维方式和世界观与你相类似。即使他们与你意见相左，他们的行为也是可以预测的，而且你也知道用什么方式来影响他们。然而，组织中总是存在着“陌生人”，他们有着不同的世界观。因为他们有着不同的职能、为不同的上级工作，他们与你相比，有着不同的性别、年龄、种族、民族、国籍，又或是有着不同的学习和生活经历——所有这些都要求我们采用不同的技巧来应对这些复杂的办公室难题。当今时代与吉卜林所在的时代相比，需要更加广泛的人才、背景和观点。曾几何时，英国行政管理局的人接受了“像女王一样思考”的训练之后，当信息和指令久久不能到来时，他们也知道如何取舍。另外，他们都是从同一个较窄的社会阶层中被招募来的，社会认知基本一致，因此他们天然就具有凝聚力。而在现在的条件下，我们需要付出更多的努力才能与需要合作的人建立有效的关系网。

无论在哪种情况下，和谐、开放、信任的关系网都有以下优势：

- 沟通更加充分，你可以更加了解对方的需求和交换条件。
- 对方更加容易听取你的意见，接受你的影响。
- 你可以用于交换的等价物选择面更广泛，而不是特定局限的。
- 通过建立关系，个人等价物由此变得非常重要，意味着你有更多选择。

尽管有时交换明显对双方有利，从而让双方的关系看起来不是那么重要。然而糟糕的关系在很多时候会妨碍交换的正常进行。比如不好的关系将导致：

- 让对方不愿意接受你的影响。
- 曲解双方对交换等价物和交换目标的认知。
- 增加考量的负担对方是否能够达成良好业绩、对方是否会信守承诺、考虑回报的兑现期限。
- 对于交换中不能明确判别价值的产品和服务的容忍度降低。

- 降低参与的积极性，借机公报私仇：宁可下地狱也不帮这个混蛋”。

关系或好或坏都会延续很久，有些人你曾经与之合作过，保持着良好的关系；还有些人和你之间有着“不堪回首”的过去。想想第 5 章中提到的拉金梅塔，研究生刚刚毕业，就要面对一个把她称为“小妞”的中年人，遭受其无端贬低；又或是联邦检查员的案例，在与核设施运营商冷战多年之后，又要开始与之建立合作关系。

在对另一个人进行诊断后，决策什么对其最重要或是要向其提出需求或问题时，你或许应该考虑利用一下关系。这包含两个方面：首先，是你们之间的自然关系；其次，是对方希望建立什么样的关系（你必须根据前期接触获得的第一手信息来进行判断）。

我们将从更加中立的关系开始描述。你并未与那个人有过多接触，只是简单了解，然后就要与对方讨论你希望对方配合你做出的改变。所以你所面临的首要问题不是改善关系，而是搞清楚这个人希望和你建立什么样的关系。

6.1.1　你和潜在盟友希望建立什么样的关系

最容易建立关系的途径之一是从工作风格入手。每个人都有一定的工作风格，也就是如何解决问题、与他人打交道、完成工作的风格。有些人喜欢在行动之前仔细分析，也有人喜欢快速行动然后再查遗补漏。一些管理者希望下属带着解决方案来找自己，而另一些管理者则希望下属出现问题就快速求助。有些人喜欢先聊个人情况，比如最近遇到的事情、社交活动、家庭情况，然后再切入正题；而有些人则喜欢直入主题。在建立工作关系时，有些人喜欢在处理工作之前先了解同事，而有些人则认为自己是来工作而不是交朋友的，工作完成前不拉关系。（有关可能的工作风格差异的示例，可以参见表 6.1。）

表 6.1 工作风格差异

关注于问题（为什么只有半杯水，什么没有完成，什么失败了）	关注于成功（已经成功完成的部分）
发散式思考（提出新的选择，拓展考虑的内容）	聚焦式思考（减少选项，快速推进解决方案）
喜欢框架需求（喜欢规则和例行工作，可预期减少意外）	喜欢模糊不确定（减少规则和限制）

续表

先分析再行动（在行动前研究各种可能性）	先行动再分析（快速行动，收集数据，快速调整）
关注于大局	关注于细节
注重逻辑和理性（要求事实、数据、不相信直觉）	相信直觉（十分依赖直觉和预感，不太倚重事实或数据）
喜欢冒险（喜欢抓住机会，不怕失败，尝试新方法）	规避风险（非常谨慎，喜欢“久经考验”的东西）
尊崇权威（支持现有权威，服从他们而不是对立）	蔑视权威（不认同权威，喜欢挑战）
人际关系导向（有时希望牺牲任务维系感情）	任务成果导向（强调任务成果而非良好关系）
寻求、重视、鼓励冲突和分歧	避免、抑制、压制冲突与分歧
竞争型（喜欢竞争，把工作变成个人争胜的比赛）	合作性（喜欢合作，寻求双赢结果）
利己主义（自我需求优先）	利他主义（他人需求优先）
喜欢掌控局面（确定方向、活动性质，由自己做决定）	希望他人掌控局面（他人确定方向、活动性质，接受他人的决定）
乐观（看好事情将来的发展，看到成功的可能性）	悲观（不看好事情的发展，看到失败的可能性）
喜欢独立工作	喜欢与他人合作

工作风格来源于接受的培训、工作经历、工作要求和个性特点。文化背景也会影响工作风格。在很多亚洲和拉丁美洲国家，职员们要喝上好几杯茶或者咖啡，开怀大笑之后才会开始工作。而在美国的某些地方，如果不先完成任务就开始拉关系，对方就会感到厌烦。

客观而言，并没有所谓的“正确的方式”被奉若圭臬。然而人们总是觉得有一种正确的方式——那就是他们自己的方式。通常他们也不了解自己的风格，因为自己的所作所为“浑然天成”，天然就是对的。然而，在与他人交往、施加影响力的过程中，重要的一点就是意识到自己和对方的工作风格。

有时，工作风格的差异性可以非常兼容，如喜欢制订大方向的 CEO 可以和关注细节的 COO 合作得很好（但风格和角色反过来就会出现问题）。但在很多情况下，工作风格的差异性确实会带来一些问题，特别是当不能意识到和应对这些差异性时。以一个发散思维的人为例，简喜欢提出新的想法，但当她和一个务实的人桑迪合作时，桑迪会对她想得太多感到不耐烦，并希望尽快终结任务，很快他们就出现了分歧。简意识到了桑迪的想法，在时间允许的情况下，她又提出了三个新的想法，而桑迪对这些新的可能性不以为然。两人都感到非常挫败，关系也变得紧张起来。

案例

错配的工作风格和消极的后果

杰克·沃特斯和亚历山大·阿塔纳斯因为两人的风格不匹配而上演了悲剧。杰克最近被任命为掌管生产兼任营销副总裁，这一决定有两个目的：一是想拓展他本人的管理经验，二是希望能在重要（但尚不完善）的营销体系中发挥杰克的管理技能。杰克是工程师出身，长期管理生产制造部门，因此他习惯于自己解决问题，只有自己不能解决时，才会去找他的上级协助。他喜欢把事情整理得井井有条，在各方面都争强好胜。

亚历山大担任公司的总裁，他之前是从营销体系晋升上来的，因此他喜欢面对不确定的问题。他希望问题一出现他就第一时间了解到。他并不需要亲力亲为，而可以接受下属的建议，在与下属讨论了各种可能性之后，他可以告诉下属："我了解了你的意见，也会仔细考虑，但我想我会自己做决定。"他最关注的事情是信息畅通而且他的意见被重视。

杰克和亚历山大迥然不同的风格导致了分歧，然后质疑、不信任、偏执接踵而来。当亚历山大对事情表示关心时，他会问杰克是否存在什么问题。而杰克对这一提问的理解是"有什么解决不了的问题吗"，因此他总是回答没有。亚历山大认为杰克隐瞒了信息，因此会进一步调查。杰克觉得他的能力受到质疑，因此变得更加谨慎。

从杰克的角度来看，过错在亚历山大，"该死的，"他想，"他让我做营销负责人，为什么不让我管营销的事情呢？我想他肯定是让我靠边站。"杰克没有意识到他自己的工作风格对双方关系的影响，导致了问题的不断扩大。直到亚历山大认为杰克不仅有二心，而且鬼鬼祟祟不值得信任。最终，这一场悲剧以亚历山大走进杰克的办公室，将其解雇而落下了帷幕。

6.1.2 处理工作风格差异的难点

你可以做些什么来防止工作风格差异的问题产生，或是在他们出现时很好地处理呢？最首要的就是停止责备对方，而进行自我反思。使用前文所提到的表 6.1，确定自己的风格，然后评估自己想要影响的人的风格，将两者进行对比。风格差异性是否能够解释你们两人一起工作中出现的种种困难？如果答案是“Yes”，那么你需要选择。第一种选择是调整你自己的做法（例如，你真的有必要提出那么多新的想法吗？）。你未必要完全采取其他人喜欢的风格。第二种选择是找到第三方，由第三方组织讨论双方工作风格的差异性，一起看看是否有什么办法能让双方都更满意。但如果你正对对方感到不满意，你最需要做的是改变你的思维方式。

考虑从工作方式入手的好处是，他们只是行为方式，而并不关联性格。如果简认为问题是由桑迪的性格导致的，她很可能会说出这样的话：“问题就在于你太过于冥顽不化，而且机械执行（不动脑子）。”这样的话并不会带来任何帮助。反而，对于人格的攻击会导致对方的反抗，即使对方能接受，改变性格也是非常困难和缓慢的过程。但对大多数人来说，控制行为会相较改变性格更容易些。因此，如果简意识到这个困境是因为双方的互动习惯所导致的，她说出的话可能会大相径庭：“桑迪，我们可以一起谈谈我们的合作方式吗？我认为我们都在做一些令对方不舒服的事情。在我看来，我喜欢探索新的可能性，而你喜欢快速做决定。因此，我每次提出新东西会让你抓狂，而你每次希望快速结束话题下结论又会让我很沮丧。我们能谈谈如何更加有效地发挥我们的特长吗？”

这样的方式可以使大家开始逐步关注到问题解决中去。然而有些时候沟通并不能解决问题，因此可能要采取一些“分离”的方式。比如简和桑迪正在推进的项目，能否将其分开，由简负责项目创业，而由桑迪来负责执行。

让对方认真对待这个问题的最后一种选择是进行对抗，甚至是威胁。但是正如我们在本书其他章节所警示的那样，尽量谨慎地使用这样的方法，否则可能导致冲突的升级。

成功做到这一点需要的不仅仅是强硬的意愿，毫无意义的威胁而且会弄巧成拙。你越是强力威逼就越加强了对抗。相信你也不希望在一番咆哮之后听到对方嗤之以鼻的嘲讽：“你厉害啊？那我们走着瞧。”

虽然不同的工作风格可能会引起严重的问题，但有时冲突是因为个体的真实差异所导致的。非常聪明和有实力的人可能对于基本的战略方向表示反对，他们给人的感觉很强势，因此很容易让人开始设想问题来自他们的恃强凌弱，而不是合理的商业分歧，最终难以达成共识。我们并不希望这些分歧最小化，成为影响力争议冲突的来源。但是不要将它们与由工作中无法识别的差异引起的沟通问题混为一谈。要解决真正的工作分歧，即使不存在另外的工作风格冲突，也是非常困难的。

6.1.3 拓展工作风格，适应各种环境

很多人由于过于狭隘地限定了自己可以提供的交换条件而限制了他们的影响力。同时，他们也可能会因为太过于执着某种交流方式而失去影响力。

正如我们所提到的，表 6.1 中涉及的各种工作风格在实际工作中都有可能会遇到。而这些都是可以学习的行为，因此可以通过尝试拓展自己的工作风格，以更好地匹配对方的喜好而提升影响力。即使初期会觉得很困难，你可以通过和值得信赖的同事一起练习，以便为特定的合作对象匹配更加合适的工作风格。

6.2 如何改善已经恶化的人际关系

我们已经讨论了如何从中立的工作关系开始，建立一个富有成效的工作环境。但如果最初的关系很差，不管是因为个人矛盾还是部门历史的原因，又该怎么办呢？

我们的目标并不是建立亲密关系，把令你最痛苦的敌人奇迹般地转化成你最好的朋友。请记住，联盟的本质是双方都接受彼此可能有不同的目标和风格，但是能够找到的互惠互利的合作点。

虽然合作可能带来友谊，但我们需要的仅仅是建立一个足以使必要任务完成的关系。问题在于，你是否能暂时放下情感因素专注于任务，或是试图改善关系。通常来说，成功的合作可以让各方更好地相互了解，刷新成见，建立更好的关系。另外，最初的关系问题可能影响巨大，以至于阻止了积极的结果，并导致了关系的进一步恶化。解决人际关系问题会增加完成任务的可能性，但并不是任务中的各方都愿意接受这种以个人关系切入的方式（表 6.2 提供了何时应该采用何种方式的指导）。

表 6.2　通过工作任务或关系维护来改善关系

从工作任务入手	从关系补救入手
敌对情绪不强	敌对情绪很强
即使保持敌对情绪也能完成任务	不良情绪会阻碍任务达成
如果达成任务目标可以缓和对立情绪	即使任务成功，关系也不会得到改善
组织文化是鼓励含蓄委婉的方式	组织文化鼓励公开明确的方式
盟友喜欢委婉的方式	盟友喜欢直截了当的方式
你的风格不适合单刀直入的方式	你比较喜欢直接的方式
任务失败会两败俱伤	任务失败对对方没有影响

6.2.1　反感的程度

当过往有太多的恩怨时，这会阻碍合作双方的共同工作。只需稍许挑衅，这一潜在的危机就会迅速浮出水面，让真正的工作无法推进。任何分歧都会让决策陷入僵局，双方都在寻找方法来证明是对方的过错，而己方是多么善良大度。如果能够控制住仇恨，简单的工作依然能够使双方放下成见，因为他们希望做成事情，因此他们尽管有所保留，但工作仍然可以继续。

6.2.2　工作能否被拆分

正如我们上文中提到的简和桑迪所做的那样，有些工作也许可以分割开来，以减少有争议的双方之间的联系。在任务易于分割时，这种方式可能有效。但如果这项工作本身需要有极大的相互依赖性和广泛的信息交流，导致无法拆分，那么消极情绪就会阻碍任务的达成。

6.2.3　开放或委婉的组织文化

越来越多的公司文化培养了一种开放的风格，并鼓励各种各样的差异性。员工应该让对方了解自己的想法。不善于沟通表达的人会被认为能力有问题或是受到了限制。

然而，相对而言，具有开放、直接的企业文化的公司相对还是较少，更多的公司不鼓励直言不讳，而是讲究委婉、得体。很多传统的组织（例如，银行、保险公司和服务型公司）通过要求员工谨慎，避免分歧和强烈的人际对抗来保持组织的稳定性。在这种文化中，分歧被严格地管理以避免出现尴尬的人际关系，并且直接与员工讨论人际关系也被认为是不好的事情。

6.2.4　直接沟通的技巧

有人擅长协调人际关系，有人则不善言辞，他们甚至很容易就会和原本想搞好关系的人争执起来。有些潜在盟友喜欢直截了当地讨论人际关系，有些则因为害怕、羞涩或尴尬，因此避免进行关于人际差异性的公开讨论。还有一个更加深入的难题，并不是每个人都善于理解对方的偏好，往往自己很急切时对方很犹豫，而当对方很主动时自己却犹豫起来。

成功理解人际关系的案例是我们第 5 章中提到的那位企业家莱斯 • 查姆。他用了十分直接的方式得到了他想要的工作关系。他运气很不错，因为他所交涉的部门负责人是个技术专家，喜欢直来直往的沟通方式，因此莱斯的直率得到了赞赏。想象一下如果莱斯是与一名循规蹈矩、谨小慎微的审计师上级打交道时，他也许会被（礼貌地）请出门外。

6.2.5　害怕直面矛盾的人际关系

除担心交谈对象的拒绝之外，还有很多原因可以解释为什么人们不愿意向有矛盾的盟友提出直接讨论的邀请。担心伤害到对方，担心遭到对方报复，担心在未来的交往中出现尴尬，害怕先提出和解的人会被认为是过错方，又或者只是不喜欢不愉快的经历——这些都是我们常常听到的原因。你必须问自己的一个问题是，与盟友沟通你的担忧所导致的潜在痛苦是不是比保持目前令人难受的现实状态更为痛苦？总体而言，实际的对抗很少像预期得那么严重。因此我们鼓励直接，如果你学会了本书中的技巧，那当然更加应该选择直接。

6.2.6　避免过早的判断（首因效应）

第一步是仔细诊断，重点关注敌对的情境因素。正如我们一再强调的那样，不要掉进那些非常明显的陷阱里——预判对方是愚蠢或者坏的。正如考试中提出的挑战性问题一般，“你是不是就是问题所在？”

令人抓狂的是，按照自己的意愿将与自己无关的人处理掉，就像把责任归咎于对方一样简单，你必须检查自己的态度和行为。你是否过早地舍弃了某人，让其他人无法看到如何接近他。正如我们强调的那样，你必须对另一个人（的价值）保持开放的态度。一个强烈的否定结论将影响你的互动方式并生成消极情绪，将你鄙视的对象自动屏蔽掉。当人际关系中出现不信任时，我们自然而然会避免与不信任者的接触。而这恰恰减少了可能为关系注入新的、更有利的信息的可能。缺乏互动使得更多的不信任和消极假设开始出现，导致了恶性循环。无论如何，这个循环必须被打破。

一个相关的问题是，一旦你预判了某人，你将只看到那些证明你的设想是正确的事件，而忽略其他的。这很符合人性。人们总是“看到”他们所期望看到的东西，这能证明自我的正确性。除提前预判人设的问题之外，还要注意那些交往过程中，对方让自己不喜欢的那些行为。要提醒自己，只进行关于工作风格的讨论。比如你对冒险的喜好会不会引起另一个谨慎性格之人的不适？反过来也是如此。需要仔细评估对方，以了解可能导致双方交往困境的原因。如果你已经阅读了第 4 章，那么你就知道我们主张尽可能对对方组织的情况进行了解。这样做不仅可以帮助你确定潜在盟友可能偏好的等价物，还可以了解更多关于为什么会如此的原因。你越了解什么导致了潜在盟友的行为，你就越能建立起同理心和耐心。而同理心和耐心将为你与盟友建立积极的关系发挥重大作用。当然，了解行为的形成原因并不能成为当前不良行为存在的合理的借口。你当然有权利表示不满，但这无助于改善关系。

6.2.7 淡化个人感情而专注于工作

也许修复糟糕关系最好的做法是把个人情感放到一边，集中精力共同完成工作。共同达成目标的成就可以提高双方的信任度并促进更好的关系。当关系很不和谐的双方无法命令对方参与合作的时候，双方很难选择合作型的任务。这一关系中怨愤最大的人往往会避免或延迟与对方的接触。即使两个彼此对立的人同意共同参与到某件工作中，也不能保证他们一定能改善彼此的关系。

遗憾的是，造成两人之间根本矛盾的问题可能会成为合作的障碍。这样的情况和准备离婚的夫妇商量财产分配很类似。如果双方能够心平气和地进行讨论，财产的分配就会变得容易一些；但他们如果真的能够心平气和地讨论，两人也不会闹到要离婚的地步。

尽管如此，现实有时强迫人们必须一起工作，他们会发现如果把分歧放到一边，完成任务的难度会降低很多。随后，随着工作任务的顺利推进，双方的关系也可以得到改善。这时如果双方都惊喜地意识到了这一点，彼此的良好关系就可以顺利建立起来，然而这种愉快的结局并不是总能出现。

如果你选择了不先处理人际关系而是希望从工作入手，那么要是你能够首先承认双方的关系存在问题，并表达出希望通过有效协作共享，达到至少能让工作得以推进的意图。这个措施依然非常有效。

此外，当关系出现问题时，在工作过程中更加需要设定具体的任务协议。这是因为彼此都不太信任对方的承诺。另外，同样重要的是按照承诺的方式，提供和实施每一个步骤。这样的方式可以逐步积累信任。这一点在双方讨论交换条件时尤其有用，如果你能够做出比要求展示的基本善意更进哪怕一小步的话。反过来说，如果没有达成协议，双方的关系将进一步恶化，而且未来更加难以改善。即便如此，我们也不应该全盘否定。我们必须避免直接得出对方是狡诈而不值得信任的人的结论，我们需要通过调查来找到原因。他也许只是单纯地忘记了，还是协议的要求不够明确。这样的理性调查分析才是转变关系的重要切入点。

6.2.8　直面关系问题

总体而言，我们相信如果有可能的话，直接提出双方关系存在的问题，可以减少误会、尝试假设、澄清行为——找到某一方认为的消极行为背后的原因和理由，让行为容易变得让人理解接受。

众所周知，关系不好互动就会减少，因此显而易见的解决方案就是增加互动接触，并且尝试直接解决问题。如果能成功，两者的关系就会大为改善。

在我们的组织研究中，我们发现往往人们并不愿意公开讨论他们相互之间糟糕的关系。除了个人偏好，很多因素都会导致人们关注于彼此的关系而不是尝试共同完成工作。

6.3　推进任务或改善关系的时机

6.3.1　推进任务

我们假设你对情况的诊断让你得出的结论是：最好先处理任务，然后再解决关系的问题。你需要意识到，你可能不由自主地做了一些可能会导致问题复杂化的事情（例如，不向对方提供信息，或使用一些让对方难受的工作方式）。

你还需要意识到，你可以抛开自己的消极情绪，把对方视为潜在的盟友。抛开个人情感因素并不要求你否认或忘记历史。只要他们不在会谈中提及此事，或是在首次出现分歧时让你大发雷霆。

即使你现在不处理紧张的人际关系，至少也要承认人际关系的重要性。可能你只需要向对方说："凯西，我知道我们过去出现了一些问题，但是我想知道我们是否可以把问题放在一边，而关注这项对我们彼此双方都非常重要的任务。"

达成初步的协议并不意味着一劳永逸，关系问题可能在工作推进中再次出现，这时就需要直接处理和应对。在这个时候，我们需要向对方说明："很多证据表明我们可能难以达成任务，我们能不能停下来，看看我们之间到底存在什么问题，这样我们就可以把问题处理掉，然后更好地推进工作了。"

也有可能，关系问题并不会出现。在有些情况下，工作进展得相当顺利，因此你可以实现互惠互利的结果。如果取得了这样的成功，现在有可能正是讨论一下关系问题，为将来做好准备的良好时机。

6.3.2 处理关系

与推进工作相对应，如果你的初步诊断得出的结论是直接推进工作过于困难，因此你希望首先改进你的工作风格。同样，你也需要进行自我反思，这样的方式是否会把问题复杂化。

在接下来的讨论中，你同样需要明确自己的主要目标，这一点非常重要。因为处理关系的选择很容易变成为了改善关系而改善关系，忽略了想要达成的关键目标。是凯西承认过去的错误并承担责任？还是以什么方式改变？又或者是证明你自己的正确性？你需要明确你想要达成的目标，这样才能避免在你不关注的点上产生毫无意义的冲突，又或是对于盟友形成不必要的刺激。

案例

直接请求的奏效

当汤姆·杰特听到他的上级转述了同事马克·斯坦布对自己的评价时，汤姆感到非常焦虑。汤姆打电话给马克说："你现在有时间吗？我刚刚才知道，你觉得和我之间出现了一些问题。我很希望你能够直接明确说出来。我希望听到你直接告诉我，我们当面谈谈怎么样？"马克感到非常尴尬，他很快同意和汤姆碰面来消除误会。他们也正是这么做的，这次会面成了他们更深层次的合作关系的开始，最终形成了长期的友谊。

1．承认现状，分享意图

正如我们上面所提到的，承认现状是有好处的，否定现状并不能产生任何帮助。但是需要注意“承认”并不是允许对其攻击的借口。“我们之间发生了一些问题”，并不是指责对方是存在问题的。在承认历史问题和现状之后，需要分享出自己的意图：“我提出这一点是希望我们之间能够更好地合作。我们可以谈谈是什么阻碍了我们吗？这样我们就不会重蹈覆辙了。”

如果这样的提议之后，双方能够非常冷静、客观地坐下来讨论，这非常好。但是这样的提议也有可能会打开“潘多拉盒子”——产生大量的相互指责。如果凯西反驳说：“你干吗要这么大声，你的语气就是在指责我？你就是希望控制别人！”如果出现这样的情况，就事与愿违。在早些时候，你试图不对她贴上消极的标签，而现在她恰恰对你这么做了。你并没有责备她，她反而是在责备你。

听到这样的回应确实很痛苦，特别是和你设想的场景如果截然不同的话。被人误解很痛苦，而且会诱使你对其展开某种方式的报复，“我已经让步了，你居然还咄咄逼人，拒绝我所有的善意”。如果这样的话，冲突就会升级，人际关系会变得更差。

抛开这些言语冲突，你是不是从她的话中能听出些什么？从她的话语中，你可以更加了解她，听到她所珍视的东西。不要自我辩解，你能不能反思一下，到底是什么原因导致她对你的工作方式如此地不解？你并不需要你认同她的想法，你只需要尝试了解她。而这本身就可以减少她对你的敌意。

如果你已经这么做了，那么你可以让你更好地被别人所了解。是什么原因导致了你和你的潜在盟友之间出现了问题？比如，是你的上级对于你解决问题的压力导致了你的不耐烦？你是否可以让她了解你的思路，就像你了解她一样。如果她已经了解了但是还不接受的话，那你需要做的是展示出你对于她的立场的了解和认同，这对你来说更容易做得到。

尽管这种讨论可能很困难，但如果凯西一开始就拒绝沟通，或是在问题变得越来越大之后她不再尝试解决，这样情况会变得更糟。在合作中，没有什么比人际关系问题更严重，而把问题掩埋下去只会让问题在将来某一个更要命的时刻再次爆发。

相对地，在这个时候能不能谈谈交换条件？双方已经为目前的情况付出了哪些代价？成功达成目标之后能带来哪些好处？凯西的抱怨是否会导致决策延迟？她是否提到了她希望解决的问题但是迟迟没有提上议事日程？设定目标是增加想要解决关系问题的筹码。你所做的，是在描述一种交换方式：解决问题之后的好处要远大于纠结在目前复杂的人际关系中的。

2. 从过去学习，但着眼于未来的工作

这次沟通的目的是了解出现了什么问题，以及各方需要什么才能建立起成功的工作关系。我们的目标不是相互指责而是要改变未来。即使最初的责任界定会让人觉得一团糟，但你不能卡在这个环节，你需要通过向大家阐明观点来帮助大家渡过难关："我并不认为找到犯错的责任人对我们有所帮助，我们不是希望这个事情不再发生吗？我们如何在未来才能做得更好呢？"

分析过去也许有价值，它不仅展示了对方的关注点，更加重要的是一旦把问题说话出来，就更容易解决问题。但是更加重要的是未来，凯西已经告诉了你她所珍视的东西，她的抱怨只是告诉你她不愿意再次失去。

3. 参与到问题解决中，达成协议

此次谈话的目的是基于任务设定的双赢的交换，在解决人际关系问题时，你正在使用"科恩-布拉德福德非权力影响力模型"。你希望每个人都是潜在盟友，通过分享信息（如对某问题的看法），达成双方的交换条件。此时此刻需要建立双赢的交换了，我们每个人又需要做些什么呢？

有时候，只要完全了解对方就足够了。如果凯西知道你并不是故意那么粗鲁，只是因为你过于专注而提高了嗓音，她可能就不会甩门而去。同样，一旦你发现她担心自己没有被倾听，你可能就会调整你大大咧咧的行为，让自己看起来更有同理心更专注一些。

换句话说，这可能要求你或是对方中的一人调整自己的行为。你能否反思一下，你应该如何改变行为而让这个潜在盟友对你要完成的任务有所裨益吗？你需要她的帮助吗？找到你的人际关系，这样你就可以更加有效地参与到任务目标的交换中（有关于方式方法的介绍，可以登录我们的网址，查看"影响下属"章节——"将反馈作为交换"的主题）。

4. 决议和后续行动

如果沟通很简单，对自身的诱惑就是快点结束这个沟通。而问题在于，如果不详细沟通清楚，沟通的结果其实是无效的："好的，我会更加努力。"仅仅表达了美好的意愿。因此关系越紧张，越需要对达成的共识进行细化。当然只有当后续行为逐步兑现这些约定承诺时，双方的关系才会得到真正的改善。

6.3.3　开发和维护盟友人际关系过程中的陷阱

很多因素都会阻碍你获得和增强必要的人际关系。

1. 没有提前预防人际问题

当人际问题出现之后，再尝试解决并达到良好的关系就会很难。懂得发挥影响力的人会利用每一个机会，在别人提出要求之前收集信息、建立联系。包括与董事会成员会议中偶尔的接触，甚至是与身边的陌生人共进午餐或聊天都可以成为他们建立新联系的契机。

2. 压抑不满情绪直至最终爆发

很多时候，我们常常看到有个人因为害怕对某个刻薄的人表达不满而一直压抑情绪，直到最后爆发。在最后的时间节点，即使是鸡毛蒜皮的小事也可能引发矛盾，将原本就不亲密的关系彻底摧毁。如果你真的正在气头上，最好的方法是在自己说出可能让自己被动的话之前默数“1~10”。但是不要一直沉默，要在关系刚刚出现问题的时候就着手解决问题。

3. 对方举止异常时，不要消极揣测他

我们一再强调，如果你试图影响某人或某个团队而没有奏效时，要控制自己，不要把问题归结到对方人品上。如果你发现自己认定某人愚蠢、自私，不关心公司事务，或是其他的消极想法时，你需要立刻停下来，询问自己：“是不是存在一些更加积极的原因呢？”例如，他们没有回应你的要求，是不是因为他们感受到了来自上级的压力？还是因为自身已经负担太大？通过这种方式，你更有可能以探究性和支持性的方式打开对话，而不是简单的对对方进行消极归因。

这样的方式会对你有所帮助，正如多年之前拿破仑所说：“如果无能已经足以充分解释，就绝不要归咎于恶意。”他意识到故意消极的行为往往有一个更加简单的原因，不是针对被影响的人，而是无知、无能、疏忽、错误假设或虚假信息的结果。在给对方“定罪”之前，你需要先付出努力。相对而言，真正邪恶的人会很快显露出他们的真面目，你当然可以在必要的时候进入攻击模式。

我们有一个拓展案例，布莱恩和丹尼斯是某家国际金融服务控股公司的长期合作伙伴，他们通过交流，改变了长期恶化的关系。可以登录我们的网站，搜索“与合作伙伴交流以改善关系”主题。

6.4 结语

我们的目标不是让每个人都成为好朋友。即使当存在人际关系障碍时，我们依然有办法可以完成工作。然而，人际关系矛盾可能会严重影响到任务的顺利推进。因此我们致力于改变糟糕关系的努力都是值得的，至少让其成为可以接受的工作关系。你可以通过自己的影响力来促使这一切发生。

通过讲述如何利用交换来获得影响力，我们详细地解释了非权力影响力模型。在第 7 章中，我们将进一步探讨交换方法，让你在实现影响力的同时增进你和盟友的关系。

第7章

双赢互惠的交换策略

> 当别人喜欢你时，他们就会帮助你。你可以竭泽而渔，一次获得最大化的利益，但下次人们就不会再提供类似的帮助。而投之以桃、报之以李就完全不同，你可以因此获取更多。与人合作，有时需要花费很多的时间，但我就在公司里，和他们抬头不见低头见，也很可能在未来产生合作，因此不得不如此。
>
> ——玛丽·格兰特（Mary Garrett），前 IBM 全球市场副总裁

我们已经研究过完成交换的流程步骤了，它包括了解盟友的情况、澄清自己的目标和资源、建立相互信任的关系，以及将你的资源和盟友想要的等价物匹配起来。在前面的章节中，我们列举了一些交换过程的例子。在本章中，我们将着重介绍实现双赢结果的实际策略的细节。要记住，很多交换，特别是在与好伙伴之间的交换，大多是在没有事先考虑或计划的情况下自然而然发生的。这就是我们需要特别关注和进行研究的地方。

交换可以有多种形式，有时候会因为可以选择的“回报”方式太多而变得复杂起来。回报可以是一个非常简单的协议，接受不复杂而且符合工作期望的请求；也可以很复杂，涉及相当规模的时间和资源成本。很多交换出现在一系列的活动中，因此并不仅仅是一次请求换取一次回报。

交换有时在确认交换条件之前就已经开始发生。实际上，它一直按照我们前面描述的步骤在发生着。只是我们没法一下子同时展示，才将这个过程拆开分别在不同的章节讲述。你与潜在盟友的每次有关于影响力的联系，都是最终交换的重要组成部分。无论是你被初次介绍时的微笑，还是为了了解对方兴趣以便于提供资源换取合作而付出的努力。每一次互动都有助于成功交换的发生。

不仅仅你的整体声誉和与潜在盟友的关系会影响到交易，在你提出你的请求和交换条件之前，如何找到盟友所珍视东西的方式已经决定了你的成败。你如何提问、问了什么问题、你是否仔细倾听以及如何倾听、你所表现的兴趣、你对解决潜在盟友切身利益关注所显示的诚意等都成了交易过程的一部分，都会让这个过程变得更加一帆风顺或是重重险阻。

交换的很多方面和创建双赢谈判的尝试有类似之处，其目标都是让双方能从反复讨论中受益，因此我们可以借鉴学习。然而，其不同之处在于，组织中的影响力始终有两个目标，不仅要完成手上的任务，还需要和他人或团体至少保持（最好能改善）可以继续合作的关系。在你所在的组织中，如果信任得到增强、开放度提高，探索可能性的意愿得以改善，未来的交换将变得更加容易和更有益处。因此，虽然偶尔你需要变得强势一些，但最终你还是希望能够在组织中更好发展，而不仅仅是一时的“获胜”。

同任何谈判一样，规划是最重要的部分。如果你对大方向的判断出现了问题，再高明的技巧也无法挽回。比如过往历史渊源和竞争关系，波士顿红袜队无论如何都不太可能和他们的对手纽约洋基队打成一片。因此你需要仔细的规划。同时，你还要考虑到你之前和其他人或团体实际交换的方式，简化交换过程并改善关系，为未来做好准备。这可能是一个很复杂的过程，虽然交换过程看起来很简短。

7.1 规划交换策略

我们在前面的章节中提到了很多交换谈判的方法，现在我们可以回顾一下，以便于帮你区分出在具体情况下应该分别采用哪种方法。要成为有效的影响者，需要在交换策略中进行灵活选择。

实际交换的难点在于双方利益需求的匹配程度。如果在一开始能够用某种策略向对方证明与你的合作能为其带来更多利益，事情就会简单很多。我们首先介绍这一策略（见表 7.1），然后会谈谈当合作的利益不太符合你盟友的需求时应该怎么办。

表 7.1　交换策略及应用条件

交换策略	应用条件
• 简单交换（自由市场式交换） • 展示合作可以帮助潜在盟友达成目标 • 发掘隐藏价值 • 补偿投入损失	• 每个人需求明确，价值大体相当目前的良好关系 • 你的交换条件符合盟友的需求 • 可以发现意料之外的收益 • 你并没有对方所需的资源，但你了解对方的投入并且可以用其他等价物来满足

7.1.1　自由市场式交换

如果双方都很容易看到合作的好处，彼此信任，并且投入的资源也大体相当，交易就如同进入一家明码标价的商店选购商品一般。而且如果双方的关系本来就不错，也就没有任何必要担心对方的动机与诚信。任何一方都不会提供额外的帮助，价值交换就是唯一的原则。即使此前没有长期的良好关系，自由市场交换也可以发挥作用，只要交换被认为是等价的就可以。

进行自由市场交换需要准确的分析和精准的计划，因为也许对方不能马上获知应该如何满足你的需求，因此充分了解对方和其需求还是非常重要的。

7.1.2　展示合作可以帮助潜在盟友达成目标

如果你能够展示在你的合作与帮助下，潜在盟友更加便于达成其目标，这依然可以被认为是互惠互利的交换，即以有价值的等价物进行交换。例如，一位区域经理希望从他的上级大区经理处获得更多的信息，但他不想改变也不想指责上级过于隐藏信息的工作风格。因此，他组织了一个基于客户真实需求的研讨会，并邀请其上级参加。而这样的信息对于大区经理来说，很有助于回应其他同僚对其决策的质疑，这也是大区经理年度目标的一部分。因此对于该上级来说，参加这样定期的员工会议就变得很有帮助，而不是浪费时间。区域经理对他的上级的了解足够深刻，所以才能让其上级对他提出的方案很满意。

7.1.3 发掘隐藏价值

有时，互惠互利并不是十分明显，需要你付出一些努力才能发现。例如，一个富有进取心的生产经理就是如此，他想总经理能批准工厂自动化生产线的引进，因为传统的分析方式是以节约劳动力为基准，来衡量投入产出的，而他认为这个角度的分析不能支持自己的观点，于是他转而从加快周转时间、防止订单流失的角度来进行分析。应用这种创新的资金成果角度的分析，他成功说服了总经理，并使其相信引进自动化设备对公司是有利的。

这样的方式越来越常见，我们可以从某些新的角度发现隐藏的价值。例如：

- 员工流失造成的损失。
- 库存过多造成的运输成本。
- 员工敬业度与销售增长之间的联系。
- 客户忠诚度的价值。
- 工作中的瓶颈环节或服务滞后造成的损失。

7.1.4 补偿投入损失

这种策略，就是承认盟友的投入，制订计划对盟友进行补偿。虽然有时很难实现平等的回报，但在无法向对方展示与你合作的好处时，这也许是推动交换的唯一途径。例如，如果某人要求分析小组提交一份特别报告。他可以提出用已经存在但未经分析的现有数据来编写草稿，这样就可以减少分析师在分析量和报告格式上的工作量。

在任何情况下，你都必须评估出合作对潜在盟友可能造成的损失，以便于确定自己是否有能力补偿对方的损失。例如，一位秘书向其老板申请灵活的上班时间。当然，老板希望当他到达公司时秘书已经在岗了，但秘书知道，对于老板来说更加重要的是她晚上愿意留下来，完成紧急工作。所以她提议在必要时留下加班，以换取早晨额外的 10~15 分钟时间送孩子去幼儿园。通过统一资源的交换（工作时间），二者都达到了各自的目的。老板的损失可以通过在紧急情况下秘书的加班得到补偿。

7.1.5 如何显现隐藏的损失

在确定什么是公平交换时，另一方需要知道你需求的重要性——如果不合作，你和你的组织的损失——正如你需要知道他的一样。潜在盟友一般只会关注他们的投入而不会关注到你需要投入的东西。尤其是诸如你需要从上级那里得到一些东西，又不想听上级的絮叨或是危言耸听时，这会非常困难。同事也是如此，因为他们没有对你进行充分了解，了解你的想法和需求（尽管这一切在你看来应该是轻而易举的事情），所以当你动作比较快的时候，其他人很可能无法理解你所处的情况有多么复杂（以及你投入了多少额外的精力）。在这样的情况下，你需要一种方法，以明确你可能需要投入的成本，以及如果没有达成合作，你需要付出的代价。例如，你能否用一份电子表单来完成这一步骤?也许画出时间线可以将很多幕后的工作表现出来，你可以不用刻意地向同事提出你为了完成他的请求，在晚上和周末花在工作上的时间。你或者可以开玩笑地说自己挥一挥魔杖就完成了。并非所有盟友在意识到这点后，都会对你的投入给予回应，但在较为正常合理的情况下，这样的信息一般会让对方给出更多的回馈。

当对方首先向你提出要求时，这种让隐形投入显性化的工作尤其重要。虽然大家的日常沟通都很融洽，但还是要注意不要因为和谐的气氛而误报了自己的投入成本。通常你的反应是“没问题”，但事实往往并非如此。不是说需要喋喋不休地向对方强调合作给自己造成的麻烦，而是说确保对方能够了解你的投入。例如，你可以“大声”把思考完成合作要求的步骤说出来，把你需要处理和放弃的细节都表达出来，然后再和对方达成共识。否则，你得到的回报可能远远小于你的预期，这可能会损害到你和对方的关系。

7.2　发挥等价物的时间价值

在良好的工作关系中，兑现报酬的时间和报酬的形式都可以有相当大的调整空间。然而，如果双方过往关系较差时，因为缺失信任会让参与合作的人自己研究每个交换条件的细节。局外人常常会奇怪地看到，有的人在寻求帮助时得到了微笑和真诚的帮助，而有的人则被礼貌地或以其他形式拒绝了。双方的过往，甚至是他们所属组织的互动历史，都很可能极大地影响到合作中提出合作要求和给予合作报酬兑现的价值和数量。事实上，交换涉及的经济利益往往错综复杂，即使有人想要得到某些重要的东西，人们也会因为认为自己不可能得到而最终选择放弃。

时间价值可以通过以下三种方式影响交换过程：

（1）当下支付。根据你的要求，你现在就可以为你的要求付出代价。直接支付或是以对方接受的其他方式来支付。

（2）过往信用。在之前的合作中，你和对方之间有了信任，所以你过往的所作所为对当下的交易是有影响的。或者你因为过去和对方有龃龉，那么现在就必须先克服。

（3）未来承诺。你认同欠了对方（特定东西或不特定东西），你将在未来进行支付。当然过去的经历在这个点上又会产生影响，对方需要相信你会在未来进行偿还。

因此，我们在进行策略制订时，需要记得可以利用过往信用或未来承诺来加大合作的筹码，有策略的应用时间可以发掘出更多联盟的可能性。

7.2.1 建立信用以防万一

有一个关于银行的老笑话，银行只有在你证明不缺钱的时候才会借给你钱。这个笑话说明了一个真理，你需要证明你有偿债能力，至少在未来的某个时间。从这个角度上来说，我们最好现在就能发现未来的需求，从当下开始就对现有资源进行投资和储蓄，这样的话，在未来就可以取用或是进行借贷，以满足未来的需求。同样的道理也适用于组织内的交换：只要有可能，在你要求别人付出回报之前要尽可能帮助对方，进行人情储蓄。这样在你与之进行交换时就能从人情银行中获得更多收益。这是一种面向未来的投资。

当你的工作让你掌握宝贵的资源时，这样的做法很容易，因为你可以很自然地帮助许多人。那些决定信息系统优先级的人、控制生产计划或是为生产线管理人员提供重要服务的人都可以随时建立信用，尤其是他们为帮助他人而改变优先次序或是提供额外服务的时候。建立信用的最佳方式就是（帮助其）完成重要的任务，以换取对方在未来给予帮助的“义务”，以便于帮助你更好地完成工作。把关注点始终放在工作上，而不是为了自己的利益而施加影响。

当然，总会存在那些将其他人的额外努力视为理所当然或是将其视为常规工作一部分的风险。因此你需要很得体地把所做的工作展示出来，这也取决于所作工作的可被识别程度。但正如下面的例子中提到的，这种方式并不是必需的，有价值的贡献往往有其引起注意的方式。

尽管不是所有的工作都有如此优势，你仍然可以发现其他帮助别人的方法。由于不同的交换方重视的交换条件不同，我们仍有很多机会在寻求他人帮助前尽量帮助他人、替他人着想。如果你精力足够，有能力发现别人在工作时的需求，并倾向于建立、拓展自己的盟友，那么你每天都能找到帮助别人同时赢得信用的机会。

例如，我们曾经注意到一位中层经理是怎样在无意之中建立个人信用的：他曾整理出很多与工作相关的参考文章，他发送给了很多他认识的、可能对此感兴趣的组织成员。他对同事本身和他们的想法很感兴趣，很喜欢和他们沟通他们在做的事情和感兴趣的东西。除此之外，他广泛阅读各种杂志和报刊，能够将自己的兴趣转变成自己热爱、又深受大家支持的活动。尽管他从来没有为了单纯争取支持而刻意地给大家发送文章。但他的善解人意还是获得了其他人的认可和信任，因此，他在这之后自己部门的工作和项目推进中毋庸置疑地总是收到善意的回报和帮助。

可以思考一下你自身拥有的优势，比如丰富的专业知识、幽默感、良好的记忆力、真诚的同理心，又或是其他任何可能对他人有价值的东西，然后尽早、尽量多的传播这些财富。

注意事项：

在某些情况下，你想要影响的盟友对于任何与工作相关的等价物都不感兴趣，或者你无法提供他所期望的东西。这就意味着你不得不采用更多的人际互动来进行人情投资。比如亲切待人、保持幽默感，或者给同事带小零食等，都是提升人际关系很好的润滑剂，可以创造出善意。

虽然在工作以外给别人送人情是必要的，但是这种建立信用的方式仍然存在缺陷。如果员工们意识到这样的方式可以为自己来谋求私利，就会成为一种危险的诱惑。即使这种方法能够产生效果，当事人的声誉也常常会受到不可忽视的损伤。

你很容易会做很多别人要求之外的工作，尤其是别人以为你的帮助只是为了积累人情或是他们认为你的小恩小惠没有价值的时候。正如很多年之前，戴尔·卡耐基曾经指导人们如何赢得朋友和影响人民，比如迅速记住他们的名字，并在谈话中经常提到他们。因为每个人都喜欢听到自己的名字。想象一下，如果一个人整天听到自己的下属在念叨自己的名字：“是的，西摩，今天肯定是个好天气。”“西摩你有没有兴趣听听人家是怎么夸你的？”到今天的话，他会比谁都清楚这一招已经不灵了，因为在建立信任这一问题点上，虚情假意可以抵消所有其他方式带来的正面作用。

这就导致了一条有关于“为未来建立信誉”的悖论。一方面，“信用储蓄”

总是有用的，因为你可以在后面需要时进行提取。但从另一方面来说，明显的提前施恩会招致别人对你意图的误解和怀疑。如果别人担心你对他们施恩就是为了日后获得回报，他们就不会轻易接受你的帮助。

应该如何解决这个悖论呢，有两条准则可以参考：

（1）要坦率。有时候你可以通过公开表达你的意图来消除怀疑：“我现在想帮助你，是因为我现在时间空闲。另外，我准备在二季度时间紧张的时候请求你的帮助。”这样的方式提前说明了交换时间的性质，澄清了双方要承担的义务。

（2）把组织放在第一位。正如我们之前所坚持的那样，如果在其他人看来你的帮助首先是为了组织的利益，那么你和你所在部门的其他利益更有可能被接受。

案例

不恰当的方式使用资源引起的反作用之维修经理

他是一家服务机构的设备维护负责人，这个职位通常并没有太大权力，他自愿组织每年 12 月的假日聚会。作为晚会的节目之一，他总是安排在场的一位摄影师给经理和家人们拍照留念。几周之后，那些掌握着资源或位置重要的经理们都会收到一张放大的照片，还有这位负责人的“问候”。

由于人们怀疑这样的举动是纯属善意还是为了送人情，很多同事都对这位经理持谨慎态度。因为他负责着办公设备搬迁和修理维护工作，也没有人来挑战他的这一举动。但很多人在和他相处时都觉得很别扭。

尽管他没有明说照片是为了在后续的工作中让他人给予回报，但他的目的还是为了建立人脉关系。在后续的一年中，他提出的要求很少会被拒绝，尽管人们因为麻烦会抱怨几句，但每次他还是能达到他想要的。然而这样的行为导致他在组织中从未被完全信任，他也从未得到晋升。

案例

操纵大师罗伯特·摩西

很多报道都声称罗伯特·摩西利用他作为纽约公园专员的资源，在记者、部门长官和政治家之间建立了精妙的人际网。当他需要推进某项计划时，他所求助的人总是很难拒绝他。摩西利用豪华轿车、高档宴请和特殊场合的会议讨好支持者，先发制人地压制诋毁自己的人。结果，他以前所未有的规模主持了大量道路和绿化等市政建设的项目。除此之外，他粗暴地建设贫民区，花费了大量公款来满足他对纽约的个人愿景。

摩西使用了很多影响力技巧，包括一些隐蔽和间接的做法。比如在复杂的立法过程中设法加入一些后来将赋予他几乎无限制权力的条款，但他也深知搞好人际关系的重要性，以备不时之需。显然，他也确实魅力十足，他成功地说服了多名盟友，消除了他们对于他真诚程度的怀疑。在错综复杂的局势下，面对如此多的因素差异与利益冲突，也只有老练的操纵者才能掌控大局。但在这一过程中，使用手段对大众造成的玩世不恭的印象和公共预算的大量浪费，使得他的整个事业都遭到了质疑。

7.2.2　应用过去的人情债

如果你试图影响的人恰好在过去得到过你的帮助，而这笔人情债的级别又高于你目前提出的要求，那么这次交换将变得非常简单。当然，前提是你的盟友必须承认你此前给出的人情，并认为至少和你目前要求的价值相当。如果两人关系非常融洽，你甚至可以在此次要求得更多。因为在相互信任的盟友关系中，你可以“欠”对方，然后在随后的时间里找机会“还回来”。

尽管本书的内容适用于任何试图发挥影响力的读者，但大量的组织内部交换仍然或多或少的是在无意之中自发完成的。只有当你有一些不同寻常的要求时，才需要细心策划一下关于交换的讨论方案。从这个角度说，你最好能够在交换的早期就向你的盟友说明此次交换的不同寻常，借此引起他的特别关注。这不仅仅是你例行公事，而是值得花费时间准备的重要行动。

1. 当他人不承认“欠人情”时该怎么办

当你的求助被无视时，有趣的问题就产生了。你向一个欠你人情的人寻求帮助，他却不承认曾经接受过你任何帮助，这时该怎么做？在某些注重素养、高度团结的组织中会有明确的规章制度禁止员工进行这种“明面上”的交易，在这样的企业人们遇到上述情况就会不知所措。你可能认为曾经给了对方一些帮助，但接受帮助的人可能认为这是你正常工作的一部分，因此无须承你人情。如果你向对方进一步解释，说过去曾经帮助过他，现在需要他的回报。他却回复说：“那根本不值一提，你只是做了分内的工作而已。”相信这样的情境会让你更加尴尬。如果这句话是来自你的上级就更加令人沮丧了，因为这意味着他根本没有意识到你曾经为了帮助他付出了什么。

在某些组织中，公开说“你欠我人情”被认为是一种缺乏素养的表现，所以仅能做一些委婉的暗示。而在另一些组织中（如纽约的一些公司和医院），如果你不敢把要求对方给予回报的要求提出来，就会被看作天真幼稚的人。因为在那样的组织中，人们认为世界就是为了个人利益存在的，投桃报李是天经地义的事情。重要的是要保证你适应公司的文化。如果你刚刚加入公司，就要注意那些提示性的话语，从而决定坦率交流的程度。

如果你所在的组织不提倡讨论这类话题，你可能需要花费更多的时间斟酌言辞才能更好地解决这个问题。不要直接告知对方，“在你甚至不知道的情况下，我为你做了很多事情。那只是我不想让你有心理负担，那么现在能不能考虑一下我的处境”。又或是间接地施加影响力，例如，“这部分工作确实不是我职责范围内的事情，但我们做了很多和我们相关的事。”这样轻描淡写的说法能造成的影响力可能很小（除非接受人非常用心地感受你字里行间的深意），且很容易导致施加影响者因为受到挫折而选择放弃。

为了解决这种相互期待的错位，最好是在送出人情之前就建立互惠的期望，而不是在事后。每个组织中都有自己独特的表达强烈期望的方式。在某家消费品公司，员工们会通过说“这是一个会引起罢工的问题”来说明问题的重要性，但其实和工会并无关系；在另一个组织中，人们会用“我要去找个床垫来（晚上加班）”“这事情太大了”来表达这并不是一项常规工作。无论如何，你需要使用这个组织中的语言来说明你要求的重要性。不过也不要老是夸大其词，要保证你所描述的投入是符合现实的。你也可以向老员工请教，也许你能掌握一种组织内特定的谈话方式，甚至说动他来帮你说情。

2. 当你给出的回报不是对方想要的该怎么办

即便可以直接讨论交换，关于人情债双方的理解可能还是存在不同。因为等价物的价值并不足够明确。即使你说“你欠我人情”，对方也认同的情况下，真正的分歧仍然有可能出现。有时候，对方看不到你为了完成他的请求而付出的努力，因此他并不能准确地衡量出这个人情的价值。我们曾经遇到过，有些人在处理对方一个不怎么紧急的要求时如临大敌，好像全公司的未来都取决于这件事一样。然而如果提出要求的一方认为自己的要求并没有那么重要时，为了满足别人而竭尽全力的员工就很有可能得不到充分的感激。在这样的情况下，当你试图要求对方偿还人情时很可能得到这样的回答："嘿，放松一些。我那时候只是提出一个建议而已。我可不想让你为这件事情付出太多，所以现在也不要把责任都推给我。"

与此相反，我们也看到不少组织的员工常常为了别人呕心沥血地工作，而在别人向其道谢时，他们只是轻描淡写地说："这没什么。"当受到帮助的人很细心敏感时，这些助人为乐的人仍然能够得到对方的感激，但不是每个受惠者都能够注意到这些微妙的暗示。因此，付出努力的人会感觉自己被利用了，而受惠者依然轻松愉快地工作，对别人的怨愤之情毫无所知。

如果你曾经为盟友付出过努力，你可以有风度地向对方指出。但韬光养晦和不露锋芒可能会浪费你的努力。诀窍在于要让盟友看到你付出了努力而不抱怨，工作成果实实在在但不张扬。

然而，你不应让别人把你看成是对付出锱铢必较的人，很少有人能在人们不知不觉中把人情积累起来，而这又非常重要，所以你必须尝试培养这种能力。我们曾经观察过一位很善于发挥影响力的员工，作为助理的他经常为别人雪中送炭，但他从未因此表现得高高在上。由于同事都知道在官僚机构中办事手续十分复杂，所以对他能帮忙表示非常感谢，他也赢得了大家的尊敬。当某个新部门的负责人岗位出现空缺时，他在众人的支持下获得这个岗位，虽然他的实际资历并不如其他候选人。

7.2.3　信用借贷，推迟支付

如果你在事前没有建立好人际网，又或是有着良好关系的盟友目前没有资源或时间来给予你帮助，那么你可能需要让对方先给你一个人情。如果你信用一向不错，你可以提出以后再给予回报，无论是使用特定的还是不特定的等价物资源都可以。如果彼此之间之前存在误会，你就很难使用这一方式，除非你能够提供较大价值的等价物。如果现有的关系不是那么紧张，你还是可以用承诺事后回报的方式得到对方的帮助。

案例

以未来承诺作为支付

玛西亚·艾伦是一家消费品公司的产品经理，她有一批特殊型号的产品需要紧急订购包装，以便于在约定的宣传推广时间内将产品及时送到商店。这个加急的要求给和她合作的采购经理带来了很大的困难——紧急插单会导致其他订单安排困难。当玛西亚寻求他的帮助时，他非常明确地向玛西亚说明了这一点。因为此次促销活动非常重要，玛西亚提出了她的要求，她向采购经理承诺说，后期她将邀请采购经理参与到未来的产品会议中，这样采购经理可以提前得到订单信息，减少临时插单带给采购部门的压力，他还可以就计划时间安排和采购材料替代品提出自己的建议。就这样，玛西亚及时得到了她所需要的包装材料，而采购经理也被如约邀请参加会议，在会议上，他为特别推广促销活动提供了重要的参考建议。

如果你的动机令人怀疑，或者对方完全不信任你，你也许可以提议采用某种类似“担保”性质的方式。比如你可以在盟友提供你所需的帮助之前在公开场合支持他，而且说明这种支持只是为了体现相互之间的信任，并不作为回报的一部分。这样的讨论也许难以启齿，但是最坏的结果也不过就是被拒绝或是推迟而已。为了与关系不佳的盟友缓和关系，你可以说：“我看得出来我们相处并不太愉快，因此我想改变这种状况，我该怎么做才能显现出自己的诚意呢？如果我做某某事情，是否会对你有所帮助？”这样直接承认问题的行为可以作为解决问题或开启难题讨论的切入点，从而让交换变得可能，即使在双方关系不甚理想的状况下也可以一试。

7.3 交换对象和场合

其他一些可能对影响力交换产生影响的因素。

7.3.1 确定交换对象

很多发挥影响力的场合只是针对个人的，但在很多复杂的情况下，往往会牵扯多个对象。每个人都有自己的资源用于交换，在这样的情况下，需要做战略性的选择，就是确定交换的对象：和谁可以直接交涉，和谁只能涉及基础层面，和谁合作需要小心谨慎，还有谁是需要尽量避免接触的。在没有掌控全局的情况之前很难谈及影响力。但在大规模的变革项目中不可避免的需要和多个参与者进行交流，决定如何直接与潜在盟友交换的考虑因素如下所示。

1．盟友距离权力中心的位置

- 对方的能力有多强？这里的能力不仅限于职位高低，还包括他掌握哪些你所需要的资源？他对于资源的控制权限是不是唯一的？他可以多大程度决定你的成功？他的观点影响范围有多大？如果他对你表示不满，会否妨碍到你的计划实施？

2．需要付出的努力或信用的数量

- 你是否已经和这个人建立了关系，还是你要从头开始？你能否快速建立工作关系，还是需要花费较长时间？
- 对方是否会坚持要求你无法掌控的交换条件？他所需要的交换条件，你需要付出多少？
- 如果你尊重对方并做好日常关系维护，他会否就此满意还是会进一步提出其他要求？

3．可以替代的资源

- 你是否认识其他一些人，通过他们可以获得盟友的支持？如果你不能直接影响潜在盟友，谁可以影响到他？
- 如果你不能获取此人的认同，你能否设法压制他，让他不表示反对？你是否能在此人反对的情况下重新调整计划，以打消他的顾虑？

总而言之，这里的重点是你现在的权限对于潜在盟友的影响力程度，以及你们相互依赖的程度，在图 7.1 中，我们用一个二维的矩阵来表示其中包含的 4 种策略。

权限 \ 依赖度	高	低
高	互惠交换	独立
低	恳请得到帮助	友好地忽略

图 7.1　选择匹配盟友的策略

当你比潜在盟友强大时，你应该用本书中一直在介绍的互惠互利的交换技巧展开工作。

然而，如果你处于相对较弱的地位（即使你按照第 5 章介绍的内容，研究了如何增强你的影响力之后依然如此），并且你又不得不依赖与这位盟友的合作，你可能只能采用“顺从法”或是找到可以帮助你影响对方的人选。所谓的“顺从法”就是把自己放在弱者的位置，博取盟友的善意和同情。当然你也可以虚张声势，假装自己权力很大。但在组织内部，虚张声势基本很难奏效，反而会令你失去大家的同情。

如果你权力相对较高，而又不是特别依赖与盟友的合作，相对独立的工作环境可以减少对人际互动的需求。

最后，当你权力不大、对对方的依赖性也不强时，你可以忽略潜在的盟友，或者只是以友好的方式保持关系，不在发挥影响力上投入太多精力。正如我们强调的，无谓地对别人无理或刁难是不合理的，因为有可能这个人在后期会对你的其他工作产生重要作用，但当下你的目的还是应该合理地分配有限的精力。

7.3.2 选择一个好的交换场合

如果是你非常熟悉且关系良好的盟友，场合并不太重要。交换三言两语就可以谈妥，丝毫不会受到外界的影响。有人习惯于快节奏的长廊式谈话，喜欢开门见山而不是拐弯抹角；也有人希望你能够把要求先写下来。如果你的请求相对比较容易做到，那么地点在哪里也不那么重要了。但你如果与对方初次见面又或是之前有一些过节，那么场合的重要性就凸显出来了。

通常来说，人们在自己的“地盘”，按照自己的节奏工作时会更加放松自如。但有时，如果你把讨论地点放在盟友的办公室，有可能会不断地受到打扰而让双方都无法集中注意力。在这样的情况下，你可以尝试将会面放在一个第三方的会议室，或是离开办公室共进午餐时；又或是如果不违反公司规定的话，能够在下班之后一起喝一杯。这些方式都比要求对方到自己的办公室进行沟通要来得好。另外，和对方提前约定好会面的时间，避免临时会议，是将双方关系保持在舒适和相对平等的另一种方式。

绝对不要用一些低劣的手段向盟友施压，比如让对方坐在办公室里最不舒服的一张椅子上，让他面对窗户从而让阳光刺痛他的眼睛。记住，你可能在后期某个时间还会与他合作。

7.4　交换过程中的五重障碍

在交易的过程中，你可能需要应对五种可能出现的障碍：

（1）前进还是退让？

（2）完全坦诚还是亦真亦假？

（3）坚持计划还是随机应变？

（4）积极乐观还是消极保守？

（5）锁定任务还是发展关系？

7.4.1　前进还是退让

尝试向那些欠了人情债但没有给予你合理回应的人逐步施加压力。除非你的盟友是在故意利用你，否则你应该施加必要的压力来促进合作。该盟友可能会因为一些其他的原因拖延，又或是他在计算这项工作的“投入产出比”而并没有意识到这项合作对你的重要性。如果你认为这位盟友完全是出于自私的原因不愿意回应你，你可以收回你对他的帮助，如果你可以不在乎对方视你过于强势又或是对你的举动长期耿耿于怀的话。

前进的第一步就是明确表达对于过往你给予帮助的看法，并询问他为什么没有做出善意的回应。下一步可能就是坚持让潜在盟友做出回应。如果这个回应不是你想要的，你可以指出也许你将并不情愿地中止与其未来的合作。然后你可能会告知他人，正是因为对方不愿意配合，才导致了这个项目被推迟或失败。这个逐步升级的步骤是渐进式的，以减少使用那些杀伤力巨大的威胁。但如果你已经尝试了所有的办法，你不妨提高声音或拍一拍桌子，通过发脾气的方式让潜在盟友感到不适，并最终屈服于你。通过这样的方式，你引入了新的交换条件，因为控制你的脾气也是等价物筹码中的一种：只要顺从你的要求，你就会减少发脾气。

这种以情绪相威胁的方式只有当对方不喜欢或害怕发生情绪上的冲突时才会奏效。如果应用不当，很可能会适得其反，为进一步推进合作制造障碍。你必须评估好是否能够承担引发人际关系危机的风险。如果你提前就决定好不使用这种方式，那你要做好心理准备：在面对那些很强硬的盟友时，你会处于不利位置。这些把情绪作为工具的交换者往往期待对方克制而不会与其争吵，所以如果你退让了，你就被他们玩弄于股掌之间了。

因此，在公共场合提出要求，首先你可以以友好的方式提出要求，如果不起作用，请把给对方的压力增加一些。如果你能在对手的面前直接指出潜在盟友没有学会给予只想接受，对方也许会难以反驳。因为这不是一种让你讨人喜欢的方式，所以只有你确信潜在盟友在故意阻挠你的时候，你才可以使用这种方法。

7.4.2 完全坦诚还是亦真亦假

最好的交换就是你和你的潜在盟友都可以用最低的成本获得自己想要的东西。如果双方对彼此提供的条件都非常满意而且乐于交换，那么双方都可以从交换中获得可观的收益（无论是交换本身还是双方的关系）。

但是有一种内在的诱惑会让你夸大其词。如果你让你的盟友相信你的付出大于你实际的付出，盟友会认为这是一个更好的交换，并能让盟友欠你更多。因此在交换中，我们总是倾向于尽量夸大自己的投入而压缩对方的投入，以便于用最低的成本得到自己想要的东西。

此外，如果你能给予的比盟友认识到的要更多，这时你该怎么办？如果你可以以更小的代价得到自己想要的东西，为什么要把所有的底牌都告诉盟友呢？何况有些合作对你来说花费不菲，节约下来的资源可以用在其他争取影响力的谈判中。如果你只是辛苦积累资源，却仅仅在被迫时才拿出来帮助别人，又或是你被别人发现夸大其词，你就失去了用这些资源进行交换并从中获利的机会。

隐瞒或篡改信息会出现两种负面影响：①盟友不清楚你想要的东西，他也就无法创造性地找到一些更好帮助你的方法；②他可能觉得你做事不够光明磊落而拒绝与你交换，或者也相应地抬高价码与你讨价还价，以确认你没有隐藏底牌。虽然耍小聪明的确能够发掘出一些潜在的利益，但夸大其词和隐瞒事实很可能导致你的盟友做出你不希望的事情。

某些管理者是很好的演员，他们能在别人面前隐藏自己的真实情感。但大多数管理者对自己的表演天赋的自信程度可能高过了事实，因为几乎所有的管理者都声称他们可以在其他人身上感受到不诚实。实际上，在我们所观察的每个组织中，那些喜欢隐藏和不受欢迎的管理者最终都被标记为不值得信任，并慢慢从重要事务中被剔除出来，而那些最令人厌恶的人也许有机会得到提升或成为老板的心腹。但是随着时间的推移，他们很少能够坚持下来。优秀的人并不是每次都能把工作做好，但是坏人能做好工作的概率更小。在没有与别人合作的情况下，他们几乎很难完成任何工作。没有人希望成为傻瓜，但过度的自我保护最终损害的是自己。

在交换中，双方都可能会试图夸大成本。遗憾的是，如果有任何一个人开始这么做了，另一个人很可能会觉得也有必要这么做。这样就导致了双方的不信任升级。当然，如果一方夸大而另一方没有，夸大成本的人可能会占到便宜，因此诱惑是依然存在的。如果你能在这一问题开始之前就指出这一点，就可以很好地阻止双方夸大其词，让双方变得更加坦诚。一旦这么做，对交换来说是锦上添花。

此外，另一种披露也有利于提高真实性和信任度，这就是对于事情进展情况的开放性讨论。难题是当潜在盟友明显有所保留的时候，我们应该保持开放的程度；当我们把问题都拿到桌面上来之后，大家一同解决问题的难度。这种方式可以让双方的信息变得透明，而且也不会带来不必要的风险。与此同时，这样的方式将你的工作风格展示在团队面前。我们将其称为“命名游戏”，当双方团队成员都很机敏和聪明时，我们尤其推荐这种方式，因为它可以减少双方不必要的试探——试探带来的是怀疑和不信任，而不是创造性地共同解决问题。

7.4.3 坚持计划还是随机应变

第三个难题来自推进工作时的双重需要，一方面，你需要通过讨论，让你所推进的工作符合盟友的利益和风格；另一方面，如果在讨论期间出现新的信息，你还需要做好准备随时调整。如果你太专注于推进自己的工作，你有可能会在讨论期间错失盟友的重要信息。

达成交换有两个重要难点：首先是想要施加影响的人没有做好事先的准备工作，没有了解到对潜在盟友所珍视的东西或是对其工作风格偏好不清楚；其次是你太关注于自己的工作，以至于完全忽略了盟友的“明示”。

案例

像专业人士一样

某些专业的球队教练会提前准备好赛季前 10~15 场比赛的战术，赛季前期比赛按照既定的战术执行。同时，在了解对手、评估对手的倾向和弱点之后，他们会在剩余的比赛中对战术进行有针对性的调整。这种结合现有计划和实时调整的方式，比严格执行计划或是不做计划随机应变都要更好一些。

无视潜在盟友发出的信号可能会导致严重的后果。然而，潜在盟友可能会反复告诉你要先做什么才能获得他们的支持，而这些要求的内容往往还不尽相同。而你可能一旦下定决心就会坚持到底，因为目标十分重要，正如棒球比赛中强调的“盯住高球!”。

对你的挑战则是你需要做好充分的准备，以便于随时增加或减少议程，并能够及时调整在与潜在盟友谈话中给予的关于兴趣、目标和关注点的提示。最好的方式是你将反对意见（而不是赞成意见）作为你的线索。如同你在旅行过程中，把路程中所有的障碍点标记出来并绕开它们，你依然可以到达目的地。

7.4.4 积极乐观还是消极保守

第四个难题是在与潜在盟友的讨论过程中，你应该用达成合作对彼此的收益来说明应该积极促进合作，还是用达不成合作可能付出的代价来威胁对方。并且你还需要知道何时进行切换。如果你仅仅强调合作的益处，可能你在对于一些坚持不合作、顽固抵抗的盟友面前就会一筹莫展。但总是指出可能付出的代价可能会产生一些不必要的敌人，或是给你留下不好的名声，而这些会妨碍你未来的交流。在年轻热血和老于世故中找到平衡点确实不是容易的事情。

你的相对权力级别和对盟友的依赖程度也会决定你能否用不合作导致的消极后果来威胁他人。如果你的权力级别相对较低，就不建议使用威胁的方式。另外，盟友的诚信度和责任心也可以帮你判断是否需要采用威胁的方式：如果对方责任心很强，你可以专注在代价上，比如中止未来与其的合作；对一些自由散漫的盟友来说，你需要提醒他们大家是在同一家公司工作；而对于那些兢兢业业的员工来说，他们会认为这样的提醒是对他们的侮辱。

7.4.5 锁定任务还是发展关系

当你与潜在盟友推进工作遇到困难时，就会出现第五个困境。你应该集中精力完成工作，还是应该放下工作先处理好人际关系？正如我们在第 6 章中谈到的那样，这种选择会非常困难，可能会有一些反复。我们详细讨论了在特定的情境下，什么样的选择可能是首选方案。

7.5 开启与中止交换过程

有一个重点需要再次强调一下，潜在盟友喜欢的沟通方式是一种很重要的等价物，讨论的时机也非常重要。盟友或者团队目前的工作状态如何，是否已经临近职业生涯尾声？盟友对于工作是跃跃欲试还是得过且过？他喜欢快速决定还是充分讨论？适应盟友的节奏有助于让二者互动更舒适。

了解何时应该坚持交换、何时又该退让是一门艺术而非科学，但这一点还是很值得研究的。你必须评估对方的实力，交换对于彼此未来的重要性，未来相互依赖的程度，以及自己应对竞争的能力。

与某人发生激烈的冲突绝非明智之举，尤其当他有着较大的权力、对你的未来举足轻重时。当你的提议遭到强烈反对时，你要考虑到合作的重要性，如果没有其他合理的替代方案，你可以放慢脚步，想一想是什么原因导致了对方会有如此强的反应。找到对方的关注，是不是对你个人有想法，而不是针对事情本身。这些都是合适的策略。

当你参与交换时，注意控制自己的情绪是很有用的。富有经验的谈判者告诫我们绝不要发脾气，除非你是故意要给人留下印象。尽管这个建议通常针对的是之前谈判过程中的对手，而非潜在盟友，但这并非完全偏离目标。如果你的目标很容易达成，那些顽固的盟友就会在敏感问题上本能地挑衅你。

因此我们说，能够找到让你不舒服（以至于做出让自己后悔的事情）的原因，可以让你学习如何在麻烦发生时快速识别它，然后你根据目标来判断是要发脾气，还是冷静下来，这样你就不会做出鲁莽的事情。

虽然有时候交易过程中需要表现出强硬的态度（见第 16 章），但我们认为进行尖酸刻薄的人身攻击是不明智的。更好的做法是就事论事地批评他的所作所为。我们不妨这样做：一旦你心里涌起想要攻击对方的念头，你就转身离开，深呼吸几分钟。你可以表现出自己的强硬和诚信而不必刻意伤人，坦诚说明交换带来的痛苦，其结果和故意报复带来的痛苦是完全不同的。

7.6 交换后检查

> 我一直在延续我父亲开创的事业……他总是告诫我："在任何商谈中都要让对方觉得自己是胜利者，千万不要取走谈判桌上的最后一枚硬币。"
>
> ——布莱恩·罗伯特（Brian Robert），Comcast 董事长&CEO

虽然有时候难以做到，但是任何交换都是为了双赢地解决问题，也就是让双方都感到满意。因为组织之间是相对长期的关系你可能会再次与对方合作（并且记住肯定和建立关系为次要目标）。当你历经艰辛终于取得谈判的成功时，要想一下如何给对方留下一些尊严和成就感。尤其是复杂的交换结束后，你需要进行事后复盘：

- 对方是否像你一样记得协议？因为最后的谈判可能非常焦虑，从而扭曲记忆。
- 双方是否细节完全统一？快速核对可以省去很多不满。
- 对方是否有其他的考虑？他们是否对得到的结果满意（超过他们想要的）？还有哪些他们没有考虑到的因素？再一次，你不希望对方因为成交而感到怨恨或感到买家式的懊恼。
- 你可能合理化地谈论关系。如果进展顺利，你可以表达赞赏，这是有价值的。
- 如果有任何压力，双方应该进一步讨论（以免问题扩大）。

即使盟友并未"失去"，但激烈的交换之后，花费一些时间来重建关系，营造一种相互满足和新人的氛围是值得的。至少，这会为你下次的交换节省宝贵时间。（有关沃伦·彼得斯如何驾驭一系列纷繁复杂的情形，最终达成交换的详细说明，可以请参阅我们网站上的案例。）

7.7 进行交换，避免自我陷阱

当双方相互信任、彼此了解时，交换变得非常简单。双方都可以根据彼此的需求来进行相应调整，这一切几乎是自发完成的，而且双方都乐意给予对方相当大的空间。

然而，如果这样的信任事先并不存在，或是盟友认为你要求太高，那么就需要采用其他的交换策略。我们已经讨论了将困难的交换变得更具备协作性的多种不同方式。然而当有人想占你便宜时，你就需要强硬起来，逐步提高声音，把他的行径公之于众。记住这个人的招数，除非万不得已，否则不要轻易使用。

最后，你选用的方法还应该考虑你依赖对方的程度。如果只能通过该盟友才能得到你想要的东西，没有任何可以替代的，成功与否完全取决于对方的善意，你就要判断你是否愿意承担这样的风险。还可以通过你愿意接受的长期或短期成果来调整你的策略。

在合理条件下的交换，其结果令人满意的可能性也会因事先存在的积极的人际关系而大大提高。因此赶紧建立你的人际关系网吧！

最后，在交换时应该避免这些自我陷阱：

- 未能就对方可能关注的问题做好准备。
- 面对在实际中发生的新情况，无法调整自己先前的分析。
- 地位不高却虚张声势。
- 害怕对方的消极反应而不敢使用所有可能的交流工具。
- 为了胜利不择手段，甚至以牺牲人际关系为代价，忘记了再次合作的可能。

PART Ⅲ

影响力的实践应用

这一部分旨在帮助你快速找到你目前需要努力解决的影响力问题，并为你提供具体使用方案。

我们采用了第 2~7 章中所阐述的概念，并将它们直接应用于实际组织中常见的影响力挑战之中。本书末尾部分章节中的组织问题更加复杂，因此我们会穿叉引用能够提供实际解决方案的各个章节内容，包括我们网站上的详细案例说明。

我们希望你能够很好地克服影响力障碍来有效提升工作效率。

第8章

性别与影响力

如果所有的人都一样，施加影响力的方式会变得很简单。然而随着人口特征和技术的不可逆转的变化发展，工作场所变得越来越多样化。在本章中，我们将性别视为这种日益多样化的一个重要方面（其他的人口特征，比如种族、性取向、文化或种族背景，你同样可以为发展和施加影响力创造类似的挑战，但在本书中，我们暂时聚焦在性别上）。

在这里，你可以找到关于搭建影响力和使用影响力模型的其他注意事项。在本书中，我们并不讨论在男性组织中女性遭遇的各种不公平待遇。在当今生活中男性之间、女性之间和男女之间的行为影响力的讨论有很多，你很难找到正确的“答案”。因为并不存在一种“正确”的方法。在人际互动中，每一次遭遇、经历、和关系都是针对具体的个体。虽然很多人都试图运用自己的经验、畅销书或热门文章中的指导，将男性和女性贴上各种各样的标签，但事实上很难将“女性”或是“男性”当成一个单一的群体来对待。虽然你在自己的互动中能找到一些规律，但每个男人或是女人都是独特不同的人。尽管如此，在日常经验和研究证明中，我们可以看到给人贴标签或是传统的性别期望还是很容易在建立关系和发展关系时产生影响力，无论这个结论是正确与否，我们的案例也证明了这一点。

事实上，正如美国喜剧演员威尔·罗杰斯所言：“我们并不是因为不了解某事而陷入麻烦，而是因为我们了解的并非真相。”很多男性和女性都坚信他们知道不同性别的行为方式，而且有时我们确实会陷入看似正确的概括之中。但最近的研究揭示了很多谜团或是关于行为的不正确的认知。例如，“女性不会要求加薪”“女性更容易离职”“女性不喜欢接受强硬反馈”等。正是由于这些不正确的性别期望，男性和女性经常会被人用固定的思维模式所对待，从而产生问题或困难。

本章会尝试帮助你了解一些复杂性，让你有机会对你的盟友进行探索和假设检验，让你随着时间的推移做出更加明智的选择。

我们的经验表明：即使那些自我意识极强的人也会很轻易地回到旧的假设和成见中，特别是当朋友和同事对“所有男人”或是“所有女人”发表评论时，无论是否在开玩笑。职场上的男性总是在会议上打断女性吗？很多女性都喜欢讨论八卦吗？当然，但绝不是全部，即使某个特定的人如此做了，原因也可能完全不同。因此，在得出结论前尝试检验自己的假设是很值得的，如果可以的话，找到一位同事作为相互监督的伙伴会更好。

本章涵盖了可能影响你在建立关系方面取得成功的性别问题和关于其潜在的倾向和行为。在没有非权力影响力模型的情况下来实施影响力的岗位和性别认知可能有助于你的领导力提升，并在特殊情况下发挥巨大作用。

我们的目标是为你提供一个工具，以帮助你建立最具建设性的联盟，提升完成工作的能力。我们首先将简要介绍性别在社交活动中发挥作用的关键机制。

你可以进行课后练习，通过有效的讨论找到答案，让你了解每个人的真实意图并有更有效的方式与其建立关系。

8.1 性别影响人际关系的关键机制

所谓性别，不同于生物学中的性别特征，是一种将人分为所谓的男性和女性的社会结构。它创造出了一些公认的社会行为规范，影响了我们对于自己和他人的假设。由于性别是社会所构建的，因此这些社会行为规范可能因为地区和背景有很大的差异性，而且正随着时间的变化而变化。曾经对于很多人来说，性别区分非常简单明显，男人就是男人、女人就是女人，而如今，这一认知有了更多的细微变化。性别的社会行为规范提出了男人和女人可以接受的关于行为和态度的特定属性。某些特征会很自然地联系到性别，比如某些权威特征（支配地位、自力更生、竞争力、野心和侵略性）通常与男性相关，而社区或协作特征（友善、感性、温柔、敏感和同情）往往和女性有关。

这样自动建立起来的联系根植于社会文化早期，在没有其他数据支持的情况下，很容易触发一个人对于另一个人的潜在自动假设。因为我们的大脑会通过快速分类发挥作用，快速联想或假设会无意识地产生潜在偏见。因此存在依赖社会化假设而非实际人际关系情况来判断关系潜力的风险。在很多时候，我们只能“看到”我们期望发生的东西（正如我们被培训的那样），而不是客观实际发生的事情。我们天性中的一部分会自动地快速得出结论，比如“喜欢我”（虽然只是表面的）的人会比“不喜欢我”的人更可能成为我们有同样需求的盟友。

在工作场所，大多数现代企业和很多非营利性组织都有一个层次结构，它重视传统上与男性特征相关的行为。领导者的期望通常基于男性特征的主导模式，因此当女性担任领导角色或使用权力时，男性和女性都会感受到人和岗位之间的错位。男性占有管理层绝大部分比例，这一观念已被证明在企业生活中根深蒂固，尽管女性在当今职场中的数量大幅度增加，但领导者男性化这一刻板认知依然存在。对于追求担任领导角色的女性来说，这就是一个难点。对女性来说的另一个难点是受到陈旧观念的影响，那些看扁女性及其能力的成见。例如，“女性总是不擅长与数学打交道”（这并非事实）可能导致大家对某位女士基于财务的决策失去信心。为了打消这种成见，某一位女性可能会坚持财务分析，以证明其可以胜任数据分析工作。

随着越来越多的不符合预期人设的人担任组织中的角色，强烈的情绪对抗、混合期望和误解发生的概率越来越高。最明显的是，越来越多的人开始关注各种工作场所中的女性比例，特别是在管理工作中或是招聘宣传中。在我们开始本章的研究之前，我们知道这个主题已经被广泛关注。然而，当我们实际接触到组织中的男男女女时，我们还是被结果所震惊了。

男性也同样受到这些不断变化的性别期望的影响。他们也需要偶尔停下来，确认某位女同事对他们的期望。他们可能支持更多的中性关系，然而其他人都并不接受。即使他们不相信女性通常更加情绪化，但如果他们和某个女同事进行艰难的谈话，他们会否担心这位女同事可能会哭？他们是否希望女性同事适应他们关于正确性别行为的想法？她们适应吗？又或他们能否讨论什么是合适的？事实上，他们对于可以讨论的东西有着不同的看法，尤其是关系。

经验丰富的女顾问告诉我们：

性别、种族和年龄总是在发挥着作用。无论我们是否意识到，这些统计数据总是存在，我们在有意或无意地回应着他们。即使只有两个人，在相互交流中也被性别问题所影响着，即使这是他们持有的关于如何建立联系和相互影响的一个隐含自动假设。白人男性假设了他们相互之间的互动规范，并在处理其他的种族或性别时相应地做出调整。我们意识到得越多，我们的反应就越恰当。

除回顾相关文件之外，我们还对组织中多个层面上处理性别问题的女性进行了密集的访谈，她们有时表现得非常出色，有时则会遇到相当大的困难。我们的网站上展示了对他们的访谈记录，他们的经验可以帮助你更好地决定应该如何行动。因为毕竟你自己更了解自己的过往、承担风险的程度和技能水平。我们采访的很多女性对传统的社交力量都有所了解，但她们努力让自己不受其控制。

事实上，很多女性都指出，使用非权力影响力模型可以帮助她们确定如何应对她们发现的组织性别障碍——通过澄清男同事的假设方式，让男同事和女同事双方受益。

为了看到这些问题的实际效用，我们从“安娜”的经历开始，她在一个我们称为“更美好的世界”的非营利组织的战略规划部门工作，该组织致力于帮助年轻的女孩避免过早怀孕和辍学。

案例

安娜在“更美好的世界”引领的成功变革

“更美好的世界”使用了联邦模式，由中央执行委员会来领导，而实际工作都在美国各地的 500 多个地方分会中完成。每一个地方分会都制订了旨在激发女孩子志向并帮助她们提升能力的计划。虽然在国家层面筹集到了一些资金，但更多的资金预计都将在各地分会完成。

安娜的上级杰克是战略规划部门的负责人，也是中央执行委员会的一员。他意识到组织的运作模式已经过时，尽管目前推进的项目可以对很多女孩子产生积极的影响，然而并没有解决核心问题：每年都会有一批新的女孩子遇到同样的问题，而他们又能做些什么来彻底解决家庭和社区方面存在的根本问题呢？他设计出了替代方案，并将其交给了中央执行委员会。中央执行委员会很感兴趣，但这还不足以推动事情发生改变，他们确实可以通过一些决议，但除非地方分会领导和当地捐助者认为有所帮助，否则什么都不会发生。

中央执行委员会决定借助明年的年度会议来推动这项重大方案和战略变革。该次会议将涉及600多名分会领导及其助手，还包括200多名潜在捐助者。让这两个团体认同新方案非常重要，如果他们认同，改变才有可能发生。

年度会议的规划准备小组由8人组成，他们定期举行会议，并向首席运营官简汇报。她也是中央执行委员会的一员，她告诉规划小组成员，中央执行委员会准备对战略方向进行重大变革，并要求他们据此制订会议计划，以便于在会议中获得地方领导、潜在捐助者等与会人员的认同和承诺。

安娜担心规划准备小组是否能够胜任该项工作，因为该小组的大多数成员已经共事超过10年，会议每年都是同样的内容安排（一系列发言，然后是宴会）。而真正导致缺乏创新的部分原因在于组织文化。该组织并不喜欢承担风险，而更倾向于因为“安全起见”奖励人们。安娜希望他们能够突破这种模式来提出一个真正吸引人的计划。

安娜的担心是有道理的，尽管简给规划准备小组下达了指示，但该小组制作的年度会议计划和以往没有任何不同。中央执行委员会对此表示了不认可：“目前的方案缺少激情，我们需要能够触及人们的心灵。”会议结束后，中央执行委员会主席把杰克拉到一边，吩咐他：“一定要让这件事办成！”

一两周之后，杰克和安娜在一次会议之后乘坐出租车回酒店，杰克问：“你有多想加入规划准备小组？”安娜反问，“这是邀请还是命令”？“是命令。”杰克说。

安娜当时的反应：

“如果我不喜欢，我知道我可以拒绝。如果完全取决于自己的话，我可能不会接受。因为这是极大的冒险，计划能否达到执行委员会的期望？我也不知道简对于我强行加入她的团队是什么反应？另外，如果我加入的话，我将是规划准备小组唯一的女性。问题的关键点在诺姆，他是最有影响力的成员，而且以排斥新想法而闻名。其他的团队成员可能也不喜欢我，因为他们认为是我老板杰克的方案给他们造成了麻烦。

但是换个角度来想，我喜欢挑战并非常富有自信。这虽然是冒险，但是我相信如果我们什么都不做，组织的风险会更大。此外，我的上级相信我，他也很喜欢挑战，因此我知道他会支持我的新想法。最重要的是，我深信‘更美好的世界’正在努力做的事情，我也完全致力于往这个方向发展。我想，最坏可能会怎么样？我喜欢这个组织，但并不是一定要和这个组织同生共死，如果需要的话，我还是可以找到一份新的工作。”

安娜知道一个“触及人们心灵”的事件必然涉及各类媒体的介入。但她本人并不擅长这项工作，因此在接受报价时，她向杰克寻求帮助并指派丽莎来负责媒体服务，但这并没有完全解决问题。因为他们彼此并不了解，第一次交流也很失败。丽莎最初很没有信心，“我认为我们正在为失败做准备”。安娜知道丽莎因为要面对的东西太多而不知所措。安娜说：“我的优势之一是做计划，所以我列出了全部步骤的蓝图，这会使这件事情看起来更加可行。”

这确实有所帮助，但安娜意识到，计划是一回事，执行是另外一回事。丽莎必须相信她们会取得成功。安娜与旧金山一位非常富有的捐赠者进行接触，询问他是否需要举办一场小型晚宴，其中会包括“更美好的世界”组织中的主席和几位主要演员。这场晚宴大获成功，主席的热情让丽莎充分地参与到了工作中。

接下来，安娜转向了她和简的关系。在主席转向让杰克来负责筹备工作时，简是否会感到不满？安娜和简的关系很浅，但她还是找机会进行了巩固。“我会尽可能和她一起吃午饭或喝咖啡。我们都来自密苏里州，因此可以一起分享故事。另一个因素是我的强项在于数据分析，而她恰恰缺少这方面的优势（简实际上正是因为对另一个项目缺少数据分析而和执行委员会之间出现了矛盾），我想也许她可以在某些地方靠我帮忙，从而建立我们的关系。”

诺姆是规划准备小组中最顽固的成员，有点难搞定。在会议中，他总是双臂交叉坐着。安娜知道，只要让诺姆认同，其他同事都不会有问题。诺姆已经在组织中工作了 33 年，有着很强的影响力。在 33 年间，诺姆发展了很多地方分会领导，找到了很多捐助者。而诺姆将在今年年底退休，安娜意识到他不太可能想要破坏这些关系。

“由于这是诺姆退休前的最后一年，我知道他希望取得成绩并被认为是关键人物。诺姆的优势是其与捐赠者和地方分会领导建立关系的能力。所以我在此基础上请他承担起与潜在捐助者建立联系的职责，要求他们参加此次活动。对我自己来说，我并不一定要成为这次活动的主角。我为了达成目标而努力，所以我愿意站在幕后，这就是诀窍。很快，诺姆开始做出回应，随着他的积极参与，其他人也融入了。”

安娜在活动开始前与简有一次非常艰难的对话，原本是由简和安娜进行常规介绍，但在最后一分钟，简希望换成另外两个人。安娜劝说：“我知道，他们两个一定没有我们两个人这么热情。事实上，我不确定他们是否致力于这个新方向。所以我担心他们的介绍不会按照我们既定的基调来进行。这不是我个人知名度的问题，而是我们要做正确的事情。”安娜成功了，简收回了她的提议。

然而他们还没有走出困境，尽管丽莎在开发媒体资源方面的活动做得非常出色，但要在800多人面前进行呈现展示，她感到很没有自信。安娜向丽莎保证，她可以胜任这项工作：“我们的声音可以开创出新的道路，我们并肩作战。这一切都是正确的。”丽莎不情愿地同意了。第二天似乎一切都井然有序，安娜回到酒店房间松了一口气。午夜时分，电话响了：“安娜，我是丽莎，快来我房间。”安娜匆匆赶到了丽莎的房间，发现她因为紧张，呼吸困难并伴有肌肉痉挛。一名医护人员带着丽莎去医院，安娜陪着。她们一起坐救护车去了急诊室。然而她们等了好几个小时才得到医治，因为枪击案的伤员们到了！凌晨4点，丽莎接受了药物注射来缓解放松，医生向她保证她早上就会康复如初，只需要再挂2小时点滴。安娜说：“我要回去睡一会儿，8点半在领奖台上见。”丽莎勉强同意了。

开幕式非常精彩，丽莎如约而至，正如安娜预想的那样。会议包括了年轻女孩们的发言、女子合唱团表演和多媒体展示，其中还有几部短片，向观众展示了这一新方向的可能性。参与者都很投入，他们对提案进行了讨论并给出建议。所有这一切都产生了很高的参与度，这次会议不同于以往任何一次会议，真正让观众们充满活力（主席甚至在走廊里高兴地跳起舞来），他们真正做到了“触及人们的心灵”。

安娜知道仅仅获得好评还是不够的，中央执行委员会需要实实在在的数字。于是她开展了一项广泛的后续调查，不仅可以衡量大家的反应，还可以评估各地分会组织是否确实进行了流程变更。结果表明：战略变革正在生效！次年的筹款金额是有史以来最高的！此外，这次会议还对组织的文化产生了重要影响，人们看到了可以以不同的方式来做事，并且承担风险可以得到回报。最终安娜和丽莎所做的跨职能工作开始打破现有的孤岛，取得了卓越的成绩。

需要注意安娜是如何通过确定对于被影响对象（简、丽莎、诺姆和执委会）所珍视的东西，并根据他们的需求来进行交换的。

- 简：为了避免可能出现的怨恨，安娜想尽办法采用非正式方式和简建立联系：了解简，并将自己所擅长的数据分析给简提供了有效支持。而后期出席中央执行委会会议时，简推荐了安娜和丽莎，认为她们的热情对于计划非常有帮助。
- 丽莎：丽莎的问题在于缺乏信心，害怕因为失败而陷入困境。安娜利用自己所长，制订了一个计划，设定了具体的操作步骤，让这个过程变得更加可行。她安排了一个捐赠者和中央执行委员会主席参与的晚宴，用主席的热情打动了丽莎。此外，她还帮助丽莎在大众面前进行展示而建立了自信。
- 诺姆：这位长期董事会成员非常抗拒变化。安娜知道他即将退休，因此给他安排了邀请潜在捐赠者的任务。这样他就可以在取得成绩之后风风光光地退休了。
- 中央执行委员会：中央执行委员会不太能接受非常规的提案。安娜的计划中不仅包含了客户和互动，还跟进实施了调研，以数据化的方式呈现了提案的效果。

这个案例还涉及了其他访谈中经常提到的其他问题。

8.2　个人晋升之外的利他性原因的重要性

成功推动变革者的一个准则就是为了成功要给予他人信任，而不是单纯为了自己的利益。这并不是说不能为了个人争取利益，而是说不要个人独占而忘记了承认其他人的贡献。男性和女性都应如此。像安娜这样的女性是社会所推崇的，她们谦虚而专注，并且可能非常突出他人的贡献，而淡化自己的角色。她们帮助他人实现目标并不是为了实现个人利益的交换，而是为了帮助组织实现更高的目标。例如，我们采访的一位经理说："以工作为重点，我的重点是工作（并且帮助他人取得成功）。这并不是为了我自己或者证明我的能力。我担心证明自己能力对于男人来说可能是一个挑战。女人也好，男人也好，都必须把自我放在一边。"

一方面，这种保持自我控制的方法可以有效建立信任，并且最大限度地减少嫉妒或竞争情绪。另一方面，正如另一位经验丰富的经理所说的那样："这也可能导致人们的付出得不到应有的回报。女性往往被社会认为更乐于'给予'而不是'索取'，同时会加大女性索取合理回报的风险。"而当一些女性接受这些不平等待遇的话，事情会变得更复杂，这有可能会导致她们开始质疑她们是否应该得到积极的结果，产生自我质疑。

请注意，安娜并没有落入那个陷阱，她推动自己和丽莎完成了开场演讲。但同时，她完成这项重要工作是出于更大的目标（激发执行委员会的热情），而不是为了个人的晋升。

8.3 关系的中心地位

很多受访者谈到了关系的重要性，其不仅仅是为了成功产生影响力的手段，而是作为目的本身的一部分。关系本身就是一种有价值的等价物，所以他们甚至不喜欢将其视为手段，这样会让关系贬值。

我关心对方，这并不仅仅是一种社交工具。如果只是我得到了我想要的东西，我会觉得并不完整。相反，我的观点是："我帮助他们了吗？"我关心组织、我的部门、我的团队和同事。是的，我需要整体考虑这些。

这样的定位可以带来一些好处：

- 它增加了建立人际关系的意愿，就像安娜竭尽所能地与简建立联系。
- 它可以推动对别人的想法及其价值观（等价物）进一步了解。安娜找到了丽莎和诺姆的需求。此外，它还帮助安娜更好地了解其他人。当丽莎焦虑不安时，如果对她不了解，很容易得出丽莎不适合这份工作的结论，然而安娜对丽莎有着更深入的了解，并支持她作为共同主持人，即使丽莎自己都不确信自己能做到的情况下。

这样的思考角度非常积极。例如，以下是克里斯特尔·布莱恩特如何获得影响力的案例。她是第一共和银行的副总裁，也是董事长和总裁的幕僚长。她并非金融专业出身（大学主修音乐专业），但她利用她的关系来推进工作。

在我的角色中，我不能命令任何人。从某种意义上说，我几乎没有下属。很少有人能从我这里得到精确的行动指令。但我建立了人际关系，而且我了解了激励人心而不是指导具体工作的重要性。对我而言，发展人际关系和建立信任是发挥影响力的重要部分。我协调来自不同业务单元的人一起工作，当我询问他们是否愿意成为我团队中一员时，几乎没有人会拒绝。我鼓励他们以自己的方式来做出贡献，我努力通过为他们的工作增加价值来体现我的价值。我尝试亲自了解他们并找出他们需要的东西，然后我利用我的关系网络来帮助他们。如果我可以帮助他们实现他们的目标，比如在组织中建立连接点，从 CEO 处得到更快的回复，或是获得原本无法获得的资源，我们都会赢。我从来不期待个人回报，这是为了集体利益，我们都在同一个团队中。

正如我们所指出的，无论男女，建立关系都可以促进交流，有助于工作完成。创建积极的“人情账户”以建立长期合作关系，以便于后期不时之需，这正是精明的组织成员所做的事情。尽管如此，认为关系只对短期交换很重要的人（男性或女性）往往影响力较小且不太可信。然而，由于社会化对关系的重要性，更高比例的女性将人际关系视为优先级更高的等价物。这也许可以成为潜在的、未被充分认识的长期影响源。

一个相关的问题是女性是否能够在必要时更好地探索基于情感的问题。如果社会化导致了她们需要探索更多情感领域的话，那是很有可能的。一位经理建议说：

“尽管我与他们会面之前会尝试理解对方，并且听他们所说的话。但当对方抗拒时，这样的努力通常并不够，因此还需要进一步探索，往往问题还有情感因素的困扰。当人们遇到人际障碍的时候，男性更加偏向于提出逻辑论证。我认为女性可以更好地解决情绪问题，而男性有可能会跳过这些问题。”

如果对于关系的更大兴趣和关注能够产生这些益处，那么建立和保持关系是否可以取代其他尝试？

“我认为女性，对我而言，更加重视认可、接纳和积极的关系。一个关联的后果是，有时候我觉得很难为自己寻求帮助。我问自己：‘这要求会不会太过分？我是否要求得太多？这会让对方感受公平吗？’很难把我自己的需求作为首要考虑因素。我常常为此患得患失。”

如果女性更偏好于建立关系，这是否会使她们放弃潜在的权力或影响力？其他人是否期望女性这样做并试图利用这种倾向？又或是在女性不这么做时感到不安？

此外当他们有亲密的人际关系时，任何人都很难对下属或同事保持苛刻的标准。

许多管理人员认为，他们应该和下属保持距离以保持客观。男性和女性的这种倾向是真实的，但这实际上可能会降低影响力及其有效性。

正如通用电气的首席执行官杰克・韦尔奇和杰夫・伊梅尔特的故事那样。可以关心接近，并同时保证高标准。伊梅尔特是通用电气的继任首席执行官，也是杰克・韦尔奇目前重要的副总裁之一。他们是好朋友，他们的家人经常在一起烧烤。当活动结束后，杰克・韦尔奇把杰夫・伊梅尔特拉到一边，对他说："杰夫，你知道我待你如同兄弟，但是在下个季度，你的表现要还像在通用电气塑料公司时那样，你就要走人了！"

性别行为规范，可能导致男性和女性在面对用必要的领导行为来平衡强烈的个人需求和强烈反馈时，采取不同的做法。你可以设身处地想一下，你的做法会是什么？

8.4 建立关系过程中的相关问题

如果女性的性别期望导致更多女性在建立关系时表现出色，那么这可以为创造影响力带来很多帮助。最近很多以情绪智力（作为很多职业成功的决定因素）为主题的研究表明：女性可以通过其假定的更大的社会兴趣和技能获得优势，但同时可能会引起消极影响。

我们采访过的几位女性陈述说："她们曾经走钢丝的经历比男人要多得多。"

如果男性主要以任务为中心，关系技能较差，那男性就更加容易"被宽恕"。而对于那些被视为"冷酷"的女性来说就要困难得多。人们对她们的期待就是她们更加善于处理关系问题，如果不是，她们可能要付出比男性失败更多的代价。

"我实际上是一个相当有逻辑的任务导向型人，这有利于建立关系。这是一种让男性觉得更加舒服的互动方式。但是我有可能会做过头，我必须时刻提醒自己要用我自己的情感方面的因素来建立关系。"

另一方面是能够跨越工作风格的差异并解决他们。正如第 6 章所讨论的，每个人都有自己完成任务的风格：做出决定，影响他人，反过来受到别人的影响。有些人喜欢专注于问题，有些人喜欢专注于机会，有些人喜欢研究分析（尽管他人可能认为不重要），影响他们的一个重要部分就是理解他们的做法。

- 社会化的影响力之一是来自同一文化、背景的人更有可能有一些共同的理解。诸如，如何相互协调的规则：男性首先了解如何与男人建立联系和影响，但性别之前的差别可能不那么明显。

- 大多数人都会抓住提示，尝试哪些有效哪些无效，并且有时甚至可以共同讨论他们应该如何共事。
- 在最理想的情况下，双方都迁就适应对方，每一方都给予对方最重要的东西，以换取对于自己最重要的东西。

这些会因为一些外界因素而受到改变。首先是权力，那些权力较低的人倾向于让位给那些拥有更大权力的人，所以下属更可能的情况是改变他们的风格以适应上级。传统认知中，女性比男性更加容易适应男性。正如一位受访者所谈到的：

“与男性同事互动时，我认为我让他们感到与我共事很舒服。我倾向于以任务为中心，部分原因是因为我从任务成功中获得了满足感，但是同样的，也是因为这会使男同事们感到合作愉快。”

同样，并不是所有女性都是这样。随着对情商的日益重视，很多男性也已经认识到了社交技能对获取影响力和取得成功的重要性。如果女性能够更加强烈地感受到这一点，那么会否是一把双刃剑呢？提高对他人的了解和对需求的认识会不会产生更大的建立双赢交换的能力？或者对于“关系顺利”的更大关注有可能使他们更容易放弃对任务目标的追求？正如一位女士所言：

“相比男性与男性易于发生争执，男性是不是更难以与女性发生争执？男人的自我形象往往决定了答案。最初，我可能会非常谨慎，而在后期，我必须提醒自己不要过于谨慎。”

另一位女士说：

“我认为对于男人来说，输给女人的代价比输给男人要大得多，因此我有时很想知道，在恐惧让我收手之前，我能把一个问题推进多远？如果我推得太远，还能不能转回来。”

然而有时，回击也是非常重要的。当独立顾问朱迪·怀斯面临这样的情况时，她因为坚信自己的立场而差点要失去了一个咨询项目。“我签订了一份合同，为正在实施 SAP 的公司开发培训教材。他们的员工数量众多，包括科学家、博士、会计师和采石场工人，他们对于无处不在的系统很难理解。我提出了一个故事，把 SAP 作为其中的一个角色，需要影响其他故事角色。我们在 SAP 培训过程中讲述这些小故事，同时也向参训学员询问他们所听到的关于 SAP 的“恐怖故事”。我希望用一种职业女性的视角来陈述故事，但我遇到了很大的阻碍，因为这是一家南方的公司，他们都担心这样会不够强硬。我坚持说这取决于传递的内容和质量，而且可以让大家减少对未知事物的恐惧。我们一直争论不休直到 CEO 最终拍板同意。我们录制了这些故事，起到了很好的推动效果。我想作为女性如果我没有站出来，对自己的观点进行据理力争，结果可能会大不相同。”

另一个人谈到，在否定男性时要小心处置。

“当我否决某个男同事的方案，尤其这很可能是一锤子买卖的时候，我需要清楚地认识到我的方式方法。当这个男同事和其他男性在一起时，尤其如此。我需要考虑到如果我一旦在群体面前否定他，他的感受会如何？”

明智的选择，固然很好，但是有可能会扼杀群体中不同的声音。此外，你也并非总有选择。你如何能以一种增强影响力的方式来提出男性同事的问题？以下是一家保险公司在内部培训和发展员工时所遇到的困难的例子，该公司用医生来培训其他医生，而医生，通常会是一个很有挑战性的受众。

“我正在进行外科医生培训，包括如何处理棘手的问题。正在此时，一位医生闯了进来，他上下打量了我几下，然后把培训材料拿起来，合上然后盯着我，随后坐下来把双臂交叉起来。然后他开始和另一位医生讨论为什么他们必须参加这样的会议。我说：‘好的，我们休息一会儿。’另一位医生上前对我说他很抱歉，我回答说我很感激。而另一位则什么也没说。当我再次开始会议时，我说：‘有时候有人来晚了，上下打量你，但同时也并不是每个人都会喜欢你。医生并不太希望由不是医生的人来讲授培训，你会做些什么？’”

后来加入的问题医生打开了培训手册，开始关注内容，并没有进一步制造麻烦。

这样非常具有技巧性的做法使她并没有回避这个问题，而是将其转化为学习的机会，从而建立人际关系的双赢局面（让问题成员的同伴间接地谈论他的破坏性行为）。

8.5 禁忌主题的挑战

如前文所述，公开讨论障碍点，找到共同点的能力是有价值的。但是，这个前提是假设你拥有了进行这些“艰难对话”的技能，同时这些话题是“合法”的。传统认知中，“谈论我们的关系”被认为是（女性化的）“敏感”谈话，如果她直接提出会不会被认为是弱者？但事实并非如此，正如这个案例说明的一样。

我正在举办一个关于领导力的研讨会，当活动结束后，还有些人在教室里徘徊。首席执行官突然走到我面前，称我为“混蛋”。尽管大家都知道他就像个异常粗暴但并无真正恶意的高中生，但是我还是手足无措。男同事一般不会公开称女同事为“混蛋”。我简直难以置信。因为 CEO 可以决定我在本公司的发展，我感到很难过也很生气。但是我决定不和他在现场进行对抗。回到房间之后，我想：“我不会让别人羞辱我。”第二天，我找到 CEO，对他说：“我不接受你在大庭广众之下的如此行为，即使当时只有我一个人没有别的同事在。我不能接受我被这样对待。”他看起来很震惊，他的回答是：“哦，我只是希望更实在一些。”“那不行。”自此之后，我们相处得不错，一般来说，他仍然是一个有点性别歧视的人，但对我更加尊重。这件事情改变了我们之间的关系。

在这样的情况下，她决定不在公开场合和 CEO 对抗，担心他会下不来台。但她对自己的价值认同感（和在最坏情况下可以找到另一份工作的信心）克服了她的担忧。她直接告诉 CEO，他所做的事情是不可接受的。她并没有说，“你伤害了我的感情，我想和你讨论你怎么会如此伤人”。她也没有要求解释，只是直接宣称这是不可接受的。然后 CEO 退缩了。

另一种选择，和这个示例的教训相一致，也能证明她需要尊重的要求。也许可以这样说：“如果你不喜欢我正在做的事情，我不介意收到你的反馈，我可以接受并改进。但公开辱骂我不仅无用，也只是简单的伤害，这是不能接受的。”这可能是她对自己软弱行为的回应。CEO 只是说他希望变得更加真实，但真实的边界又在哪里？当然，在即将到来的火灾中，用完美的语言来思考正确的应对方式并不总是那么容易。

8.6　性别比在情境中的重要性

建立关系的一个因素是考虑具体的情境和具体的人。虽然这包括了权力和角色的内容，但性别也是其中一个重要方面：女性的比例也是情境的一个维度。只有一位或少数几位女性的情境，与性别更加均衡的群体情境有着很大的区别。在前一种情况下，男性更有可能有意识地设定参与规则，从而限制女性获得更大的影响力。南希就面临着这样的挑战，她是内部员工团队中唯一的女性。

“作为内部咨询小组的一员，我是其中唯一的女性，和 7 名男性同事一起合作，为公司的其他部门提供服务。我们是一个新的部门，因此我们的一部分工作就是向其他部门展示我们可以如何提供帮助。需求也在逐步增长，但我们觉得应该加快速度。”

在一次内部的员工会议中，我们讨论的主题是我们是否应该将团队规模增加到 12 人（增幅为 50%）。

“让我们这么做吧。”“如果我们做了些事情，其他部门就会过来。”我很担心，因为公司有一个内部计费系统，所以不同的员工团队都需要用足够的工作量和工作产出来获得预算费用和人头编制。如果我们一下子雇用了很多人，而内部业务并没有相应的增长，我们就会陷入困境。因为这正是公司所不提倡的。我提出了这些担忧，很快就被大喊大叫声淹没了。“让我们表明我们应该被认真对待。”这个热血口号看起来非常“中二”。但我觉得我不能这么说，这个问题比较个人化，不适合在理性的商业术语中讨论。尽管我和同事的关系都非常不错，但我并不认为我不可以逃避质疑他们的动机。”

她感到完全寡不敌众，并在整个团队中没有任何影响力，于是她尝试了不同的策略。

“我决定与他们每个人进行一个非正式会议，但这并没有成功。我认为史蒂夫是一个关键人物，如果我可以影响他，那么其他人也有可能被影响。

我向他指出，如果我们被视为在乞求业务，这可能会降低我们的声望，因为我们实际的需求量很大。在后一种情况下，其他部门将成为我们增加人员的支持者，而不是把我们当成只会花钱的官僚机构。

但我所有的证据都被置若罔闻。史蒂夫带着强烈的情绪回来了：‘你太谨慎了，如果我们表现出信心，我们就能做到。’我和其他人的谈话效果同样如此，因此我们决定新雇用 4 名成员。”

正如南希所担心的那样，他们在未来两年内都无法创造足够的业务量来保持 12 名全职员工的编制。她认为自己的立场并不是为了自身利益，而是为了部门。南希已经在公司建立了足够的关系以保全人员，但金融业因为整体行业下滑使该集团陷入了困境。她的行为也没有影响到她与同事的合作关系。“我继续与同事们一起合作，包括和史蒂夫一起成功完成的一个项目。”但这个问题始终困扰着她。

“我仍然感到恼火，因为我觉得那是一种冲动而不是深思熟虑的行为。我不想翻旧账，但我也不希望就这么过去了。我想，如果我是男性的话，我就可以指出他们为了彰显男性权威而不顾实际后果的行为并不妥当。但我知道这会使双方疏远、甚至产生更大的隔阂。

因此我说服了自己，等到年终统计数据出台的时候，我找到史蒂夫，微笑着问他：‘这是怎么回事，我们在过去的两年中没有预算？’史蒂夫笑着说：‘我想你已经猜到了答案。’这个回答满足了我提出问题的必要性，并继续和该小组合作。但是最初和之后两次让我不得不退让隐忍的怨恨久久不能消散。如果我是一个男性的话，也许可以更加直接。”

布莱恩特小姐所面对的是一个超级充满男子气概的小组，情况和南希所面对的较为类似，但二者的处理有所不同。

“我毕业于印第安纳大学音乐系长号专业，我们有 40~50 位同学，但仅仅有我一名女生。作为女性长号手，我的生活很有挑战性，克服困难的最简单的方法就是比其他人做得都更好。但事实并非如此简单。把我的工作做好有助于帮我赢得尊重，但并不等于获得认可。

‘认可’非常个性化。如果你是他们群体中的某个‘伙计’（指男性），那肯定非常容易，大多数音乐家都是靠自由职业谋生，这意味着关系很重要。因为人们都倾向于雇佣他们喜欢的人。当然，我想被人喜欢，但是我永远没法变成他们中的一个伙计（无法变成男性），但我仍然可以和同事建立关系，成为一个有趣、不挑剔的朋友。事实证明，我们并没有那么不同。我们一起喝酒、一起欢笑、相互开玩笑，我们一起看长篇歌剧，一起听管弦乐队的录音，并在深夜播放室内乐。直到今天，这些家伙都是我最亲密的朋友，我甚至嫁给了其中的一个。”

在另一个案例中，尹，一个在风力发电公司工作的小个子不起眼的美国华裔工工程师告诉我们：

“我知道因为我是女性，事实上，是一个身材矮小的女性，人们不会通过我看到权力，但他们也不会认为我是威胁。这意味着他们在我面前可能不需要保持防卫心态，因为他们不需要证明他们比我更为强大。大多数时候，他们认为我并不那么强大，我个人对此完全没有问题，因为这意味着我可以用自己的方式来影响他们。当我在风电场下车时，人们看着我，想知道我打算在那里做些什么。但我是第一个爬上杆子的人，尽可能地像他们一样大声说话。这并不是问题而是一种乐趣。我可以和他们以相近似的速度爬上 100 米高的塔楼，虽然我可以选择使用电梯，但我知道现场的规范是只有拿着工具的技术人员才坐电梯而其他人都直接攀爬以节约时间。”

我问了很多问题，其中一些不是真正的问题：“我们为什么不这样做呢?”“你能帮我更好地理解它吗？”所有这些问题都能帮助我理解他们的动机、担忧，并促使他们重新考虑自己的决定。然后，我将提供帮助，做更多的分析，以促进与任何一方所需的对话，等等。最终，我通过其他人实现了我想要的改变，同时，他们也觉得自己是其中的一部分。我将给他们尽可能多的信任。真正有权威的人不会觉得有必要炫耀这些。（我）马上会深入研究技术问题，让他们知道我了解设计方案。也就是说，我可以讲他们所不知道的事情，某些技术决策是如何做出的，以及我对问题的假设。在大多数时候，他们都会对此感到很惊讶。他们会提供我所需要的帮助，而我也能更容易得到我需要的所有信息，甚至更多。”

多年之前，现任通用汽车首席执行官的玛丽·巴拉巧妙地呼吁停止骚扰行为，增强了她在建立关系、获得影响力和提升职业技能方面的能力。

作为一名新的工程专业的毕业生，她的工作是找到在装配厂与一线工人进行沟通的方式。每当她走过工厂，就会有一位员工对她吹口哨，然后大家就会一起盯着她并报以嘘声。经历过好几次这样的遭遇之后，她停了下来，问那位吹口哨的员工他在做什么？吹口哨的员工吃了一惊，回答说他是想引起她的注意。她则回答，如果想引起她的注意的话，他应该说“嗨”，她也会以同样的方式回应。他做了。自此之后，每次她过来，他们就会互相打招呼，很快其他人也会安静下来。

这种经历帮助巴拉塑造了未来的领导力风格，其中一个重要方面是试图通过别人的眼睛来看世界。她告诉作家乔安·卢布林：“我一直有这样的基本信念，每个人都很理性。如果你能够理解什么可以激励他们或改变激励他们的东西，你就可以完成任务。”即使在职业生涯的早期，玛丽·巴拉也可以避免不恰当的骚扰行为反而和对方成了朋友。假设该员工实际上可能是一个“潜在的盟友”，实际上他也确实成了盟友，这种重构可以是突破成见或假设的一种非常有效的方式，正如临场发挥的幽默一样。再次，如前文所述，在互动的过程中保持平衡并不容易。但如果勤加练习，你可以随着时间的推移建立起更好的反应。

这些方式可以是适应性的，也可以是教化影响性的，而且它们使用因不同的女性而异。克里斯特尔·布莱恩特、尹、玛丽·巴拉并不会认为她们在“出卖自己的灵魂”，虽然他人可能会这么认为。挑战在于尝试后退并考虑更多的可能选择，因为通常思考之后会比最初多出更多的选择。为了避免被“无选择”困住，继续寻找对方可能珍视的等价物，哪些力量可能会推动对方对这些等价物的渴求，以及如何以其他方式解决这些问题。

8.7 自信

本书中的很多例子都描述了一个人在接触新鲜事物时如何面对挑战，这些事情经常涉及在没有正式权力的支持下处理反对和抵制的情况。在很多情况下，人们不仅要质疑尝试变革的智慧，还会质疑发起者是否有能力完成这项工作，因为这通常也需要持久性。

这正是朱迪在尝试建立独立咨询业务时遇到的情况。

“我乘坐着从盐湖城到奥哈马的航班，坐在一位工程师（他是联合太平洋铁路工农四的董事）边上。我们讨论了他的需求，并提出了合同。（由于这是一个男性组织，而且是铁路组织，他们通常不会使用女性承包商）但他对方案很感兴趣，并在飞机上做出了一个口头承诺。但在此之后，我就没有得到任何消息。三天之后我打电话给他，他说：‘哦，我记得，是的。’但随后几周过去了，我感到他在敷衍，并不确定是不是仅仅因为在坐飞机过程中他对我有所好感才如此承诺。几个星期之后，我再次打电话找他：‘我是飞机上的那位女士，你打算从哪里开始入手？’他回应说他正在争取资金预算。我一直打电话不断推进，直到最后他让我‘走开!’。”

在第一次或第二次通过话之后，很多人都会放弃。当该董事没有回应时她不可能不受到影响。实际上，她告诉我们：“初期我也感到不安全，受到威胁，我并不知道他在想什么。”但她始终坚持，并最终得到了合同。

产生自我怀疑是合理的，对于一个涉及持抵制态度的股东的项目，又或是涉及未经验证的新方法的项目，没有人能够确保一定成功。在上面的例子中，朱迪坚信她可以获得成功。但如果这真的是一个崭新的项目，例如，安娜在“更好的世界”中面对的那样，安娜并没有办法保证她一定会成功。如果安娜失败了，计划的会议展示效果不堪设想会怎样？她可能不会失去工作，但她在组织中的地位和声誉会不会受到影响？她未来的影响力会减少吗？会不会失去更好的任命和晋升机会？

丽莎在那样的情况下就产生了很大的疑虑。首先，她和安娜能否提出一个“触及人们心灵”的计划？其次，即使她们这样做了，她能不能在 800 多人面前进行开场演讲？（安娜确实一直在支持丽莎，鼓励她坚持下去，但这样的外部支持并不一定每次都在。）

男性和女性都会有这样的疑虑，但是性别社会化和生活的经历可能在很多情况下会对女性制造出更大的障碍。一位成功的领导者承认说：

“其中一个主要的问题是缺乏信心。当我想到要承担任务或提出要求时，我想知道：‘我有什么需要吗？我是不是应该得到这个？’我认为很多都来自社会化。老师对男生的关注会比女生更高。男性发表意见时相对于女性更不容易被打断。男性很少感知到这样的经历，（女性）做出的评论被忽略了，然后十分钟后，一个男性提出了一样内容的提案，然后获得了大家的认同。所有这些都会（让女性）产生一个内部问题——‘我的价值有多少’。”

另一位女士提出：

“我认为，当对项目或其能力提出疑问时，男性和女性的反应是不同的。男性认为这是一种挑战，而女性会开始自我怀疑。此外，男性经常隐藏自我怀疑，即使他们内心忐忑不安但还是对外展示出无比的自信。”

显然，这对所有男性或女性而言并非完全正确。例如，安娜喜欢挑战，这是她在规划准备小组第一次失败时参与到此项目中的一个重要原因。

有时候，公开的行为会遇到破坏。正如凯特·麦克恩（Kate Mckone）报道的那样：

“我是工程学院一名新的毕业生，在宝洁公司找到了一份工作，负责一个有 60 人的生产区。他们的年龄都比我大，从 30~60 岁不等。对于每个 15 人的团队，有一个组长和一个副组长。第三小组的组长从不和我说话，可我是他的经理！当我试图和他沟通时，他就会离开。他的团队有着最好的业绩，但他从来不告诉别人为什么他会如此成功。”

凯特面临着可能视为不服从和不尊重的问题。

“我没能很好地控制愤怒，所以我并没有给出回应。我将这种情况归因于年龄而非性别，我认为我必须获得信任。因此我会在深夜去现场查看他是如何做到的。事实证明，他操作设备非常在行，但不擅长文书工作，因此我为他完成了这件事，得到了他的认可。这就是我认为的和他相处的方式。

这并不意味着我在必要时会避免冲突。有一次，他最擅长的某个技术搞砸了，造成了很大的质量问题，我把技术团队叫进来，把他狠狠训斥了一顿，给了他几天休假时间。我并没有责怪其他的小组长，但在结束时，我强调：‘如果这种情况再次发生，会产生重大的影响。’在此之后，他仍然没有和我过多沟通，但我们之间建立起了一些信任。他会把他应该做的做好。我想这是批评产生的效果。”

这依旧没有回答为什么有些人（男性或女性）有很强的自信而其他人没有。安娜说，“因为我相信这个事业（同时她也知道自己可以得到另一份工作）”。

克里斯特尔·布莱恩特因优于大多数长号演奏者而得到信心。朱迪继续说："我相信我所提供的东西，这个项目对我的业务发展很重要，所以我打算为它而战！"丽莎尽管依然害怕对着很多人宣讲，但是在安娜的支持下还是完成了工作。

然而，自我怀疑这个内心的恶魔对男女都一样，每个人都必须挣扎应对。朱迪继续说：

"获得铁路的合同是一个变革性的体验。我从不安全、自我怀疑到相信自己。我可以在等待时赢得其他合同。我非常担心当时人们对我的看法。我需要学会不担心别人的看法，因为你无法控制它们。尽管有时我仍然会这样做。（我只是提出我的建议，因为这是正确的。）我挣扎了很长时间，你不想过于情绪化，也并不是漠不关心。这是一个很关键的平衡。

没有人会想被拒绝，我曾经情绪低落，专注于一个消极评价，无论有多少积极评价。随着时间的推移，我不得不看看我擅长什么，我想成为什么样的人。如果我希望成为一名商业女性，不咄咄逼人，而且有自信，向客户提供我的服务。如果我被人拒绝，我就不能提供优质的服务。我希望能在会议室里与人交谈，以便他们倾听我的想法，而不只是注意我的外表。你必须经历这种自我发现式的演变。"

尽管如此，对于女性而言，即使相当成功的女性，仍然有一些不情愿的主张。听邦妮来说说，她创立了一家非常成功的咨询公司。

"作为一名顾问，我努力要求得到男同事们享有的费率。一位接受培训比我少的顾问，要求公司给予的报酬是我的 3~4 倍。而且他还得到了！他说'1/3 的潜在客户应该抱怨我费率过高'。我一直担心客户会失望，这导致了我低廉的费率。我告诉自己，我宁可收费低和过度投入，也不愿意被客户认为是名不副实。

这个信念来自哪里？部分原因是对我自身竞争能力缺乏信心。尽管我已经达成了 100 万美元的业务，但其中有一部分是历史性的，我是从大萧条中苦苦挣扎的移民祖父母开始的第一个大学毕业生；但另一部分是来自我母亲的声音，我从小就被教导不要自吹自擂，而只是努力工作，这将得到回报。

具有讽刺意味的是，我是一名非常成功的招聘人员，而且擅长为我的客户谈判极具吸引力的薪酬方案。但谈到自己时有所不同。我的头号白人男性客户很少以同样的方式来解决这个问题。但我观察到，女性领导者更善于倡导自己团队的，而不是自己的薪酬需求。"

8.8 获得自信的两难选择

我们希望有一条捷径：①获得需要的自信，使得有意愿来探索对他人很重要的东西，即使这在某些情况下似乎具有威胁性。②获得更大的自信，来撤销反对的评论和行动，不论是有意或无意的，都会降低你的影响力（特别是当你认为抵抗是源于性别比例/动态的不恰当的时候）。

如果你不顺其自然的话，性别动态可能在建立信心时又会增加细微的差别。然而我们知道，如果在没有困难的情况下采取行动，并以某种方式取得成功或者至少存活的话，就不可能获得信心。就像上面描述的几位女性所做的那样。虽然没有任何保证，但我们认为，提高对性别动态和性别复杂性的认知，特别是当性别期望正在发生改变的时候，可能会有所帮助。我们也相信持有调查的态度会有很大帮助，而不是随意地跳转到其他人意图的假设上。养成非判断性询问的习惯，然后开放地仔细倾听，这将使你发挥更好的影响力。

8.9 结语

这整本书是关于当你没有正式权力时，让你具备影响力的各种因素介绍。适用于性别因素。包括：

（1）即使这个人非常不同、抵抗或者有敌意时，依旧将其视为潜在盟友。正如几个例子所说的那样，没有经过大量的探索，不要否定某人。他们可能会根据性别误解做出错误的假设，反之亦然。

（2）充分了解潜在盟友，包括组织中驱动他们的因素。例如，他们如何评价和考核，他们的老板期望什么，以及他们的单位文化。

（3）了解你的主要目标，你的需求是什么？它们和你的任务目标有何关联？你愿意承担哪些风险？你会接受哪些短期交换条件？你如何平衡任务成果和关系维护之间的关系？

（4）这种关系的本质是什么？另一个人希望与我们建立什么样的关系？你能适应吗？当有人不习惯这种关系时，你能否自如地主动提出讨论这种关系？

（5）什么是双赢的交换，你实现了目标，潜在盟友也是如此吗？如果对方只是想要获胜，你能和他协同谈判吗？

这本书证明了实现这一切并不容易。但正如本章所示，当你考虑了性别和性别关系时，可能会变得容易一些。性别动态可以让环境变得非常复杂。一方面，鉴于男性与女性对这一主题的看法和回应的方式多种多样，提出普遍性的解决方案是不切实际的。另一方面，我们提供了多个维度和可能的困境，以帮助你更好地选择适合自身的思考因素。希望你现在可以以自己的方式更好地完成它们。

案例

你能听到偏见吗？

过去，大多数交响乐团的成员都是男性。在每年选拔期间，评委们不太可能认为："交响乐应当只有男性，因为女性不能演奏。""因此我们的选择是非常客观的。"虽然他们也希望增加女性的比例，于是他们采用了盲选的方式（只听演奏不看演员），但性别构成依然没有太大的变化。直到他们意识到他们潜意识中因为听到了女鞋的声音（就将其排除了）。只有演员光脚参加演奏时，他们才会选择女性。

虽然本章可能无意中听起来似乎主要针对女性，但男性也必须面对性别假设和性别期待，并确定其在限制可能性时如何解释或避开它们。

但是，需要注意的是不应该关闭自我意识或是持续的好奇心。本章指导你应该密切注意，测试假设，提出问题，承认自己的盲点，向友好的同事寻求建议，与他们进行探索性对话。他们会为你在这些事情上征询他们的意见而表示非常高兴。

请记住，性别只是影响力策略的一个方面，但如果你之前没有投入过思考，希望你现在开始可以更好地准备。然而这是一个我们都需要探索和学习的领域。祝你好运！

第 9 章

影响你的上级

> 我不希望我身边都是唯唯诺诺的人。我希望每个人都告诉我真相，即便这样会让他们丢掉工作。
>
> ——萨缪尔·高德温（Samuel Goldwyn），著名电影制作人

在不被解雇的情况下，驱动你的上级，或是作为上级接收到有助于实现目标的强大信息，这是本章的目的。你的上级可以更有效地为你提供更多的自由发挥空间、更多支持或是更具有挑战性的任务吗？或者你想影响你上级的管理风格，比如更加有效处理高层的方式。你所面临的挑战是通过建立关系而不是采用威逼的方式来影响你的上级。大多数经理和领导者都不是合格的上级，那些做得还不错的人也有很多提升的空间。

作为权力较小的人，要小心不要轻易放弃你的权力。一种诱惑是对领导影响力的英雄式思考，屈服于领导者负有全部责任和控制权的假设，所以你只要提交正式分配给你的任务并完成，而不是主动完成组织目标。另一种诱惑是期待从上级那里得到完美的问题解决，而当情况并非如此是束手无策。

你的上级的工作有效性也是你工作的一部分，而这一切都始于你，这是当今组织基本思想的转变。在某种程度上，你有责任帮助你的上级成为更有效率的经理和更好的管理者。无论你和你的上级是否这样看待，你都是使你部门和

团队得以顺利运作的合作伙伴：

- 你的上级只掌握部分相关信息。如果每个上级都充分了解你的需求，并在你没有要求时就主动提供帮助，那该多好啊！然而那是不可能的。你的上级不是思维探测器，只有你自己知道你应该如何发挥你的潜力。
- 形势瞬息万变，即使你的上级有意愿也无法处理所有信息。上级的压力已经很大了，下属们跟进的方式也千差万别。另外下属们通常都具备一些知识和能力，这些都是取得工作进展所必需的。
- 你对于上级管理目标的实施效果有独到的发言权。他也许只是提供一个清晰的努力方向，但只有你自己才知道这个方向对你来说是否足够明确。换句话说，你的上级需要你。

这里我们所提倡的，是从传统的“上级—下级”的关系（带有无所不知的支配与服从的意味）转变为“管理者—职员”关系的根本性变革。相应地，我们提倡的更多是一种合作伙伴关系。尽管上下级关系存在级差，但低层级伙伴与高层级伙伴仍然可以构成合作关系。

低层级的伙伴应该如何做？他们互为“合作伙伴”，不论地位差异。不应该让合作伙伴出现以下情况：

- 铸成大错。
- 不经意间表现出状态不佳。
- 知道某事应该让对方知道却没有告知对方。

相反，应该让合作伙伴做到：

- 保持对高层级伙伴的目标忠诚。
- 视组织的利益超越自己的短期利益。
- 重视并利用不同的技能和观点。
- 容忍对方的缺点。
- 假设不良行为不是出于恶意，而是因为错误的信息或错误的观点。假设高层级伙伴都是聪明且有能力的人，并竭力为公司着想。

当合作伙伴（无论是否为高层级伙伴）即将犯下大错、忽略重要机会或错过重要信息时，任何有责任心的合作伙伴都不会坐视不管。这是一位尽责伙伴的义务，即便这样会给自己带来不愉快或者尴尬。

这一义务意味着对你有很多要求。但是难道你不希望你的下属也具备这种思维吗？接受上下级关系所包含的责任，你和你的上级都会从你的表现中获益。这是影响上级的一个重要支点。

接受责任可以让你获得很多好处：更大的职责权限、更好的督导和辅导、更密切或更开放的工作关系，或是一位更富有效率的上司（并非所有经理们在一开始都能接受这种合作关系，我们稍后会讨论到）。

9.1 方式方法

想要获得那种能带来回报的与上级互动影响的方式，你应该做到五大要点（见图 9.1）：

（1）将上级视为潜在盟友或合作伙伴。

（2）明确你真正想要的东西（你的目标和优先事项）。

（3）确保你真正了解你的上级。

（4）了解你已经拥有或可以获得的资源（等价物）。

（5）注意上级希望与之互动的方式。

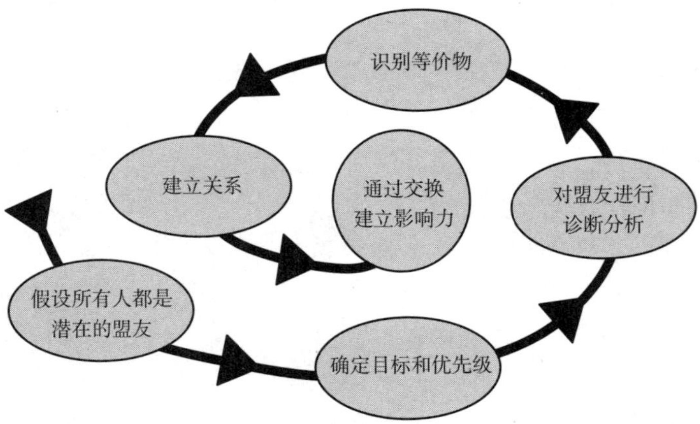

图 9.1　科恩–布拉德福德非权力影响力模型

你的上级要求苛刻吗？你的上级喜欢指责人吗？他是否因为你犯了轻微错误就对你暴跳如雷？你是否希望你的上级在与你交流时能考虑你如何获得发展，而不是单纯打断你的具体行动？在全盘否定上级之前，首先把他看作一位潜在的盟友，一位只求成功、担心失败的合作伙伴（而不是偏激地把对方看成野心家）。如果你能这样看待对方，那么你就不会只是畏惧上级的批评，而是能够从中寻求学到什么。

你想影响这样的人吗？如果你认为他是潜在的盟友和伙伴，你不想尝试深入了解他吗？在第 4 章中，我们警示大家不要转向对他人进行“人格分析”而非探索更加重要的情境因素。例如，纽约房地产是竞争激烈的城市生活中一个残酷的行业。在这样的情况下，经理需要和最优秀的人合作，而不是那些精明狡猾但不懂业务的人。在压力之下，上级可能对下属不会非常耐心。一位房地产巨头看重的等价物包括了解业务、敏锐的金融洞察力、可信赖度、坚韧性、有能力发现重大机遇和有始有终的个性。

现在审视你在派对上应该如何表现。假定你具备了一定的财务知识，你愿意努力工作，能够把握机会，意志足够坚定，你是否能表现得像上级想象的那样充满勇气，从而让他对你的大胆思考产生信心吗？你是否能积极地与行业内人士攀谈交流，以磨炼你发现机会的技巧吗？

接下来，想象他如何与客户和商业伙伴（特别是那些地位较低的人）进行互动。他经常粗暴无礼吗？他如何回应那些很有实力但不够恭敬的人呢（通常来说，强势的人尊重那些敢于与自己平起平坐的对手）？

然后你要想清楚，你要的是什么？一个温和但含混不清的上级真的对你很重要吗？还是一个给你挑战性工作的人？一旦你理解了你所拥有的等价物以及上级喜欢的，你能否采取以下的方式展开行动（如调整你自己的语言和语气）：

“先生，我和你一样渴望找到很好的房地产生意以保障投资。我一向工作勤奋，如果需要，我可以随时加班。如果您看到我做错了事情，只要您在教训我之余告诉我如何可以做得更好，你可以在我身上得到更多的回报。我愿意学习，我也一定能学会。无论您对我多么严厉，我都能接受。只要我能确定，我吸取的教训对您和我都有帮助。”

9.1.1　影响力的策略

我们不能保证以这种方式沟通一定能让你和你的老板合作，但它至少提供了一个机会，因为它遵循了 3 个基本原则：

（1）你向你的上级表明，改变他的态度对他有好处。请注意，强调“希望上级帮助你发展因为这会让你快乐”和强调“希望上级帮助你发展，因为可以创造他投资的回报”，这两种效果是截然不同的。前者只能让你自己满意，而后者才是上级所关注的。

（2）你向上级证明，他的最大利益是你获得成功的同时，因为你更好地完成工作能让上级更满意。你承认了你的兴趣，但将其迅速联系到你上级想要的东西。

（3）你以上级喜欢的方式与其沟通。你使用了正式的、言简意赅的语气，声称如果他关注你的学习成长，你可以抛弃任何东西。

我们假设你已经能够使用基本模型来制订考虑了上级的立场和其所关注的东西，从而进一步推动组织目标的妥善计划。

第一个问题是，你是如何呈现它的？是否考虑了上级的工作风格？

例如，上级是否喜欢考虑周全的方案而不是简单的框架？如果是的话，你可能需要对你的想法进行排序，和同事讨论其可行性。因为经验告诉你，你的上级可能会拒绝新想法，如果不能解决问题或者没有他们可以确定的收益，就不要提出任何想法。

也许你提出想法的方式会产生问题。过去上级的回应可能让你感到烦躁和沮丧，因此你拿着你的筹码，期待着一旦你的上级拒绝就证明他是个伪君子。这样的方式不太可能产生积极的影响。

主动权始终在上级的一边。你的批评和反对并不能起到作用，你总是需要寻求上级的帮助才能达成你的目标。在这样的情况下，你没有别的路可走。（举个例子，那个站在上级面前坚持不合理行为的例子，可以查看第 16 章。）

9.1.2 与上级打交道的典型情况

这里使用的一系列案例都展示了人们对于上级的期望，并在此基础上提出了关于如何影响上级的对策。更多的案例可以登录我们的网站。

问题：我的上级否决了我关于如何改进工作的想法。“我经常有新的想法，在我负责的领域内做得更好。然而当我向我的上级提出这些想法的时候，他会否决，并常常罗列出各种理由说明我的想法不管用或是不值得投入精力。这让我觉得很沮丧，尤其是我的上级还总要求创新。”

可能的对策：上级为什么会如此抗拒？

- 你的上级真的相信你就在他身边吗？你是否以仅有助于你所在领域的方式来提出想法？或者是否你也提到了上级的顾虑？
- 什么样的压力影响了你的上级？他是否因为最近的一个想法焦头烂额？又或者他是否面临来自更高层级领导的负面挑战？
- 你可能已经说明了你的想法产生的预期收益，但你是否已经评估过了成本？你是否进入了兜售的模式而不是向你的上级呈现出一种平衡的结果？

- 你是否让你的上级负担过重？下属可能只需要提出要求："这是一个好主意，你只需要做 ABCD"，然而你并没有理解上级的处境以及可能会引起的抵触。你的上级是否已经感到不堪重负和失控，正如目前许多人一样（也许这很好地解释了为什么你的上级要求创新却不能得到很好的回应）。如果你的想法为上级制造了更多的工作，即使是暂时的，他也可能对此予以否定，无论想法本身如何。

如果你的上级已经超负荷了，你应该怎么帮助他？你能做一些事情来减少而不是增加上级的负担吗？你能否在你的想法上面做更多的功课，以证明其完全可行吗？你可以承担更多的工作，以便于方案更易于执行吗？你可以进行分析和游说，获得更多的支持者，从而对上级更有吸引力吗？

但我们假设这些要点都不管用。那么问题是："你应该如何对待反对意见呢？"你有没有把它们视为借口和阻碍？如果你将其视为关注点（等价物）怎么办？你能如何解决它们（如通过用解决问题作为交换条件，以换取上级对你方案的支持）？这就是初级合伙人的行为方式。

你的上级为什么否决你的方案包含两个角度：①是什么造成了对这些想法的抵制？②为什么上级鼓励创新却破坏了创新？

之前的诊断主要是针对你的想法，我们现在转向第二个问题：被破坏的可能性。如果没有真正的询问，你就可能会猜测是什么困扰了你的上级，以及他可能想要你做什么。直接询问的方式可能行不通，尽管你真的很想了解，但你的上级可能会认为你的问题太过于冒昧或者令他感到尴尬，因此你还是不得不依靠你的判断。

如果询问不起作用，你还是可以提出问题，不过这次你要从自我发展的角度提出来。"我确实很想更好地响应您的创新号召，我已经尝试过好几次了，但您似乎不太鼓励我的想法，您能不能帮我分析一下，我应该如何改进我的建议才能让您接受呢？"这种方式没有敌意，而是给了上级几种选择：告诉你如何加强你的想法；让你放心继续努力，调整方案以获得通过；告诉你更多关于他沮丧的原因（这有助于你了解上级的等价物是什么）；重新反省他是如何对待你的并变得更和蔼。如果真诚地提出"帮助我学习"，这是将责任放在你自己的身上，而不是放在上级身上。

9.1.3 利用伙伴关系为你的工作获得更大的责任或范围

问题：如何在提升工作范围、工作挑战或工作自主权方面，从上级那里得到想要的东西？

如果他同意，我可以做得更多，工作也会变得更加有趣。

对策：首先，你要重新思考这个问题。目前的诉求着眼于你想要的东西。你如何能关注上级（或组织）的最佳利益呢？伙伴关系的含义是可以让你为同伴带来更多，而不是作为恭敬的下属。通过改变工作范围，你可以分担对部门成果的责任，承诺新任务并帮助部门实现目标。这可以减轻上级的负担，因为你正在承担更具挑战性、更有意义的任务。

提出这个要求的最好的方式是你成了分配任务的合作伙伴，因为你了解自己的能力和兴趣，知道哪些要求是可以提升的，哪些会出现问题。这就是你自身参与决策更加合理的地方。要求参与决策并不是取代你的上级，而是要确保你参与到这个过程中，对自己的状态更了解可以做出更加明智的决定。

但是你的上级可能不同意你对自己能力和准备情况的评价。不要将此视为失败，而是要将其视为获取关键信息的一种方式（这可以为双赢奠定基础）。

首先，你要找出他犹豫不决的根源。你的上级是否还对你之前的失败耿耿于怀？或者你的要求和上级对于任务的关注点有很大偏差？你能否完成？这些都是重要的信息，了解这些可以让你更好地制订解决方案。其次，他的担忧就可以成为交换条件。你能解决下列问题吗？

管理者很少低估下属的能力，因此这说明你对自己的表现和上级的看法存在差异。

问题的关键在于如何与上级进行讨论。在讨论中，你需要仔细倾听，这并不容易，你要忍住不要反驳。你要记住，讨论的目的在于找到上级担忧的问题：是因为你过去做过（或没做过）什么事情吗？是因为你和他人合作的方式吗？或者上级担心的不是你，而是担忧项目的前景或是担忧如果你失败之后他承担的风险？

你可能不同意上级的看法，但你必须从关注这些问题开始。这些对于你来说不是问题，但对上级确是实实在在的忧虑。这个方法听起来就不简单，但可以达到双倍的效果：你可以了解问题，并且可以找到解决问题的方法；同时你也可以解决上级的忧虑，让他不必担心你了解到他所处的不利局面之后就会拒绝接受该任务。

现在开始，你就可以尝试建立一些双赢的交流。如果你的上级不确定你是否可以承担这项庞大的工作，那么你可以向他询问你该如何提升业绩；如果他担心你会半途而废，那么可以通过让他定期检查的方式来让他同意你获得这项工作。总之，你要用他最关心的筹码去换取你希望得到的挑战性工作。

我们列出一个几乎在不可能的情况下依然获得成功的案例，这是关于约旦一家男性主导的律师事务所中的一位女律师。此前她每次晋升合伙人都失败了，尽管她很清楚她比她的同事更有天赋。当她自己分析了她上级所担忧的事情，最终和她的上级达成了交换，并获得了晋升。她最终成了合伙人！请注意，她的行为也暗暗遵循着非权力影响力模型。她确定了律师事务所所有者的交换条件，向他展示了她所期望的短期和长期利益。她对股东说：

“你如果不能把我留住，那就再也不能留下像我一样的任何人了。因此，我们可以来谈谈可能激励像我这样的人的方式；你支付了很多不必要的薪酬；你不会解雇表现不佳的人；你需要对奖金做出一些调整，这样你就可以将在那些没有产出的律师身上所花的钱拿来激励表现优异的人。”

9.2　改善上下级工作关系

从传统意义上说，上下级之间的任何关系问题都被认为是下级的问题，因为下级有服从上级的义务。然而在目前以知识型员工为主的今天，拥有独一无二的才能的情况越来越罕见。良好的上下级关系不再仅仅包括对上级的服从，上级也无法通过简单操作复制就完成工作，他们需要创造、重视那些拥有自己不具备的知识、技能的人，并与之合作共事。上下级都必须学会吸收融合，接受彼此的观点，而不是一味地分出胜负或向强势一方妥协。

因此，社会发展的大背景要求每个人都要探寻以达成上下级之间的合作伙伴关系。例如，上级要学会说：“我擅长把握全局，但是对于具体细节并不擅长。多亏有下属认真对待，完成这些意义重大的小事。”而不是简单地宣称：“不要用这些小事来打扰我！”

然而并非所有的上级都对开放、充分信任、相互表达感受并协作解决问题的工作氛围表示认同。如果你的上级尚未接受你想要的这种伙伴关系，你该怎么办呢？

问题：我的上级并不需要伙伴。“我试图用你们的建议去做上级的伙伴，但他看上去根本不吃这套。事实上他好像很生气、很抵制，他似乎觉得我在批评他。他甚至说：“我雇你来是干你的工作的。我自己的工作我知道该怎么做，多谢了。”我是不是应该放弃？

对策：听起来，你的上级对于领导身份有一种英雄主义情结，他并不了解这样的做法在别人看来可能是严重的失误。“做下属的就该安分守己，上级就是上级”的想法已经非常过时了。在早些时候，工作简单机械，下属也没有受到高等教育，必须由上级来告知要做什么。你上级的思维可能还停留在那个年代的水平。你要么继续忍下去，要么就选择离开。

不过，你需要记住，在某些方面，即使没有获得上级的批准，你也可以像一个伙伴一样行事。也许你不能直接影响你上级的风格或者你们之间的关系，但伙伴关系可能并非仅限于此。它意味着从更高的格局来看待问题，主动完成更多的工作，而不仅限于基本要求。这样做帮助你实现对上级的影响，并建立起上级对你的信任。

寻找在上级设想的角色范围内做出贡献的方法。你能做上级不喜欢或者不做的事情吗（例如，撰写备忘录、演讲材料、会议纪要，起草方案初稿，跟进项目等）你能预测上级的需求并提供信息或报告吗？你能获得上级想知道的信息吗？无论你的岗位说明书怎么写，作为一名忠诚的下属，你都可以做一些没有明确规定的事情，以获得上级的赞许，或许最终能和上级成为伙伴关系。可以从基础的部分入手，如果顺畅的话，可以做更多。通过证明你有能力为上级和组织增加价值来证明：一旦开始这个过程，你可以主动完成一项或更多的工作，只要上级需要这个工作并且你的参与不会影响到其他人。

你的上级如何定义领导力。很多领导者喜欢亲力亲为，因为他们没有其他的模式。他们还认为，只有这种风格是赢得下属尊重的唯一途径。如果你的上级有时间和你进行领导力的讨论，你可以明确指出这不是你认同的方式。有一些上级对出版读物更加信服。有一本我们很喜欢的关于现代领导力的书籍，讨论了英雄式领导的替代方案。有机会的话，你可以把这本书推荐给你的上级，这不是刻意地暗示什么，而是说明这是一个有趣的不同视角。

无论如何，你都要注意上级最舒适的沟通风格。通常，有着军队背景的上级往往强调权威和权力距离，在这样的情况下，以更加正式和尊重的方式提出领导力问题，强调你认识到上级总是有权力决定听什么，你并不是在挑战他。相反，你只希望扩充上级的资源，并对他足够尊重。你可以温和地指出，即使在今天的军队中，也越来越重视来自基层的意见。例如，陆军在行动之后会进行复盘，所有的参与者都可以对过程进行评价，欢迎所有参与者给予意见。再次强调，所做的这一切都不是为了挑战上级的权威和最终决策权。

9.2.1　使用商业化工具：成本—收益分析法

某些上级对于直接与下属讨论彼此的关系十分反感。不过也有别的方法可以用来进行更有效的交流。原则是使用商业化而不是关系化的语言，以非个人的立场来表达观点。

一个重要的商业概念是成本—收益分析。这种分析法通常用于评估投资或其他重要决策事项，它可以适用于你和上级的关系。你的分析可以这样进行：

“老板，我们能不能分析一下，我们的沟通和决策方式是怎样对我们的业绩产生影响的。我们的现行方式有很多优点，您告诉我需要做什么，这样可以节省我很多的时间，也让您得以保持自信。您觉得有需要时再征求我的意见，这种方式效率很高，并能让您控制与下属的交流。如果你不同意我的观点，你可以忽略我说的话，这样可以避免给您造成困扰，也可以让我更加专注于我的工作。

但我们也应该注意成本，市场环境瞬息万变，您很难一直了解我需要知道些什么。因此有时候我发现自己犯了方向性的错误，是因为我缺乏正确的信息。还有一些时候，我可以对您给予帮助，因为我的培训和工作经历赋予我很多信息，但除非您和我交流，否则我只能在您不知情的情况下让您进入雷区。因为我很难进入到部门的决策中心来，我本来可以帮助我们少走弯路的，但我并没有这样的机会。如果您和我有更好的传递信息的方式，我们是不是可以节省更多的成本呢？”

注意，在这样的方式下，面向关系的单词和短语，比如“分享感受”“信任”和“开放性”并不会出现。相反，它使用了严谨的逻辑推理和理性判断的方式进行了信息交换（当然这个方式也部分涉及了信任和开放）。这种方式不一定能够奏效，但是至少不会激怒一位强硬的上级或是让他与你讨论上下级关系而感到不快。

案例

如何向强硬的上级提出不同意见

我们有一个同事，他曾经遇到过一个非常难缠、看上去简直难以接近的上级。

马尔科姆·米勒是一家大型科技公司的经理，他很担心如何与新上司相处。他上次在加入公司前是一名高级军官。在早先的几次会议中，这位"将军"总是突然打断马尔科姆·米勒的发言，并用尖锐的语气来否定某个观点："等下，让我说得直接一些。我是老板，你是下属，我不要听到这样的意见了。"

马尔科姆·米勒非常沮丧，他对这种盛气凌人的态度感到无能为力。我们建议他利用上级看重的等价物与之交换，并使用契合上级风格的语言。当轮到他做出回应时，他需要建立对上级权力的尊重，但与此同时，他也需要让上级了解即使不同意观点也要尊重他人。

马尔科姆的方式是这样的："好吧，将军。我从没质疑过您的地位。我完全尊重您的立场。我是一个非常忠诚的人，我想确定您做出了正确的决策。作为您的下属，我的一部分工作就是保护您免于遭受攻击。我觉得您正在步入一个误区，所以我才会坚持暂缓执行这一方案。当然，如果您让我放手，我一定会的。因为是您在指挥。不过我确实很担心您在这个事情上会受挫。"令他感到震惊的是，马尔科姆·米勒注意到了将军正在倾听他的更多观点。

事实上，马尔科姆·米勒后来得知另一位与自己级别相同的同事，并没有向"将军"低头。他坚持自己的观点，并将问题汇报给了"将军"的上级，风险得到了回报，他得到了更高层的支持，并与"将军"建立起了平等的关系。看似无懈可击的狮子不得不认输了，而挑战者获得了胜利。马尔科姆·米勒高估了上级的抗击打能力。这两位同事都获得了更好的立足点和更大的影响力。因此，通常有多种方式可以解决问题。

9.2.2 委婉拒绝

问题：我的上级经常犯错，但很少反思。我想让他规避重大错误，但很容

易被他认为执行力不足。这个应对并不简单，是吗？一些管理者对于来自下属的任何分歧都非常抵制，尽管这样的方式会让他们减少收到很多来自下属的信息，但可能付出极高的代价，然而一些顽固的领导者仍然认为他们的权力神圣不可侵犯。至少他们中的一部分是很难被影响的，但通过我们所倡导的那种方式，你有机会能够影响这样一位暴君。

很多人把上级想得很糟糕——他们就是无法被影响，因此他们从此不再尝试。于是他们将上级贴上负面的、冥顽不化的标签，减少与上级的互动，仅仅保持最基本的联系。但是，互动还是很重要的，毕竟保持互动不仅可以更加容易收集上级所重视的等价物信息，还可以让你证明你是上级身边真正的合作伙伴，竭尽所能地防止上级犯错从而实现目标。

跨越这种信息并不容易，但是当你这么做时，你就可以结识到真正的朋友。那种拒绝任何不同意见的上级，他们真正的敌人就是他们自己。他们总想控制每个人，但当他们获得成功时，他们也无人可以分享喜悦。挽救这样的上级是极具挑战性但也是非常值得的。如果其他人都害怕与这样的上级相处，那么你可能获得的回报也就更加可观了。

尽管如此，我们还是再次敦促你考虑一下，问题是不是因为你表达分歧的方式导致的。可能是你经常表现出沮丧和不耐烦？或是向上级暗示你很聪明？又或是你对上级不能满足你期望而对其表示失望？你的好主意是否会让你已经不堪重负的上级增加更多工作？会不会是你的某些举动让你的上级觉得你并不在他一边，而是在阻碍他？对上级的意见表示不同和与上级对立对抗是截然不同的两个概念。

如果只是对于达成目标的方式方法，而不是对既定的目标产生分歧的话，任何上级都应该很容易理解和容忍。因为在提出异议时，往往会听到对于整件事情的反对声，而不是关于达成该计划某一个步骤的战术问题。为了避免上级的误解，你如果对整体要达成的目标没有异议，而只是对于具体的方式方法有不同见解的话，就明确地表达出来。这样会更加有助于你成为合作伙伴。

例如，不要让人误解你是对整体的成本节约项目不认同，你可以尝试这么说："我完全支持我们的成本节约目标，但是取消咖啡间会让我们失去讨论的场所，我们原本可以借助这个地方来交换想法、讨论项目和分享客户体验。这么做有点因小失大。我们可以通过减少彩色打印、过于丰盛的午餐来节约成本，另外我们还可以优化我们的邮件和运输流程，其中包含很多浪费。"

问题：如何帮助上级？"我的上级非常想成为一名优秀的领导者，但他并没有把一些事情做好。比如组织和主持一场会议，他很少提前制订会议议程，而且没有掌握正确鼓励大家发表意见的方法。因此他的工作效率远远没有达到他应该表现的那样。我希望他可以获得成功，但我应该如何做呢？”

对策：影响管理者最有效的方式之一，就是帮助他们提升完成工作任务的能力，进而你可以提升你自身的表现。很多人和上级保持着良好的关系，他们对工作挑战、工作自主程度和上级的监督程度也很满意。但他们发现，如果他们可以影响上级对他们自身的角色设定，他们可以做得更好。当上级遇到困境时，你明明可以向他们提供帮助，却因为你不知道该以什么样的方式来提供帮助而只能眼睁睁看他们受挫，没有什么比这个更令人沮丧了。

案例

帮助上级提升效率

凯瑟琳·韦勒是一家高科技企业生产事业部的人力资源经理。她知道她提交的报告中提到的员工缺乏积极性让他的上级——事业部总经理感到非常沮丧。然而总经理却没有意识到正是他自己打击了员工的积极性。在他召集的会议中，他要么放任大家畅所欲言以至久久得不到结论，要么又很不耐烦的采取“一言堂”的方式进行决策。这让他的下属相信无论自己多么积极地提出想法和意见，总经理只是按照自己的方式在做事。凯瑟琳·韦勒认为，如果她能够帮助上级意识到他的行为向下属们传递了错误的信息，总经理就能够充分利用团队的才智，提高工作效率。

起初凯瑟琳·韦勒心存疑虑，她担心上级面子受损，怕他不接受下属提出的关于领导风格方面的建议，但作为总经理忠实的支持者，她最终决定采取行动，尽力帮助上级。凯瑟琳知道她的上级缺乏耐心，所以她决定从上级最关心的要素——时间来入手。

她向总经理询问是否对目前会议的进行方式感到满意，总经理给出了否定的答复。然后她说她知道如何能够加快决策进度，如果可以的话，她很愿意尝试。凯瑟琳·韦勒成功地引起了总经理的注意，于是他开始和凯瑟琳·韦勒一起讨论这一问题，这使得凯瑟琳·韦勒更容易指出正是总经理在不经意之间让问题变得更加严重。

尽管总经理最后也没有成为会议专家，但他确实开始尝试改变自身原有的工作方式，并通过对下属提出明确的要求和任务期限来鼓励下属主动提出决策建议。对凯瑟琳·韦勒来说，最重要的是总经理非常感激她，并愿意和她一起制订计划并在会后进行回顾。当团队中其他成员发现总经理的改变时，他们对工作变得更加投入了，整个团队的工作效率得到了极大的提升。

9.3　成为值得信赖的合作伙伴

通常，你会觉得需要极大的勇气才能让你告诉你的上级，他们做些什么可以更有效；或是直接向他们提供帮助，因为这总是存在些风险。尽管如此，只要你的动机是出于真心的帮助，你真的关心上级的效率并本着合作的精神去做，很多上级都会感激而不会产生（丢面子的）怨恨。“高处不胜寒”的原因就是很少有下属意识到上级也需要学习和成长。优秀的上级会赏识那些真正愿意提供帮助的人。通过交换工作绩效方面信息或是给出如何改进的建议，以此换取上级的赏识和信任，这是一种互惠的交换。然而实际情况中，这样的交换很少发生。

从上级的角度出发，在建议上级采用新的行为时，有两种选择：

①明确你对目标认同，但对于达成目标的方法有所顾虑。例如，“我认同你的目标。让我一起参与，帮你解决这个问题。”再例如，“我认同我们需要更多样化的意见，这也是我认为的你应该鼓励这一点而不是无意中阻碍大家发声。”这样的方式可以解决任务实现的方式方法问题和领导风格问题。

②作为你上级的合作伙伴，你有义务随时提供他所需要的信息。而有些信息，你本来就知道。例如，你知道上级对你或是你的同事产生的影响；又或者是在组织其他部门中他人对于你上级的看法，比如来自其同事或上级。此外，你可能还拥有一些上级所缺乏的技能。比如前面案例中提到的员工，他很擅长写备忘录而上级则不擅长。因此你可以随时向上级询问：“我能做些什么来帮助你？”

9.4　实施的障碍

是什么阻碍了这些提升上级工作效率的有效措施？可能是下属们的沟通

语气往往是批判而不是支持；或者可能是因为上级与各种权威人士此前的互动经历让下属们对上级盲目自信，忘记了他们本来就不可能是完美无缺的人；或者是给予的反馈并不是基于任务相关问题或领导风格，而变得更有批判性；又或者是下属忘记了当别人看到他们自身类似的缺陷时，他们也希望得到人们的支持和帮助。总而言之，他们对于上级的态度使得他们无法像凯瑟琳·韦勒做的那样。对上级过度依赖的下属认为上级就应该知道所有事情，因此他们不愿意冒险向上级提供帮助以免冒犯上级。而当上级最终受挫时，他们也不可避免地感到失望。

下属过于独立也不会带来帮助。独立的下属认为都是上级自己的问题而不需要他们的关注。只有真正相互信赖、完全合作的下属才会心甘情愿地寻找支持性的方式方法来让上级的工作更有效。以这种方式来进行思考，你才更有可能找到被上级认为值得倾听并与你合作的方式。

表 9.1 罗列了自我设限影响上级的情况。关于影响上级的更多挑战和建议（包括“即使遇到困难时也能获得上级的信心”“如何改变上级的监督跟进”“获得我想要的发展和指导”等），请登录我们的网站。

表 9.1　自我设限影响上级的情况

1. 把上级当成一个混蛋，而不是需要帮助的伙伴
2. 因为不是自己的本职工作而担心上级的反应，以至于不向上级提供重要信息
3. 过分关注自己想要的东西，而忽视了上级的需求
4. 担心得罪上级，而没有告知他需要知道的信息
5. 不是想帮助上级而是想炫耀和表现自己
6. 过于服从，甚至以牺牲工作业绩为代价

第 10 章

跨部门工作

10.1 获得承诺的挑战

管理任务团队和跨部门团队时，权限的有限性是常常令人感到困难和沮丧的原因。然而，随着全球化竞争的驱动和对多样化技能和专家的需求，这些都要求更加精密复杂的组织，因此跨部门组织的数量有增无减。即使项目团队都是由向你直接汇报的下属组成，他们之间充分的合作也不是自动形成的。作为上级，如果员工没有完全投入，你可以逼迫他们，但要获得充分的承诺仍然是具有挑战性的。如果团队成员不需要对你直接汇报时，那么挑战更要大得多。

关键的问题是如何获得对团队核心目标的真正承诺，尤其是当团队成员不用向你直接汇报的时候。在这种情况下，你可以通过各成员在他们的本职工作（身份来源、正式评估和长期安全）中正在进行的任务和这个新的临时分组（委员会、跨部门小组、工作队或项目小组，见表 10.1）体现出的忠诚度来逐步建立。

表 10.1　不同团队中两种性质工作的百分比

本职工作：项目工作（%）		
委员会	矩阵式团队	工作组、跨部门团队
70:30	50:50	30:70

在委员会中，成员通常是他们各自所在部门的代表。他们可能试图达成一致，但都会努力确保自己所在的部门得以充分表现，并获得公平份额的结果。（这也是委员会争吵不休，却经常产生效果较差的妥协，而不是创造性提出解决方案的一个原因。）

当组织成员对项目团队能像对自己的原有团队做出同样的承诺时，矩阵组织的工作效果会最佳。然而，为了在专职小组和跨部门小组中获得最大的绩效，大多数成员必须致力于这个新团队的目标。获得这样的承诺是非常具有挑战性的，因为团队成员的薪酬和晋升通常取决于他们原先的团队。

在本章中，我们将探讨如何为跨部门团队或工作小组建立必要的 70%的承诺。我们关注这类小组是因为它们的管理难度更大，但是这些注意点同样适用于矩阵式团队和委员会（甚至是你原来所在的团队）。

当团队成员的忠诚度、监督、措施，以及通常的回报是在其他地方而不在本团队中时，你会怎么做？什么能够促使成员被你的团队目标吸引？对成员来说团队能提供什么？记住，影响力的核心是用有价值的东西交换你想要的东西。

> 对于跨部门工作团队，对于问题的处理应该与对领导自己的部门时有所不同，需要具体问题具体分析：
>
> - 你有一个或多个杰出的成员（如科学家）。他们只关心他们的专业工作，而不关心团队的目标。你如何将个人兴趣与总体目标联系起来？
> - 你需要所有成员都致力于持续充满挑战性的复杂的工作。承诺无法通过命令得到。你怎么才能得到这种承诺？

10.1.1　成员选择

在组建一个委员会或专职小组时，你最先要做的事情就是挑选你的成员。如果你没有选择成员的权力（这时常会发生），那你应该努力去理解成员们的需要。如果团队一旦开始组建，你就需要考虑如何配搭成员对于团队来说是最佳组合，在选拔时应该采取什么样的标准。尤其是基本信念，然后努力从其他方面影响这些人。理想的团队应该包括有创造力的思想者、技术专家和经验丰富的人员等，他们不仅能够做好自己分内的事，还能从整个团队的角度去思考和解决问题。你的团队中应该有一些有知名度并受人尊敬的成员，这样当你提出你的建议时，他们的背景本身就是在帮你背书，让你的建议更容易被接受。

如果你拥有了大量人脉关系（对于获得影响力很重要），你可以利用你的关系来获取信息，从而有针对性的根据评价标准或是某个特定的关键人来制订你的方案。把某个你想要的特定个人引入团队可能需要付出很大的努力，因为他们通常本职工作就非常饱和，而且在原来的部门也非常重要。你需要使用你的洞察力来探寻，是什么让他对加入你的团队有所顾虑，并且要减少他们的担忧。你需要怎么做才能让他们的上级放人？你能接受他非全职工作的要求吗？当他加入团队后，一旦请假你能否找到替代者帮忙？你能告知他（在加入团队之前已经获得的）早期结论或让他了解新产品或过程的早期信息吗？

如果团队成员过多，以至于无法有效安排工作，你可以考虑组建一个 7~8 人的核心团队，对于其他的成员，你可以以顾问组的形式组织他们，或是给他们分别安排任务来参与项目。仅在他们的特定专业知识被需要时，你再邀请他们共同参加当天的核心团队会议。同时建立一个机制以便于让所有人都知道整体的进度。

10.1.2　理解团队成员关心的是什么

如果您能够选择团队成员，那么在这个过程中你需要密切关注他们所关心和重视的事物——他们的等价物（有关等价物的详细讨论，请参阅第 3 章）。每个成员都有自己的交换条件，包括他们对团队工作的偏好。你需要知道他们的诉求来做出正确的交易。

你可以从了解他们的世界，他们的工作情况，以及他们工作的压力中获取很多信息。如果你确定了每个人在各自领域的目的、目标和顾虑，你更有可能知道什么东西对他们个人或他们的现任上级来说是重要的。

你往往从他们所从事的本职工作中就可以得到很多决策信息（见图 4.1，了解某个人工作状态的多个方面）。他们的日常任务、考核和激励方式、他们在行业中的地位、教育背景等为我们了解他们所重视的事物提供了许多线索。

然后，你可以初步评估每个人大概的交换条件。你可能想要通过一对一的交流来了解每个人并确认他或她关心什么。你可以问他们很多问题。大多数人都喜欢利用这个机会来讲述他们的故事——谈论他们的工作和抱负——这样你就可以在收集信息的同时建立人际关系。

你还必须了解团队成员对项目的兴趣和顾虑。他们对项目感到兴奋还是畏惧？他们是否认为这是一生中可以去追求他们的信仰的一次重要机会，还是只是浪费时间？他们之前类似的尝试失败了吗？项目宗旨是否与他们当前所在团队的目标有所冲突？他们的政治禁忌是什么？他们是否认为这是一个在重要领域学习的机会？在这个过程中，你也会了解他们的个性，这也会派上用场。

这样的谈话也有助于防止思维定式。不是所有的工程师都希望所有的东西都达到小数点后三位，也不是所有的营销人员都喜欢创造新概念。你对某个人所看重的东西的初步概念必须是灵活的，这样你就不会错过拥有独特天赋的人。此外，这种理解可以帮助你制订团队差异评估的准则。你需要理解只有多样化的观点碰撞才会创造出卓越的成果，否则你就不可能把来自不同部门、具有不同专业的人聚集在一起。也只有这样，你才不会因为某些团队成员觉得他们观点与大多数人不同，感到自己不被重视和倾听，从而失去很多有潜力的想法。

10.2 增加项目的吸引力

获得承诺的一个挑战就是，如何找到方法使项目对成员更有吸引力。以下列举了几种可能的方法。

10.2.1 调整团队目标

了解团队成员兴趣的一个好处是，通过这样的方式，你可以澄清关于团队主旨的问题。目标清楚了吗？你了解预期范围的影响吗？项目范围是否太窄，以至于它不那么令人兴奋，是不是可以扩大或修改目标？或者它是如此普通、如此虚无，以至于你所提出的任何东西都不符合某些人的期望？你清楚团队有多大的权力可以来解决问题或者推荐和提供替代方案吗？千万不要认为这些方面是理所当然的。如果其中任何一个问题你得到了否定的答案，说明你还有很多工作要做。也许你只需要向项目发起人询问就可以找到答案，但如果执行委员会发起了这个项目，你可能需要做很多的一对一交流才能把主旨调整得更加合理和激励人心。

从项目发起人那里了解最初的设想。是否需要避免什么问题，他们是否有初步的（甚至最终的）答案，他们是否准备改变他们的观点？他们认为应该咨询谁，等等。未雨绸缪比亡羊补牢要好得多。

项目目标越激动人心，你把成员个人需求和团队目标联系起来的方式就越多，也越容易用愿景来激励员工。

然而，过于宏大的项目目标会有一些危险。回顾一下组织的历史，是不是有人因为被要求解决“世界饥荒问题”，却因解决方案需要投入太多的时间和资源而被否决？是不是他们被要求突破常规，却在执行过程中遇到种种困难而夭折？方案的制订者是否已经有了一个解决方案希望你能够帮他实现？实现的可能性有多大？方案是不是会消散在最高管理层的内部讨论中而不会被其他人知道？

在开始之前，你最好得到适当的授权和支持。在你提出具体的解决方案之前，你可以完全表达你的顾虑，并协商一些不同的意见。如果一位高级经理回避回答说：“哦，别担心，尽管去做吧，如果你做得好，我们会支持你的。”你可以回答：“我确信这是真的，但我的经验告诉我，更清晰的事前准备是至关重要的。我不希望浪费你的时间，也不希望浪费所有在这个项目上投入精力的好同事们的宝贵时间。你也不希望我们的努力最后只能进入垃圾桶，对吧？”很少有经理会说他们不介意浪费时间。记住，你应该表明你的请求是符合他人利益的。

10.2.2　获得高层的支持

另一个使项目更具吸引力的方法是请发起项目的高层领导和团队一起讨论。团队成员可以直接询问有关项目目标、权限范围和高管层意图的问题，以试探高层的决心。这不仅能使团队成员更加清楚了解项目，还表明了高层对项目的兴趣。一位高管如果能够展示项目如何重要，说明项目对公司的重要意义，那么他可以使下属克服一些自然的怀疑，从而增加团队成员的信心（就此而言，高层公开立场也可以增强其对最终结果的保证，这对你而言很有帮助）。

10.2.3　将成员目标与团队目标联系起来

项目刚启动的时候，项目成员肯定对其原来的本职工作更加关注，但是一旦你对所有团队成员进行了合理的诊断，你可以试着去投其所好。有些人可能需要更多的挑战，有些人需要更多曝光度，有些人需要有更多的话语权，等等（为了帮助您考虑各种各样的可能性，请参见表 3.1 以获得常见需求列表）。好好考虑如何分配工作，让每个人都获得其看重的东西。

例如，可以让那些渴望更多曝光度的成员多与高管联系获取信息，或者向上级做报告；可以让那些对挑战感兴趣的人承担工作中最复杂、最模糊的部分，尤其是那些没有现成答案的工作；也可以用一些公司参访的机会来增加他们对其他企业的认知。

集体讨论可以达成共识，并鼓舞士气。提高吸引力的一个方法是消除阻力。让成员们谈谈这个项目可能会给他们原来的团队带来什么问题，以及团队（或领导）会如何处理这些问题。这会对他们在处理本职工作和目前项目工作冲突问题时有所帮助，因为他们迟早会面对这些问题。

此外，您还可以为团队处理和解决组织障碍与团队成员建立双赢的交流机会，深化他们对团队目标的承诺。

为了提高项目对成员带来的价值，你可以对公司的其他部门和潜在成员的上级宣讲该项目的重要意义。对项目目标和重要性的内部营销永远是有必要的。

不要忘了获得学习机会对很多人来说是有吸引力的。因为跨部门小组所面临的挑战在组织中往往并没有现成答案，因此可以为项目成员提供很多探索新领域、学习新信息和新技能的宝贵机会。同样，要鼓励团队成员与不同领域或具备不同专业技能的人进行互动。这样就能创造出潜在的新盟友，他们可以在未来对项目有所帮助——充当新任务的对接人，并成为彼此的支持者。

告诉潜在的和当前的项目成员，在重要的项目组的工作经历是学习和建立声誉、加强社交的通行证。有什么更好的方式为你未来的影响力创造资本？你可以想象一下，你可以随时给予别人他们想要的东西。这个方法就是将团队成员的个人目标及兴趣与团队的目标联系起来。

10.3 愿景是有价值的通用交换条件

正如之前所建议的，愿景是获得团队成员承诺的有力武器，通过共同工作创造美好结果。因为成员有自己的基础工作，他们可能会考虑自己的本职工作，如果没有给他们有回报的愿景，他们就不会投入到现在的团队中。（即使在你直接领导的向你汇报的团队中，如果能够清晰地让团队成员看到他们的使命——他们正在做些什么特殊的事情，那些超越具体任务的独特贡献，会让团队发挥出最强战斗力。）

你需要思考团队的目标，并用激励人心的方式把它表达出来；你需要让团队成员相信，这个任务意义巨大，会对消费者、客户、其他部门乃至整个社会产生意义深远的影响。如果可以把团队的目标以这样的方式表达出来，它就更容易被接受，成员们也更加乐于投身其中。鼓舞人心的愿景可消除成员对新任务、新工作的疑虑和担忧。毕竟他们如果在你的项目团队工作一段时间之后，很自然地会担心目标是否值得继续付出努力，他们会考虑以后会发生什么，原来的工作是否为他们保留。而宏伟的愿景则会彻底打消他们的顾虑。

在这样的氛围中，即使不太相信愿景的成员也有机会陈述原因。能否让愿景适当调整和延伸（并非是淡化），让每个人都感到自己与未来相关。如果成员的要求实在太高，你的方案根本无法满足，那你就该让他们换一个岗位了。如果某些成员缺乏对工作目标的承诺，那么就应该大胆告诉他们或其上级，他们并不适合在此工作，可以让他们另谋高就。

举个例子，一个级别很低的暑期实习生瑞奇·惠勒，他利用这些影响力有效地领导了一个产品开发团队，他的努力使他在毕业后得到了一份全职工作（详见我们的网站）。另一个例子是，有人成功地领导了一个由三个部门组成的复杂的工作团队，这个团队针对需要解决的充满挑战性的问题，有着截然不同的看法，同样详情请参见我们的网站。

10.4　决定团队的运作方式

领导跨部门团队对你的领导风格有特殊的要求。它需要你把你偏好的风格和成员想要的风格结合起来。他们中的一些人可能不喜欢很多会议，他们更喜欢你直接提供选项和分配任务；而其他一些人更喜欢参与问题讨论和角色分配中来。然而，你需要自己做出决定，因为你的偏好对团队影响很大。同样，团队最初的规则设置对其成功和成员满意度也极其重要。

如果你过于关注控制，从而操控会议或扼杀分歧，那么尽管你可能能得到想要的结论，但同时很可能让团队成员失去动力。所有成员都必须感觉到自己的想法是被重视的，他们在日常工作中有合理的自主权，他们的异议会被认真对待。你应该努力在重大问题上形成共识（而不仅仅是听取他们的建议），因为这有助于建立承诺。这样的话，你等于是让成员们用对共识的承诺换取了在重要决策中的充分发言权。

你还有一部分工作是在团队中形成对事不对人的风气。你应该鼓励大家提出不同意见，听取多方的建议，允许每个人贡献所能，从而获得创造性的解决方案。团队的氛围应该是这样：分歧是可以的，但是不能进行人身攻击。如果出现人身攻击，你就要介入让彼此都聚焦在工作问题上。你不需要建立一个表面和谐的团队，而应该让人感受到开放和直接，这样才能得到最好的结果。

同时，你必须在幕后进行大量的工作。你必须时不时地举行一对一的会议，收集信息，监测进展，努力游说大家考虑关键问题等。当一些成员没有全心全意地投入工作或承担工作量时，你可以介入，做一下他们的工作，或者提供你自己的解决方案，这偶尔是必要的。但如果这种情况经常发生，团队成员就会在你委派工作时消极对待，你介入太多会导致他们失去存在的价值。这样他们就不会为团队的目标尽心，并有可能在与他们的上级或其他重要成员的交流中有意或无意的进行破坏。

你并不需要坚持所有的事情都必须由团队协商一致决定，你可以做很多有利于团队工作的事情。只要你能确保让团队成员专注于他们熟悉和关心的事情，而不要取而代之。（关于通过会议来管理团队成员的更多方法，请参见第12章。）

10.5 提前为你的方案造势

项目团队通常有一个错误的认知：他们认为只要有了一个很好的解决思路，他们就必须把方案完美地做出来，并通过完整呈现以获得认可。然而当解决方案改变了一些现有的工作安排，比如组织架构或主要参与者的权力和地位时，让决策者等到方案彻底完成才知晓并不是个很好的主意。你和团队成员应该在关键的利益相关者和决策者之间测试你的想法。这个测试不仅可以帮助改进计划，而且可以让那些人习惯新的想法，并且在你的想法违反禁忌时能够及时被发现。这样你就可以调整你的计划，他们就不会不舒服。与决策者的隐含交流是："我们已经及早与您进行核实，因此您应该支持我们稍后提出的方案——任何一方都不会感到意外。"

此外，你必须管理外部环境以及内部团队。不同的利益相关者在不同的时间会意识到他们可能会受到影响，并试图破坏团队的工作。你必须在团队成员的配合下监控这些行动，并在发生时及时处理，防止它们壮大。目标本身会促使大家不断改进，虽然是出于好意，但这种倾向也必须被扼杀在萌芽状态。而对那些认为再投入一些也无所谓，要求在取得初步成功后继续研究的想法也要密切关注。追求完美是成功的敌人。

回到团队成员的问题上，在组建团队时，你至少应该已经找到了几位对重要决策者和高层领导有影响力的成员。你需要的是创新想法，而团队中只有反对者和盲从者，你就无法得到好的结果。如果你是在中途进入团队，那么你可能需要组建一个顾问小组或是在团队中挑选声望高或与高层关系密切的人。这个团队可以承担起了解团队想法和实施影响力的作用，同时还可以提出想法并及早测试。

然而，要注意小组成员忠诚的问题。虽然你希望他们对调查结果和建议做出承诺，但有时也会让他们处在原来的部门和领导的对立面上。这对任何人来说都是一个艰难的处境，当你的成员面临这种忠诚考验时，你应该和他们制订计划。作为对项目持续承诺的交换，您可能需要向他们的上级解释并介绍你们的团队成果，来缓和该成员的处境，或者找到高层领导来解决问题。你应该促使他的上级发现有个下属在你的项目组中对于他的好处（而不是成本代价），该下属不仅可以在这个项目中代表其原部门的观点，还可以提升下属的知识和技能。这种交流有助于获得支持。

换个角度，你也应该鼓励成员们和他们的上级（含蓄地或明确地）进行定期的交流。常规工作如何保证有序进行？上级希望听到什么样的工作小组报告？希望了解什么细节？是否有特别的部门问题要提交项目小组来讨论？

你应该避免你的项目成员缩手缩脚，从而不能再继续推进项目。更不用说那种更糟糕的情况，偷偷告诉他们上级整个项目都是错误的，这样就制造出了一个阻碍项目推进的敌人。

虽然跨部门团队管理复杂，但这是客观存在的。在当今组织中，复杂性和变化要求人们从不同的职能、产品线和团队中走到一起来共同创建产品、制订政策、引入创新、预测未来。如果你能展示出整合如此多样化资源的能力。促进各方合作，并发现实施良好解决方案，你未来的价值和影响力将会增加。

在你实践这些技巧的时候，别忘了管好你自己的团队，这可能有同样多的特征和挑战。任何团队的成功都离不开精心挑选成员，关心他们的需求，为他们提供更多所需求的东西来换取他们的尽心尽力，提供与众不同的美好愿景，让成员发挥天赋、给予其充分发言权、周到的向上影响力，以支持他们实现自己的想法。你听到机会在敲门了吗？

第 11 章

对组织、部门和团队施加影响

就很多方面来说，对组织中的小组施加影响的关键是对单个员工施加影响。

- 首先，你不能因为对某些人有各种各样的坏印象而对他们有成见，应该多多尝试。
- 其次，你应该去了解员工的生活方式，他们所珍视的事物，他们的报酬，以及他们面临的压力等。
- 通过收集信息，你应该对员工的想法有了初步的概念，这时你可以通过满足他们的想法来使他们尽心于你所需要的工作。
- 你在注意观察员工的人际关系时，也要注意自己的人际关系。就如同你可能对其他人产生成见一样，其他人也会对你产生错误的印象。

任何良好的诊断都包含很多关键因素，但是在处理组织、部门、团队的工作时有几个需要特别注意的问题。对于所有的员工，最核心的价值是确定的吗？为了获取不同的想法，员工们肯付出多少？为了你的要求，你需要整个组织或者仅仅几个人完全地服从吗？

随着组织变得越来越复杂，几乎没有任何一个团队可以离开其他团队的合作。而且，部门中的其他团队并不受你的领导。也许你是整个机构的支柱部门，如采购部、信息资源部、质量检测部、财政部、审计部或人力资源部，甚至你是规章的制订者，这都不能保证你能轻易得到你想要的结果；或者你在进行开发性的工作，有绝佳的机会，如开发新产品，进行新的实践，开发新市场等，这同样需要其他部门的协助，他们会把你很棒的新主意仅仅当作他们的新麻烦，还是在改变他们的进度和优势。

在团队内部关系中，问题复杂化是一个很显著的特点。一个团队很容易通过和其他团队的不公平类比来获得它独有的自信和内部的凝聚力。“我们做销售的比那些呆瓜看得远多了！”“我们做市场的对顾客的要求理解得更深，哪里像那些开发部的家伙，只知道闭门造车。”“那些管财政的一天只知道和数字打交道，一点同情心都没有，哪有我们搞人力资源的好说话。”你需要为改变这些想法准备自己的办法。

你想合作的部门可能有各种各样的理由来拒绝你。仔细研究那些理由，找到他们真正关心的，这就是你工作中的一个挑战。然后，找到一个方法，以不牺牲你的目标为前提，解决他们的顾虑，完成你的工作，这是你工作中的另一个挑战。

11.1 怎样扩大影响力

下面是几种在你需要的团队中扩大你影响力的方法：

1．把其他组看作潜在的盟友

两个团队成员之间以前可能会有冲突甚至是个人恩怨，但是这并不能阻挡你。他们仍然是你可能潜在的盟友。还有，为了达到你的目的，你并不需要和另一个团队的成员成为亲密朋友，但是你一定要找到方法尊重和欣赏他们的能力，并承认他们的双重身份和对事物的不同看法。

即使这样，你仍会在某些事情上和他们继续有竞争，比如预算和优先权，但是你一定要找到方法和他们形成战略同盟，在同盟内你会得到你真正想要的。这种“联合一竞争”方式在个人、组织和公司之间越来越普遍，掌控这种关系是组织管理工作中的一个重要组成部分。

你越能体会其他团队的需要及原因，你就越有可能构建一个良好的工作关系。这就是开展下一个步骤很重要的原因。

2. 了解他们的世界

从与工作有关的部分开始。他们整天在做些什么？什么样的技能比较重要？为了更好地去工作，他们需要什么样的特殊培训？他们习惯了指导他人和对请求和命令做出回应了吗？如果那些从事技术工作的同事（如财会、法律、工程、科技），他们会因为有共同的技术话题而变得更亲密吗？他们所从事的工作性质对他们关注的焦点有很大的塑造作用。这或多或少会影响到人们对工作的细致程度，包括与其他部门的沟通、工作效率、对挑战的态度以及创新能力和对工作的满足感等。因为所处工作岗位的不同，你对他们的态度、行为方式和他们所关心的事情可能会感到奇怪。一旦你能真正理解他们的工作，你就会认为他们的行为是理所当然的。（关于如何利用组织活动去理解同事的渴望和目的，详见第 4 章。）

什么样的人最有可能拥有这些技能？他们的教育背景和工作经验是什么？他们的价值观是什么？一个部门里大多数人的教育背景可能导致他们的价值观、目标和想法存在巨大的差异。工程师所受的教育是，要严谨细致地努力工作；科学家所受的教育是，要通过长时间的研究去追求真理；律师们所受的教育是，寻找对自己有利的因素和冒险；艺术类毕业生们所受的教育是，思路开阔，对作品精雕细琢、永不甘于平凡。每一种教育都在潜移默化地影响着毕业生们，影响着他们的思维语言甚至是价值观。

这个团队拥有什么样的行话？很多部门和专业拥有他们自己的词汇和说话方式。了解这些有两个目的：一是这通常会揭示出什么对于他们是很重要的，因为行话会对他们关心的事情做重点描述；二是可以给出你与他们谈话时如何措辞的线索。比如，财政部门的人在谈论时喜欢使用收益、支出、百分比等词汇，因为这就是他们描述世界的方式，把所有企业的活动全都转化为数字。你如果在管理部门工作，那么你的确不会像别的部门那样没有人性化的思维，但是你能纯粹用收益支出的观点来考虑你的工作吗？如果你想看这样的例子，一个培训经理找了一个 CFO 来指导他如何从控制他的预算的财政部门那里得到他想要的，看一看威尔·伍德的案例吧。（为了更好地理解，请查阅表 11.1 迷你转换指南。）

表 11.1　迷你转换指南

管理发展语言	财经语音
1. 发展在职辅导培训	1. 增强投资利润

续表

管理发展语言	财经语音
2. 建立信任	2. 减少贸易摩擦
3. 建立团队	3. 最大化集体利润
4. 增加管理成本	4. 提高经济租金

当心，不要僵化地看问题。在我们用这些方法深入地研究之前，不要对你所研究的团队成员得出想当然的结论。使用我们所建议的分析只能得出一般的趋势，而且相比一般的情况，总有一些例外。比如，不是所有的财会人员都是用经济和数学的方法来思考问题的。最近我们在一个任务团队工作，主要的工作是如何使所有人保持健康，而不仅仅是那些有医疗保险的人。一位年长的来自马萨诸塞州的保险业官员宣称："钱不是问题，我们能搞定那些数字。"相似地，不是所有的律师都是买卖杀手，不是所有的人力资源部门的人都感情丰富，等等。因此，在你没有做太多的接触之前，多多利用你的分析能力。但是在每个人身上都要校正你的想法。

通常，工作和从事工作的人都会表现出相同的特征，我们可以称之为"职业特征"。你应该寻找这些组织所重视的，和他们所关心的职业特征。我们把这些称为可以用来交换的东西。这可能是过于概括了，因此我们在表 11.2 里列出了不同团队的通常的情况及想法。这些表中罗列了像你一样的人，这些人努力寻找在自己的组织里对大家很重要的东西。好好利用表格，但是你只能把它当作对你感兴趣的组织所关心事物的初步观点。

表 11.2 不同团队的通常情况及其想法

销售代表
十之八九销售会面临拒绝，他们： • 不得不对不断建立新关系保持信心 • 需要强大的自信 • 不断地需要令人信服 把注意力集中在顾客身上： • 不得不去研究顾客的需要、个性、喜好 • 使用顾客的语言

续表

销售代表
不得不去找出顾客的微小的暗示
花费大量的时间来安排自己的时间：他们是独立的，因此他们通常憎恨官僚作风
希望得到对其贡献的承认
富有竞争力
拜金
对身份的重视
制造业
不得不每时每刻面对数据
对于他们，钱始终在那里
做事情持有踏实的态度
不同的背景：有的来自银行，有的来自大学
男性占主导
讲话直接，并希望你也如此
工程师
工作有条理
不得不组合东西，为制造业服务
大多数是男性
努力工作（来自教育背景）
被教育不要冒险，经常显得教条
喜欢把世界看成只有黑白两部分，这使他们的视野非常狭窄
像修补匠，不断地修修补补，期限对他们很重要
技术优秀，但是控制力过强
对于任何不懂技术的人都没耐心
可能对顾客兴趣不大
意志坚决，精力旺盛
喜欢挑战

续表

财政人员
与下列有关： • 市场信息增长 • 可测定性 • 精确 • 安全，避免冒险 • 程序清晰 • 对商业支出清楚明白
在解决问题的方式上，倾向于集中在逻辑和数字上争论
掌控价值，做好审查准备，可预言性
工作模式可预见
对经营团队的内涵有很好的要求
人力资源
希望被认为是“人们的照看者”
珍视“软性”能力
有时比较官僚，重视规章制度
被叫去收拾残局
有时对生意的经济价值不能深刻理解和重视
不能理解经理们的工作压力和工作难度，因为经常被看作组织中可有可无的部门

表 11.2 里所列出的是有限的，但是应该受到重视，至少也应该作为一次详细调查的开始部分。我们强烈建议你进行这样的调查。从员工中获得信息有以下两种好处：

（1）调查结果要比你独自想象的结果要精确得多。

（2）这是一种建立关系的好途径。

在建立关系的过程中，你是否在其他部门的头头前说过类似这样的话：

我们的领域是高度相互依赖的。如果我们联合起来，互相帮助，我们就会取得更大的成功。我现在需要你的帮助，而且我相信我能做一些对你很有用的事。为了合作，我需要知道你需要我去做些什么。我有个好主意，如果我们谈谈，那将会更有好处。你在哪些方面需要我的帮助？

这种表现，就其本身来说是不够的。但是，这是开始真正交流的基础。你能拉近与其他团队的距离（对他们表示尊敬、感兴趣、乐于提供帮助，这都是重要的想法）。当交流更进一步时，你就开始有机会实现你的那些设想了。

这些战术只有在你真正对其他人的领域感兴趣和真正想改善关系时才起作用。只作为一种“技术”，它是很容易被识破是危险的。

3．认识到你的真正需要

这部分使你对你的目标有真正精确的认识。下面有几个问题帮助你真正明白自己想要的。你是否在努力获得某一项计划的通过或作执行？或者你首要的工作目标是否是改善两个组织间的关系？是不是有这样的情况，你有一个对付另一个组织的特殊计划，但是这个计划并不能改善你们之间的关系，使你下次的请求更容易通过？有时，完成任务目标和建立良好关系是不可以共存的，只能选一个，哪个对你更重要一些呢？

什么样的行为是你所关心的？给予你信息、采用新的方式、获得资源、执行计划，加速回应？还是以上全部？什么样的需求是最紧迫的？你会为什么付出最少？你对只出一半力满意吗？

你在寻找一个改变看法的机会，例如，你现在执行的计划中你所从事的领域或多或少比其他部分重要，这难道不是一个改变别人看法，形成新观点的机会吗？或者是为了解决问题，观点的转变受到批评，以至于合作都不再有帮助？

举个例子，你在一家物资技术供应公司，通过巩固先前的个人办公室订单，你发现了可以省钱的好方法。这时，其他人开始提前告诉你他们的需要或者他们开始认为团购采购是公司有价值的资源，这对于你是不是很重要呢？你怎么回应他们对你的抱怨：团购采购费时太久，或者他们经常买到便宜的货？你会更进一步吗？通过提出一种产品，比如打印或复印纸，并坚持购买来向他们示威，或者控制所有的办公室产品来给他们一个深刻的印象？

在团队、部门或者组织里，多少员工能为你所用以实现你的目的？你需要每个人，还是仅仅部分领导者或志愿者来实现你的计划？你会从建立一个合作良好的团队作为开始吗？

还有好多问题需要优先考虑。在表 11.3 中，我们列出一部分，但是在不同的条件下，你需要做出自己的判断。

表 11.3　如何安排你的目标和优先级

你需要的越少，你成功的机会越大
控制项目的进行更容易得到合作，少一些变数
考虑达到项目目标和建立良好关系的相对重要性
行为的改变比态度的改变要容易得多，态度的改变也是从行为的改变开始的
不要把你晋升的渴望和你要改变的特殊事实混为一谈

4．处理好关系

在组织中一些特定的关系会产生特定的问题，这需要我们给予重视。我们提出两种关系：①一个团队对另一个团队的看法，态度；②你和另一个团队的重要成员保持信任关系，出于什么目的？

我们做一下假设，在多数情况下，你想拥有良好的关系，并且已经保持了很长时间，但是最近关系却有点紧张。因为你已经对其他组形成了固定看法：他们已经恭维你了。你对他们如何看你有什么想法，尤其是他们对你的负面看法？

一个问题就是你是否尝试过直接谈论你们的关系，或者把一起工作当作改善关系的一种方法。在以下情况下，直接谈论你们的关系会有好的效果：

- 通过成功的合作，建立了关系。
- 双方都有改善关系的意愿。
- 双方有足够的诚意，在互不揭短的前提下对话。
- 双方都有结束冲突的办法（或者存在能提供帮助的顾问）。
- 双方都预留了足够解决问题的时间。

如果以上的条件都不存在，那么去找出优秀的计划，一起去执行，在过程中慢慢建立起信任，让他们相信你的团队是一个好的合作伙伴。这会花费很多时间，但是能建立起牢固的关系，也许能在以后进行更直接的讨论。

你如果成功地进行了交谈，那么在你清楚你的团队在过去做出可能带来麻烦的事的前提下，你拥有了一个积极的气氛。幽默地谈论他们可能对你的看法能有效地降低他们的敌意。在谈到已经存在的分歧时，你要尽量采用客观的语言，避免羞辱他们（因为这些分歧很可能是双方都出现了错误才造成的）。应该谈论由于分歧造成的预算浪费，进而描绘出消除分歧后可能带来的巨大收益。你应该对消除这种直接讨论带来的不良影响提出自己的建议。

另一种选择就是对成员逐个地修复关系，或者通过活动把团队集中起来（一般在公司外，在那里人们可以相互影响）。有时，这可以建立良好的个人关系，有助于以后他们乐于互相帮助。

11.2　如何接近他们的偏好

就像个人一样，团队也会形成自己的“正确”的互动方式。一个重要的决定因素（很少是明确的，但有很强的潜在信念）是，由行业、公司战略和历史决定的地位较高的群体应该服从于那些采取主动、发号施令的人。如果他们的地位没有得到认可，或者市场的重要性正在发生变化，比如，随着人工智能在零售和医药领域的崛起，相关群体可能会感觉彼此之间不舒服；或者可能是关于风格，即便是在 2017 年，东海岸的金融高管着装仍比西海岸的同行正式得多。

很难想象他们会对湾区一家蓬勃发展的初创企业的负责人做出什么反应。这位负责人表示，他几乎没有出席在旧金山纳斯达克大楼开业的委员会，因为他不得不穿长裤和鞋子，而不是短裤和人字拖。有时偏好是可见的，有时只是被一群人“理解”，而不是另一群人。

11.3　自我限制来扩展影响的方式

11.3.1　忘记罗马不是一天建成的

每个人的记忆都很长，但集体的记忆却更长！即使一次成功的交流也无法消除多年来根深蒂固的不信任和敌意。要抹去过去，需要很多积极的互动，即使一个失误，也能抵消几个成功的互动。因此，先进行几次小型的成功合作，再在此基础上合作。

11.3.2　不要急于指责

当你很难从另一个部门得到你想要的东西时，自然的倾向是责备他们。有时他们应该受到责备，但“责备游戏”很难有助于建立你想要的关系。虽然我们需要从过去中吸取教训，但你应该关注的是未来："我们能做些什么来避免再次陷入这种境地？"

11.3.3 自我的壁垒

人们通过两种重要自我设置障碍的方式设置限制自己影响力。

如果我给你你想要的，我会被诅咒的。即使了解了另一群人的价值观，受挫的那一群人还是拒绝以合理的等价物交换。例如，一个技术研究小组在联邦机构监督他们的工作时遇到了困难。经过仔细的诊断后，他们羞怯地意识到，自己的团队是如何隐瞒政府审查员工作所需的确切信息的，但他们在决定是否愿意为改善关系做必要的事情时陷入了僵局。在他们自己看来，这将通过关注"琐碎的事情"而"贬低"他们。此外，过去的关系已经激怒了他们，他们拒绝"给联邦调查局任何可能帮助他们的东西"。

你不值得付出额外的努力。其他人不做他们知道的他们应该做的事，因为他们认为另一个团队不值得他们付出努力。例如，一家公司驻加拿大的国家经理约翰·斯隆因抵制总部员工的影响而受到批评，但他不愿回到总部集团，以建立关系。在他看来，与他们的非正式互动是卑鄙的，是在玩弄政治。

11.3.4 我宁愿是对的也不愿是有效的

有些人从感觉比别人优越中获得了太多的快乐，或者他们想证明一个小问题，而这比成功的交换更重要。最后，他们想要获得个人层面的"赢"，如果给了对方想要的东西，他们感觉自己"输"了。

11.3.5 我不珍惜你认为有价值的

他们不能接受另一团队对不同等价物进行估值的权利，尤其是当你的团队不赞成这种等价物，因此不愿意使用它的时候。

和前一个障碍一样，这个障碍是由对另一个群体狭隘的势利感造成的。"好吧，也许他们必须关心短期目标，但我们是在保护企业的长期未来，不能让他们小打小闹。"相反，"他们所做的只是谈论一些遥远的未来，就好像我们不需要支付工资一样。我们不支持他们的研究幻想。"

这些自我限制的陷阱并不是不可避免的，尽管它可能具有挑战性，但克服你的团队和另一个团队之间的强烈情感并不是不可能的。要想了解一个利用影响力概念来改变现状的优秀例子，请参阅迈克·加西亚的故事，他是总部软件营销团队的一名成员，负责与拉丁美洲国家的经理打交道，克服各个国家办事处对总部和市场营销的怀疑。这是一个典型的组织问题：与约翰·斯隆一样，偏远地区的人们不愿听取总部“专家”的意见。一种相互影响的关系是必要的。

迈克·加西亚本能地发现，如果他能给地区经理带来一些有价值的东西——为他们在总部的需求提供支持，为他们提供经过考验的有益想法，并尊重他们的专业技能——他们就能让他对他们的营销实践产生影响。这一切都不容易：他不得不击退总部那些想保持优越感的同事。但他自己也是一个拉丁美洲人，对他们在不同国家所了解的东西有真正的尊重，这对他有所帮助。他也意识到一次拜访并不能扭转这种局面，这是一个持续的过程，每一次的互动都会略微改善关系。他有耐心和毅力。毫无疑问，他会喜欢强大到命令他们听从总部市场部的建议，但他意识到这是不可能的。他找到了一种高效的方法。（要了解更多关于远距离影响的内容，请参阅第 12 章。）

第12章 远距离影响力

一位美资企业的高管担心设立在韩国的一家工厂的安全问题，要求韩国工厂的管理人员安装一套新的报警系统。为了确保韩国工厂的负责人能够确切地了解该系统的重要性，他计划亲自去工厂视察。几个星期之后，他如期到达韩国工厂进行安全检查。他韩国工厂的四名部属，包括工厂厂长在内，在工厂门口迎接他。

经过一阵礼节性的问候后，他走上前去，直接推开了装有新警报器的门，但是没有听到任何警报声。一点声音也没有。这位高管是一个很有耐心的人，他明白有时事情会变得不尽如人意。

于是他非常缓慢、准确地解释道："当……我……推开……这扇……门，把……警报……关……掉。"这种场景持续了四天，这位美国高管的血压不断上升，同时工厂的韩国管理者也在不断地道歉。

最后，韩国工厂的经理……把这位高管拉到一边，用非常平静的声音问道："老板，它是关闭的呀！"

12.1　为什么远距离影响力如此重要

各种影响力因素增加了远程交流而不是面对面交流的工作量：

- 多地办公的公司（空间范围非常广）。
- 并购。
- 地域分散的优势（降低成本，与客户或专业供应商接近）。
- 拥有连接技术，使人们可以在家工作（无论是出于员工自由选择还是公司希望降低办公空间成本的意愿），尽管一些公司正在裁员。
- 希望能够在不同的时区工作。

这些影响力因素使得各个层级的组织成员都必须与他人合作，甚至极有可能需要和那些他们很少或从未见过面的人交流合作。通常，他们必须与技术上属于自己组织内的人员打交道，但是有时也需要和组织之外的人打交道，比如承包商、供应商、内部“客户”或其他专家。

即使这些远程的伙伴是其直接部属，管理者们仍然需要影响力技能：虽然你可以下达命令，但是随着距离的增加，获得合作的挑战性和复杂性也会增加。在很多情况下，一旦工作涉及领导一支虚拟团队（特别项目组）或者成为其中一员，影响力是确保工作完成的唯一有效因素。此外，越来越多的管理者由于各种原因很少和直接下属进行面对面的交流，所以他们必须在远程沟通交流的情况下处理一些挑战性的工作，包括塑造团队成员相互之间的影响力。团队成员之间获得足够的合作和影响力是相当困难的，而距离只会增加难度。

因此，我们认为当你与你想要影响的人或团队没有、很少或只有零星的几次面对面交流机会时，如果你想获得理解信任和建立良好关系，你就需要特别关注运用非权力影响力的模型。

当你面临与你想要影响的人或群体获得理解和建立关系的额外挑战时，特别注意使用无权力的核心影响力模型是值得的。当然，当你与说不同母语或者拥有不同文化背景的伙伴交流时，问题会变得更加复杂。

并不是说大量的工作不可能以远程协作的方式完成。远程协作和影响力的高效运转取决于个人或团队成员之间的下列互动：

- 已经认识了对方（并且定期见面）。
- 已经拥有相当高的信任度。
- 就共同工作的总体目标达成一致。
- 认同组织及其愿景或目标。

- 对信息的同步和异步情况充分掌握。
- 熟练使用工作中的技术。
- 通过自己的贡献感受到个人和团队的价值。
- 经历过一个过程来认识到什么时候以及如何鼓励一些人参与谈话。

但这些互动要求虽然越来越普遍，却很少得到满足。许多管理者想当然地认为，这些互动要求已经得到满足却没有意识到，在远程协作时，他们必须做出特殊而持久的努力来创造这些互动。通过本章开头美国管理者与韩国下属的例子表明，即使是看起来很直接的互动也有可能造成误解甚至更糟的情况。挑战在于，如果没有面对面的交流接触，就很难建立这些有利的基础互动！

沟通的本质包含了潜在的容易含混不清的意思表达，正如警告语中的短语“go off”实则是一种反问。此外，大量的理解是通过非语言信号来传达的，比如语调、节奏、身体动作、面部表情和眼神。然后是初始氛围的设定和影响、之前的互动、存在的其他参与者、互动各方承担的角色、组织和企业文化的期待等。当人们在同一个地方工作时，他们不用系统的计划安排，就有机会碰到其他伙伴，通过聊天沟通以了解对方。但在远程工作时需要更多投入才能互相了解。

让我们用一个有些难度但非常常见的情况来举例说明：

- 六个人组成的多元文化团队分布在六个不同的国家。
- 他们与总部设在美国的经理通过一个电视电话会议进行沟通。
- 会议不仅仅是为了传递信息，而是为了想出一个创造性的方案来解决一个影响到所有人的问题。
- 以下是经理们通常面对面时无法“看到”的东西。
  - — 汉斯斜靠在椅背上，眉头紧锁，尽管在口头上他似乎是积极参与的。
  - — 胡安在摆弄手机，忙着处理电子邮件。
  - — 来自日本的亚苏口头上表示同意，但看起来并不开心。
  - — 每次汉斯说话时苏珊娜都会做鬼脸。
  - — 当苏珊娜承诺提供关键数据时，胡安转了转眼珠。
  - — 在会议结束时，经理提出了一个行动步骤，每个人都口头表示了同意，但所有的非语言线索都表明不同意。英迪拉的目光从未离开过桌子。
- 不仅领导者看不到这些信息（或更多的信息），成员之间也看不到关于彼此的信息。汉斯不知道苏珊娜对他的评论做了鬼脸，她也不知道胡安怀疑她是否能挺过去。

- 如果情况是这样，就很难具备前面所描述的理想条件。虽然团队成员可能与组织目标保持一致并接受了组织的远景，但是在上述情形下，团队伙伴的知识很难增长，信任也很难建立，真正的合作也就很难发展起来。
- 上述哪支具有代表性的团队忽略了在面对面的合作环境中出现的正常社会关系。汉斯可能会走进苏珊娜的办公室，问她发生了什么事。一种可能是他自己想了解，另一种可能是因为经理注意到会议上的互动情况鼓励他这么做？团队成员错过了所有用于进行创造性的知识碰撞的机会，这些碰撞通常是通过喝咖啡、吃午饭、在走廊里或喝完酒后的非正式交流获得的。

基于有限的信息:

- 成员和领导者更有可能彼此形成刻板印象，不太容易观察到每个成员的特点，哪怕是那些最明显的不同之处，以及谁是潜在的盟友。
- 完全理解对方的世界会变得更加困难，所以很难知晓对方可能关心或者需要什么。
- 反过来，这可能会限制想要施加影响力的人可以自由兑换的等价交换物。
- 因为大多数的互动可能都是相对正式的，成员们不太可能发展出更多的私人方式来建立有价值的信任。

因此，领导者（或任何试图影响远程工作的人）的核心任务是有意识地尝试增加一些自然的需要面对面交流的机会，不仅是为了他（或她）自己与成员的关系，更是为了促进团队成员之间的关系。这包括使用越来越有效的技术（通过积极的倾听和交流），在会议之间进行大量的一对一交流，明确目标，尽可能多的进行面对面会议。

从很多个人经历中可以看到，用或者不用技术交流，都会有很大的潜在麻烦。任何曾经发送过善意邮件并收到过爆炸性回复的人都知道这一点。

领导者可以采取一系列行动来弥补持续的面对面接触不足的情况。我们将这些问题分为以下五个方面：

- 运用技术。
- 澄清目标。
- 特别关注会议流程。
- 认真倾听和沟通。

- 尽最大可能投入时间进行面谈，并高效用好这段时间。

12.2 技术的运用

技术不是万灵药，但某些技术方式和手段却能起到显著作用。此外，技术一直在进步。电话比电子邮件或普通信件更好，而且已经有了视频电话，尤其是在基于稳定通信带宽的情况下（前提是两端都一样好），通话质量得以不断提高。甚至连手机的扬声器也在捕捉会议参与者方面有所改进。最新的聊天和即时通信工具也使实时的频繁交互成为可能，增强了彼此的存在感。虚拟现实等新技术的迅猛发展也有望缩小远距离接触和面对面接触之间的差距。但即使技术上有了巨大进展，谈话话题的复杂性，相互关系的稳固性，是否理解对方使用的语言，人们之间的信任程度，以及参与人员的数量，都会影响远程沟通的效果。

我们收集了一些管理者使用技术来克服距离的局限性时遇到问题的反馈和建议。目前所用的所有技术都在参与者较少的情况下工作效果比较好（一对一或小组会议），一旦网络或蜂窝连接的信号薄弱、断断续续或不可使用时，则没有一种技术能有效运行。公司越大，带宽和其可靠性就越有保障，尽管一些创业公司在使用尖端技术方面相当先进。适应技术差异导致的时间差异取决于人类的敏感性和包容的意愿。

一般来说，情况越复杂，不断升级先进技术就越重要。复杂性来自团队规模乘以成员之间的不熟悉程度，再乘以联合解决问题以获得创新成果对信息传递的需要程度。

但正如一位精通技术的经理所解释的那样，技术对其他一些变量有不同的影响。传媒公司 ASG 的技术服务副总裁乔迪•波特莱特住在美国东海岸，但他管理、指导的员工，以及他的老板，几乎没有人来自同一个区域。当他在旅行中不能时常联系他们时，他会使用屏幕共享应用程序。

当一个团队有一个结构化的、共享的议程时，通过技术来开会效率更高，因为它更集中，而且悄悄话更少。如果人们感觉舒服，一对一会很有效，但如果不舒服，效率就会降低。我经常和客户一起旅行，因为这样他们会更有安全感——而对员工则不然。对员工而言，这和适应技术是一样的。很多时候，员工的当面发言都很少！客户更喜欢用视频来沟通，说明这段关系中有保留意见。

如果我和团队的关系很好，就会畅所欲言。对于顾客而言，适当的保持距离，面对面交流就会感觉比较舒服：一方面他们可以放松下来，另一方面我也可以读懂他们的肢体语言。有些对话我甚至根本不会远程沟通，我必须等到我们面对面的时候再聊。如果我们经常谈论和人有关的事，除非面对面交流，否则很难深入到细节中去。

视频和屏幕共享对于一对一或小型团队的虚拟管理非常有效。然而，如果需要管理整个公司的大型变革计划或创建广泛的参与，这些远远不够。高层次的概念、战略方向和任务协同都需要充分的沟通和澄清。更广泛的信息管理数字化转型可能会对远程沟通产生巨大影响。

我解决这一挑战的建议包括共享文件结构和存储库，建立内部信息网络（发布战略和目标、仪表盘、服务指标、预测和项目管理数据），标准化项目管理软件，改进会计系统以便成本核算和信息共享，规范引用工具改进设备订单管理，编制软件管理服务（集团）和 CRM。创建一个数字生态系统，展示我们的目标是什么，以及我们如何进步，将有助于鼓励不断适应并改善旧的文化。

12.2.1　手机的局限性

乔迪•波特莱特学会了适时避免使用远程沟通技术，从而最大限度地利用他的义务和机会。当一对一或者仅仅是传输信息时，就用手机进行沟通，但是需要解决问题的时候，我们原型情境中描述的所有困境都有可能发生。更糟糕的情形是，在这种情况下，领导者（和团队成员）可能不知道其他沟通交流同时在进行。

例如，全球项目经理莎拉指出："团队成员在团队会议期间总是忍不住要做其他任务，因为通常特定的项目并不是他们唯一的任务。"

IBM 的一位中层技术经理告诉我们，在与老板和同事的小组电话会议中，她会在电话会议中给不同的人发短信，要求或添加一些没有公开分享的信息。电子艺界（一家游戏公司）的技术领袖高皮•帕拉帕里，管理着分散在各个不同区域的团队成员，他分享了一些自己应对这种注意力转移的方法：

为了让远程员工参与进来，我们开始使用视频会议，因为他们经常忙于其他事情，如短信、电子邮件等，而使用视频，则很容易看出他们是否在线。我会问很多问题，以确保他们参与进来；我总是尽我最大的能力让独白简短不无聊。以前，他们不会参与或贡献想法；一旦我们开始使用网络摄像头，一切就变得容易多了。我仍然使用电话会议，但只会在短时间的会议上使用。我们使用了大量技术手段，如桌面共享和视频会议。每个人都坐在各自的办公桌前，所以我们可以同时看到每个人，这样就更容易判断他们的面部表情、非语言表达方式，以及他们是否有问题。

重要的是要确保所有人都能接受技术手段。安全力量网联盟总监格兰特·米勒指出，如果你在镜头前感觉不舒服，你应该花时间练习通过它来与人交流。

随着技术变得非常普遍，虽然技术本身没有那么难，但是对你来说适应很困难。而不迅速适应它会导致当其他人运用技术进行表达并能做快速理解时，你会错过很多非语言沟通，因为你可能必须重复五六次信息处理才能理解它。但我们从个人电脑、苹果电脑或手机中获得的当前画面质量非常好，你可以看到更多特写镜头。你应该试着让技术成为你的第二天性，因为这样它就不会妨碍你，你可以专注于深度倾听。

当你知道技术会起作用的时候，你会更容易接受它。马特·亚伯拉罕斯是远程交流方面的专家，他建议发言者在重要演讲前确认所有功能都能发挥其作用（包括有听众在现场时），并建议在出现问题时提供技术支持。科技不应该分散你和其他人的注意力，反而应该让他们专注于你的信息。同样的情况也适用于会议和团队项目。

迄今为止的讨论所提供的技术优势表明，远距离的交流效果不可避免地不如面对面的交流，但事实并非总是如此。还记得乔迪·波特莱特的评论吗？此外，技术可以提供更直接的反馈，而这种反馈不可能在一个更大的群体面前出现。沟通交流中观点是否清晰，可以立即进行调查反馈。此外，会议经理还可以安排听众中的某个人在演示进行时提供即时反馈。

在这一章的开头，我们注意到领导者可能无法识别非语言的暗示，尤其是在电话会议中。然而，先进的技术提供了这样一种可能性：我们可以面对面地注意到那些可能被忽略的事情。例如，一位进行远程视频会议的经理说："我前面有多个屏幕，每块屏幕都呈现一个直接报告人——所以我实际上比面对面的会议更能看到每个人，在面对面会议中如果我向左看，我就看不到右边的人。"

最后，一些人在非面对面交谈时能够更开放和更个人化。对他们来说，如果交流的强度比一对一的交流要小，开放就会更容易些。总之，技术可以帮助缩短距离，但正如高皮指出的，它的使用需要考虑周全的应用规则，比如只在短时间的会议上使用手机进行电话会议，以及在某种情况下不使用通信技术，如乔迪·波特莱特提到的与客户的私人谈话。不过，对于规则中的例外情况，可以参阅下一节，在这一节中，萨拉大胆超越了她的舒适区和惯例。技术不一定是未来的主流，但它展示了在必要时人们可以克服限制进行创新。

12.3 影响力变得个人化

如果建立了一种开放的关系，即使是真正很困难的人际对话也得以开展。萨拉解释道:

最近我不得不在远程给予强烈的反馈。这并不突然。我们已经谈了一年。然而就在审查之前，又发生了一个事故。这是不愉快的，就好像是面对面发生的。她到现在仍然心烦意乱。她知道这不是一件好事。她爱表露自己的情感。也许对她来说，不让我离她两英尺远更容易些；她在会议室里打电话，有屏幕还在共享文件。我和她本人有过四五次的面对面交流，她在向我汇报之前就已经有问题了。这一年，我们面对面地讨论了这些问题。我看到她受到谈话的负面影响，但仍无所表示，因为这是我们的工作准则。这似乎不太私人。我不认为会这有什么关系。我们都是“眼见为实”的人。

我和人力资源部谈过是否要飞过去看她，但他们认为这并不重要。因此，她制订了一个行动计划。但当公司全面削减开支时，她被包括进来了，作决定的不是我，而是公司评级。然后我们进行了一次辞退谈话，HR 和她在房间里聊了几分钟。HR 给我打电话告诉我他们想这么做。我在电话说“抱歉，太震惊了”，然后我就挂断了电话；剩下的交由人力资源部处理。那是我第一次解雇其他团队伙伴。

12.3.1 澄清目标

通过对目标和任务的进一步明确，你可以减少在经理和团队成员之间的频繁交流，或者减少团队成员之间的交流，就像有更多的机会进行轻松的非正式交谈。例如，萨拉把世界各地不同职能部门的人及她自己的一些直接下属联系在一起。倘若缺乏面对面的交流，缺乏灵活的写作技巧，即使是聪明的人也得依靠清晰明确的书面和口头交流，因为澄清误解和含混不清的非正式会议更少。然而，正如我们将在下面展示的那样，密集的一对一对话仍然是必要的。

澄清目标是提升影响力的一个重要助力。高皮·帕拉帕里直接管理着 26 个国家的 155 名团队成员和 260 名承包商，他发现澄清目标对他有很大帮助。他发现，远距离影响力在团队、老板、同事、客户和供应链之间的影响程度是不一样的，需要不同程度的灵活应变。

作为电子艺界的技术领导者，其影响力从设定组织议程开始。该议程的核心是关键的年度目标列表，通过应用人员、流程和技术载体来解决业务问题。我使用平衡计分卡的一个细微变化来设定这些目标：

- 人才和领导力（人员目标适用于我的团队成员关心的所有人员经理）。
- 运营（运行对客户和高管而言重要的业务目标）。
- 创新（对客户和高管而言重要的新业务能力）。
- 财务（管理经理和主管关心的预算计划目标）。
- 客户满意度（衡量我内部客户的关注程度）。

正如你所看到的，为了使我的议程正确，我需要和他们亲密地工作，受他们影响并影响我的组织目标，议程是联系我们所有人的纽带，这就是影响力起作用的背景。一旦从我的主管和经理那里得到认可，议程就锁定了，我就会按照季度来回顾进度和目标。

团队的目标是由每个人驱动的。这是让团队承担责任的终极手段。我不会一开始就把事情从上到下强制执行。一旦我完成了计划，我们就会把它记下来，然后我不是每周一次，而是每季度一次，在我们围绕目标进行坦诚的讨论的时候，把它们写下来。如果一名员工没有在第一次季度评估中达成一致，我们会讨论这个问题，我基本上会说："告诉我我能帮上什么忙。"我问了一些问题，如"我们看了这个还是那个？"我帮助他们理解。

高皮·帕拉帕里乐于让员工为自己的工作成果负责，尽管他没有给他们关于工作的详细建议。他的影响力来自坚持始于客户需求和构建客户需求目标这一过程，且他不害怕使用他的职位权力以确保目标设置好。一旦设置好目标，他的工作便可视为帮助建立关系，而不是发号施令或告诉人们如何完成目标。正如前面提到的，他可以通过了解各种利益相关者的重要需求并提供一些他们想要的东西，他也愿意挖掘各种技术的潜力，允许运用对等控制，例如，视频播放会使那些未关注重点议程话题的人员可见。

12.3.2 特别注意会议议程

首先要考虑的问题是：用什么技术来实现什么目标。什么时候一个电话就足够了，什么时候你需要一个网络研讨会或者更精细的技术？然后考虑技术的熟悉度，不仅要考虑演讲者，还要考虑面对大量观众。是否需要某种形式的培训（尤其是对于那些不太熟悉技术工具的人）？第三个问题是会议的形式。

沟通专家亚伯拉罕斯指出，对于正式演讲来说，“听众在听到同一个演讲者演讲大约 10 分钟后就开始失去注意力。如果演讲时间超过这个长度的话，那么就用互动活动让听众参与进来，比如提问、更换主持人或投票”。此外，他还建议，对于幻灯片演示，最好只在演讲开始和结尾提问时播放演讲者的视频，在演讲主体部分不使用视频，以免分散听众的注意力。

然后你必须注意会议本身。萨拉是我们追随多年的经理，她在家里工作，同时为一家大型技术公司管理全球供应链问题项目和项目团队。这迫使她掌握了远程沟通技能。下面她分享一些方法：

每个人都参与其中是很重要的，但是那些个人风格比较内向的人可能仍然很难被倾听，团队成员可能得像在一个地方合作的团队一样考虑到这一点。为了确保达成一致，必须仔细地管理和沟通。在做出决定之前，确保每个人都能发表意见，即使决策权不在团队手中，这也是公司的一种文化价值。

建立的规范也很重要。在萨拉的公司，员工有义务做出贡献，即使其他人不认同，但也有义务全心全意支持最终的决定。从一开始，员工就被教导要进行建设性的对抗，学会强烈反对，然后再承诺，无论是在世界各地还是在其他地方。

远程学习中的呈现会产生一个悖论。对于大多数技术来说，个人信息可能会由于缺少非语言线索等而丢失。但是，打电话或对着相机说话的人也会失去观众的非语言暗示，所以说话人可能会变得更不活跃。演讲者通过改变他们的音调、节奏和语调来弥补这些不足，以表达比平时更多的自我。

萨拉有办法处理这个问题。在与团队或团队成员的电话会议上，她努力保持微笑，尽管她独自一人在办公室里。在她看来，微笑影响了她的语气。显然，正确的心态在电话会议上和在面对面的重要会议上一样重要。她的目标是真诚，但她也意识到，如果没有面对面的接触，要做到这一点可能会很困难。“我试着在与团队成员通过电话交谈时微笑，因为他们可以分辨，也许不是直接的，但它会表现出来，就像你和某人面对面的时候一样。”

特别关注会议动态也很重要。萨拉补充道：

在远程会议中，当有很多人在线时，你必须意识到要参与进来。你会看到女人说：“哦，不，你来吧。”如果两个人同时说话，男人会一直说下去，女人会慢慢停下来。你必须在任何一个间歇时段收听；主持人必须善于说："嘿，简，我们还没收到你的消息。"我试着集中注意力，但在虚拟会议中更难。就像发生在自己身上的事情，但是症状被放大了；而对女人来说，你必须走出你的舒适区，要"有进取心"地跳进去，因为你不能用眼神交流。

但关注会议动态并不局限于实际的会议时间。

我花了相当多的时间在会议之间与成员一对一交谈，以建立亲密关系，使他们感到舒适，以便他们能更自由地参与。我有一对一的定期会议，有直接的汇报，（这样我就可以）查看我们的会议。我问："进展如何，你有更多的反馈吗？"或者我给出反馈。对其他人来说，这是特别的。对于新人，我设定了一个时间，也许一个月一次。与那些按规律工作的人在一起时，我就会更加特别，这取决于我是否看到了价值。和同事们一起，我有定期的会议。还有我的老板，也许一周一次或两次，三四分钟，如果不需要的话会少一些，但最好是把它写在日历上，这样我就不用去拿着日历再核对了。我在世界各地待很长一段时间，但大部分时间我都在室外工作，旅行占到15%~20%。

12.3.3 倾听与沟通

仔细倾听是一项关键的管理（和影响）技能，这在远距离环境中变得更加重要。正如萨拉指出：在描述她的工作团队时，她不仅需要关注在会议期间和其他非正式场合时，她可以询问安静的人的意见，当一个更有力的观点要表达时让其发言，然后返回被打断的伙伴让其继续发言。她还经常在会议之间进行一对一的谈话，不仅征求意见，鼓励充分参与，还交换个人信息以建立关系。她认为这是会议管理和远距离影响力的重要组成部分。

积极倾听的另一种观点：无论是短期的还是长期的关系建立都需要它。以下是对Salesforce.com高级主管格兰特•米勒的采访摘录。通常，"销售"这个词会让人想起很多的谈话和说服，但是要注意格兰特•米勒是强调倾听产生的力量，同时他还讨论了如何与一个非常沮丧的客户合作的实例：一名承包商出价60万美元要求执行，但收取了180万美元的费用，却仍然没有完成。

在一段时间内，承包商的工作继续进行，他们提交了账单，进行了审查，客户认可了工作并继续付款。因此，最终出现了一个转折点，客户伸出了援助之手。我们的销售副总裁看着我说："这涉及一个合作伙伴"你能帮我一下吗？

所以，我花了一个半小时的时间在电话里听情绪释放，我的内心告诉我要去做……不要从一开始就试图解决问题，而要倾听。听起来好像他们已经完成了，我就会说：“让我看看，还有什么？”你还想和我分享什么？在相当长一段时间里，他们继续在情绪上吐槽。

他们的观点是非常情绪化的，与其说是基于事实，不如说是他们对形势的悲痛欲绝。没有建立任何先前的关系，这就是没有面对面交流的缺点，你必须真正地以同情的态度倾听；不仅仅是听词语，还有理解在情境中发生的情感事件，这是倾听的第二个层次。倾听不仅仅是演奏同情的小提琴曲，而是真正去解构一个人的内心世界，因为他们把心和灵魂都倾注进去了：另一个人的大脑里在想什么，字里行间是什么意思。

并不需要在当时就解决他们的问题，它只是在人性化的层面上通过了解一些个人的生活经历来与他们建立联系。男性尤其倾向于想要解决问题：在我的个人生活中，弄清调适的作用是我的兴趣爱好，我已经开始看到它在职场中的价值和回报。

所以，关键是先倾听。然后，只有在你反映他们感觉如何，你了解这可能意味着，你能更理性地回应：对你来说更重要的是踢走这个项目的合作伙伴或完成这个项目吗？到底是什么最终会给你想要的结果？

格兰特的建议是先倾听深层的情感，不管你使用什么技术，都是为了联系到真正重要的事情。

12.3.4　最大化会面时间

在某些情况下，团队实际上从未完全面对面地谈过话，但通常他们偶尔会举行会议，每季度开一次或半年开一次。有时经理参加区域会议或拜访成员的家；有时经理可能主要与个别成员会面。但团队是否可以乘机聚在一起？挑战在于最大限度地利用在一起的时间：要么修复关系，解决未解决的问题，要么加深工作关系和信任，使远距离工作更有效地向前推进。

回想起来，我们曾多次看到经理或规划团队试图设计会议，将人们聚在一起工作，据说并建立了更紧密的联系。计划人员常常把会议时间（和日程安排得太长）都安排在高级人员汇报上，通常用密集的幻灯片，告诉与会者已经发生了什么，已经决定了什么，以及他们必须做什么来完成下一阶段预定目标。参与者被灌输了太多的信息，他们被热情地、反复地敦促着去承诺，而参与者却没办法表达自己的意见，并与他们的同伴建立联系。

有时，日程安排可能会有时间让成员重新建立联系，但计划人员会担心参与者是否会把会议变成琐碎的抱怨会议。因此，真正的开放式问题很少被问及，小组会议时间太短，无法进行有意义的讨论，真正的辩论和合规的冲突被压制，参与者变得玩世不恭，组织者认为这证实了开放只是浪费时间。

然而，从我们自己和他人的咨询经验中，我们知道我们可以一起安排时间。这样既能完成重要的工作，又能帮助发展人际关系和团队关系。以下是一些要素：

- 将主题预先分配给将撰写汇报材料的个人或小组。
- 在适当的主题上分配不同观点的阅读材料。
- 在会议上，组建小团队就这些话题进行头脑风暴。
- 建立参与的基本规则：所有人都要参与，不要打断。如果可能的话，使用协调员。
- 让团队做一些简短的汇报，然后所有参与者将把想法组织起来，投票选出最可行或需要更多深入研究的想法。
- 创建虚拟团队以完成的后续任务，分配职责和报告日期。
- 允许充足的非正式社交时间；组织不同的活动或座位表，以混合参与者，一个是相同的，另一个是不同的。

面对面的时间，无论何时何地，都是特别宝贵的。如果从未建立过关系，那么了解每个人是一件非常重要的事情，促进更深层次认识的对话和活动是非常有价值的。但是也应该尽早开始工作，花时间就经常出现问题的团队成员关系进行讨论并达成一致：

- 处理分歧的规范是什么？
- 参加会议的期望是什么？
- 如果成员们在用一致同意的语言进行对话时遇到困难，他们该怎么办？当发现任何一位成员有困难时，他们同伴的义务是什么？
- 团队成员是否需要解决他们专业领域之外的问题？
- 每个人都有时间讨论个人活动和兴趣吗？这是合规和有价值的吗？
- 在会议之外，你会花多少时间与老板一对一讨论？所有这些讨论只会在老板的主动参与下进行吗？老板希望如何联系他，以及有哪些问题？
- 什么类型的沟通使用什么样的通信技术？是否需要视频？如果需要，什么时候需要？
- 有什么是不可触碰的底线吗？

这些问题的答案可能不如确保它们得到充分的讨论和解决来得重要，因为这将有助于克服距离的障碍，并为公开解决尚未讨论的问题制订规范。

团队可以讨论这些问题，并将它们带到整个团队进行解决（如果有必要的话，可以提供便利），确保他们的决策过程可以成为在非面对面的情况下讨论问题和做出决定的模型。当一群人在一起时，更容易发现：一些成员有所保留，一些占主导地位，另一些没有完全投入，还有一些不认为某些话题是合规讨论的；然后可以实时鼓励团队把所有事情都摆到台面上来。还有，一起享受美食和社交活动价值重大，并不浪费时间；虽然业务问题可能是紧迫的，但正是这些“工作”穿插在缝隙中，人们可以相互了解和分享观点，这是议程中一个非常关键的组成部分。

下面是高皮·帕拉帕里在面对面交流时的工作方式：

我不是每天或每周都面对面地开会，但至少一年开一次，聊聊他们做了些什么，表现出我对他们的工作内容感兴趣，将他们的脸和姓名对上号，让他们知道我是如何互动的，我关心什么。每次会议都让我们的互动变得更充分。他们喜欢去总部了解团队伙伴的工作内容。

我极力避免他们来到总部之后，表达一些自己对工作内容的看法，并相互吐吐槽，然后就各自回去继续之前的工作状态，也要避免让大家互相评头论足。我花时间与他们一对一交流，我问的问题都是为了理解你做了什么，你做出来哪些改变，你如何协同他人。我不会直接给出答案，如果我都知道答案，我为什么还问他们。我真的需要和他们联系起来，我不喜欢粗略的聊一聊，我一直追求结果导向。没有人想知道你的任务列表上有多少任务。当你以这种更广泛、更感兴趣的方式提问时，他们就会以一种全新的方式来思考你的工作。

除了他们的教育背景和职责分配的差异，还会存在不可避免的跨文化差异。我自己也是亚洲人，所以我理解等级制度的倾向。我问每个地方的人我应该做什么，当我提问到中国或印度籍的团队成员时，我知道他们不会直接发言，我必须问5个问题。

幸运的是，在我们公司有很多混血员工。我会去访问那些族群文化网站，确保我不会把他们变成我的复制品。一个项目如果进展得非常糟糕，那么需要尝试立即使用备用方案，但经验告诉我这样做是行不通的。一对一更有利于坦诚，我和整个团队交谈以获得不同的观点，以许多不同的询问方式可以帮助我弄清楚我想弄明白的事情，否则我不知道我真正想要的答案是什么。这有助于我回答真正的问题。这很令人沮丧，但我需要更多的耐心；从长远来看，受挫并不能有效改变现状。当它是一个复杂多面的问题时，直截了当是无法给我答案的。

12.4 距离对影响力模型中关键步骤的影响

距离减少了面对面交流的机会，从而减少了交流和理解的丰富性。（如前所述，这取决于所使用的技术、涉及的人数、共同语言和文化的差异、之前存在的信任水平以及各方的人际关系技能。）因此对影响力模型的使用提出了特殊的问题。

12.4.1 决定你要影响谁

这可能是一个挑战，你必须想清楚谁将在你试图影响的问题上有利害关系。有时候，在组织结构图上看起来很明显的关键人却并不重要。有时候你必须通过某个人才能找到更关键的角色。如果是远程视频对话，你不可能总能确定都有谁在场。如果一个团队参与其中，这个问题就会成倍增加。复杂项目跨越地域和组织，这就需要提前尝试弄明白谁拥有说话权、谁能影响问题的解决、各种利益相关者的都是谁、他们拥有何种交易等价物。如果这些信息都不清晰的话，你将如何做决定：所有这些利益相关者们，谁可以在线交流，谁需要你亲自面对面交流？

如果不事先仔细考虑每个人的角色和位置，就很难在接下来的步骤中取得足够的联系，以便能够进行相互交流，从而产生令人满意的影响力。

12.4.2 假设其他人是潜在的伙伴或盟友

我们知道，你想要影响的人或团体之间存在越明显的差异，你就越难以看到或找到共同点，也更难让别人看到与你的共同点。因为距离常常会减少信息传递的程度——这在一定程度上决定了人们如何决定是否信任他人——所以放弃最初的刻板和归类会变得更加困难。即使在别人看不到她的时候，她也会微笑，萨拉公开承认：通常在没有可用的暗示的情况下，友好表达接受依然非常困难。如果以数据为中心的工程师在与以客户情感为中心的营销人员打交道时遇到了问题，想象一下对他们来说是多么难才会让他们不相互疏远而欣赏彼此共同关心的问题。考虑不同的文化假设，比如如何直接与组织中不同级别的人在一起，沉默的含义，低头而不是直接盯着某人看，或者对话是从社交聊天开始还是直接解决问题。这些因素（以及其他因素）可能使人们很难避免对那些似乎难以影响的人做出消极的假设。

12.4.3　了解他们想要怎样联系

在这种情况下，一种有助于拉近距离的交换等价物是理解对方希望如何与工作相关联。人们在一些因素上存在差异，比如他们希望被直接接触的程度，以及他们期待在工作中与对方交谈的开放程度，他们在工作中透露或讨论了多少个人问题，或者他们是更喜欢在大量细节之前听一个概述和结论，还是没有深入细致的分析。当你在远程办公时，你会发现这些因素更难发现，尤其是当对方不直接的时候，当你做错了的时候和当你很难注意到或解释非语言线索的时候。当然，在跨文化交流时，即使面对面的交流也可能是不透明的，因为一些文化在强化间接的交流，并且他们的反应只会给出非常微妙的线索，而那些来自更开放的文化的伙伴基本上看不到这些线索。

12.4.4　了解他们的世界

如果你了解你想要影响的人的组织背景，你会发现它有助于决定他们可能看重的等价交换物。距离可能会让人很难了解对方的工作性质、老板的期望、他们得到奖励和被衡量的方式、当地组织的规范，以及他们所在的地域更广泛的文化期望。你可能会面临通过收购或兼并的个人或团体：他们所做的工作你不熟悉，他们的文化背景你不知道或不理解，他们的教育背景和他们的想法都无法给你提供任何线索。你除非能脚踏实地，做大量的观察和非正式的调查，否则你将会无所适从，或者做出一些偶然性的假设。

12.4.5　建立一个开放和信任的关系

即使是面对面的交流，也很难建立开放和信任的关系，促进互惠互利的交流更加容易。然而，远程工作可能会造成巨大的障碍，尤其是当人们对用于远程会议的技术感到不舒服时；面对面的会议很少、很仓促或者很正式；至少有一方认为，扩大交流和改善工作关系必须先于开放和亲密接触。对于处于美国和德国等以效率为导向的文化背景下的人来说，他们可能认为私人谈话很浪费时间，总是想“谈正事”。

他们相信说话要清楚，不要留下误解。随着全球沟通成本的下降，不同国家的同事（如果他们愿意的话）很有可能，也不是很罕见地进行简短而频繁的视频聊天。在视频聊天中，他们会谈论一些更私人的事情，以增强亲密感。即使是短信的交流也能维持关系，建立一种联络感。

12.5 信任的逐步建立

卡维塔·巴哈过去几年一直担任团队领导，管理一个小型团队，但最近她加入了一家初创公司，她的团队位于另一个国家。

在过去的几年里，虽然我们都是远程工作，但我们之间的互动非常频繁。一开始很有挑战性，也很有趣。我面临的挑战不仅是建立信任，而且是与他们建立良好的工作关系。首先，我为每个团队成员建立了一个技能（能力）清单，并与他们一起工作，分别确定他们的优势和劣势。根据他们的能力，我给他们分配任务，并独立与他们一起工作。这帮助我建立了信任。起初，我们的谈话非常正式，但最近我发现他们对我更开放了，我们在工作之外也在交谈。我向我的团队成员提供认可。如果金钱奖励不具备条件，那么一句简单的“谢谢”或“干得好”就会给他们带来很多积极的东西。因为我们不在一个地方，所以及时反馈他们的工作是非常重要的。

她发现，就像面对面工作一样，了解他们并设计出适合他们的工作，这种努力会赢得他们随着时间推移而产生的信心，因此远距离自由工作会变得更加容易。

马克·墨菲建议每个月进行一次谈话：“你希望在下个月，哪些事情能做得更好？”当然，这有助于你了解他们想在哪里成长和发展。但谈话也对远程员工表明：“你很重要，我关心你的成长和发展。”这发出了一个明确的信息，那就是，作为他们的领导，你没有忘记他们；事实上，你在帮助他们实现潜力上投入了很多。谈话能让你跟进他们所做的改进、取得的成就以及不足之处，所有这些都有助于建立一种信任的关系。

12.5.1 开展互利互惠的交流

远程交流的一个挑战是，要避免所有交流都变得正式。如果关系已经建立起来，就有可能达成平和的共识（尽管一起喝杯香槟庆祝并不容易），但要获得所有能让双方更容易达成双赢的非语言暗示，可能是很困难的。这在很大程度上取决于双方对彼此的了解程度、面对面交流的时间长短，以及双方如何轻易地看到这种交流对另一方的好处。除非你再也不会和那些你想要影响的人打交道，你否则不会希望他们离开的时候没有做出承诺，尽管他们口头上同意了。你也不想让他们感到挫败或不开心，以至于将来考虑报复；与人保持距离的缺点是很少有机会察觉他们的情绪，并在必要时处理好关系。也可能会有一些诱惑，让人觉得距离某人较近，这可以使人们更愿意与别人达成双赢，但我们经常注意到，这通常是目光短浅的表现。

虽然在没有权力的情况下远距离施加影响，会变得更加困难，但如果谨慎行事，这种影响力同样会产生效果。

第 13 章

影响难相处的同事

毫无例外，每个人在工作时都需要同事的协助才能进行工作。为了完成复杂且要相互协作的任务，人们需要扮演好自己的角色，通过不同部门的共同努力来提供复杂的产品和优质的服务，这就是组织的本质。本书的第 1~7 章都讲的是如何应对那些不合作的同事。

获取合作的核心方法是交换价值和互惠。只有你能提供那些对你的同事有价值的东西，他们才会帮助你完成你需要完成的工作。但这也很不容易，通常要求思维上的改变。

13.1 友好的合作竞争

在组织中一个巨大的挑战是如何平衡你对同事的依赖，你必须与之相处，同时还要与之竞争——在获取资源、老板和其他人的关注，奖励和晋升方面。即使是在部门成员中没有强制排名的组织（如通用电气直到最近才取消强制排名）也存在一些隐性竞争；最平和的情况下，大多数组织也在资源、晋升和其他机会上相互有牵制。区别在工作分化的程度和外显度。与此同时，在一个复杂的世界中，不同的工作分配本质上意味着同事之间需要依赖彼此。伙伴之间共享信息、专业知识、资源、联系，以及所有这些都必须获得有效支持。

相应的挑战是如何平衡实现自己的需求和回应他人的需求（影响尝试）。回应可以建立地位和信用，但也会浪费时间和资源来实现自己的目标。

如果不平衡这些对立的需求，处于组织中大量的中层人士就会动摇。过于争强好胜会招致怨恨和最终的报复。（当人们认为同事的行为是恶意的时候，他们就会找到极具创意的方式把同事晾在一边。）同样地，只对自己的需求做出反应会让你被孤立。但如果你太过合作和无私，你可能会无法履行你的义务并继续前行。第一个方法是“比其他人更具有协作性和帮助性”，这是一种微妙的竞争方式。但你不能把这当成一个骗局，否则你会显得虚伪、狡诈，降低你的工作效率。第二个方法是尽可能地创新，创造双赢，在实现自己目标的同时帮助他人实现目标。

帮助你的同事是高效融入团队，成为其中一员，并值得我们学习的一种方式。不要等到“重大”场合才出手，你随时都有机会去关注你同事的兴趣并帮助他们。

这一概念被一项最新研究所证实。研究发现，把交流作为日常工作一部分的人在组织地位更高，效率更高。他们与同事的关系丰富而乐在其中，而不仅仅是疏远和偶然联系。

13.2　克服不信任

如果别人不喜欢或不信任你（或你的部门），请直面它。首先要问他们有什么困扰，他们对合作有什么顾虑。仔细倾听他们的回答，不要让防御性关闭你的听觉。即使他们不愿说得很具体，你也能从字里行间看出他们在逃避什么。如果有必要，你可以详细说明是什么让你认为存在不信任。你可以用“尴尬的沉默”“电话未回”“转移视线”或任何让你觉得他们不信任你的词来形容。这种直接、具体的数据提供，尽管可能会让人不舒服，但可能会促使这位同事变得更加开放。你是在陈述事实，所以你更值得信赖。

仔细倾听的另一个原因是，这样做也能建立信任。除非你抓住你所掌握的信息，用它来让同事处于不利地位或糟糕状态，否则你就会全神贯注地听着，表现出你对他们所说的话的理解和关心，这样才是关系的建立者。

过往事件（真实的或想象的）经常塑造人们的态度。询问过去发生的可能影响当前看法的经历是有帮助的。如果你或你的部门做错了什么，承认它。对错误逃避责任会让你看起来不值得信任，而承认错误会让你更可信。此外，脆弱性往往会产生一些互惠意愿，使自己变得更加脆弱和开放，所以这是一种利用互惠进行良好交换的方式（要了解在专业组织中克服人力资源或培训岗和工资核算岗之间的不良历史的例子，请参阅我们的网站）。

一定要问对方很多关于兴趣、所面临的挑战和关注的问题，并真诚地回应。很少有人不想被理解，而且，表现出真正的兴趣和好奇有助于减少猜疑。此外，无一例外，真正了解对方的世界会让你更有同情心，这对增进关系至关重要。

接下来，考虑如何让一笔交换表明你是值得信赖的，尤其是在你冒了第一个风险的情况下。你能提供与免费试用、“退款保证”或试点项目同等的服务吗？这笔交换不仅要证明你产品的价值，还要证明你是按照自己的声明来完成的。你能特别主动地去适应环境吗？这是一次长跑，需要平时一点一滴的积累（例如，在亚洲同事方便的时候和他们开电话会议，而不是迁就你的时间），不断清晰他们需要的信息？你做的任何比同事更冒险的事都有助于减少他人对你或你的部门的不信任。

13.3 如何应对讨价还价的交换者

如果你要应对一个善于讨价还价的人，首先不要把自己卷入争端中。你应当把你个人同你扮演的角色区分开来。对于他人的讨价还价，你只需把它看作一种运动，也许是为了高额的回报，而不要视作人身攻击。有些人在任何事情上都喜欢讨价还价，所以不必和他针锋相对，你只需要找出与之谈判的方法。你如果要应对的人精于此道，那并不意味着你有什么问题，而是意味着你有一场硬仗要打。

如果对方喜欢采取强硬态度，那么你也必须使用同样的风格，即使你并不喜欢。少数人喜欢毫不留情的砍价，并且能够从反复交换和主导交换中获得快感（就像我们在某些经纪人身上看到的，他们总是在达成协议后又要求别人让步，并且一再重复这种伎俩），不过强硬的态度并非总是那么难缠。你只需找出如何更好地回应对方的强硬（也许你需要采取相似的态度），但要记得达成共识、保持关系才是最终目的。态度强硬的人不见得讨厌强硬的对手；相反地，他们会尊重对手。(正如我们一位大费周折才得以从离婚官司中脱身的朋友调侃的那样："如果我再离婚的话，我希望能请到我前妻的律师帮我打官司。"）如果对方善于讨价还价，那么暂缓讨论、避开对方有时反而会取得积极效果，同时实现双赢。

如果你口齿伶俐，可以用幽默瓦解对方的攻击。巧妙的双关语比针锋相对的回击更容易缓和气氛，减轻对方的进攻强度并帮助你建立友好的人际关系。如果不确定的话，你可以自我解嘲地说："噢，我知道了，你就是想让我乖乖就范听你的，你当我最好欺负是吧？"而对于强硬的人，不可太快做出让步，否则他们会觉得还有余地提出更多要求而后悔自己太早亮出底牌。你要让他们觉得已经榨取到了你最后的让步。

13.4　把每个人都当作长期客户对待

把每个人都当作长期客户对待是销售的首要法则之一。它的前提是：你应当根据他人的需要来确定你能推销的东西，而不是在你看来重要的东西。

正如一位销售员不愿轻易放过每个可能的客户，你也可以把你的同事看作可能流失的客户。在某些公司，部门以外的同事确实不受该部门的制约，他们可以争取到自己的支持、关注其他问题甚至干脆不买你的账。尽管有时候并不允许公开寻求外部支持。例如，从公司外部采购培训服务，但至少他们可以忽视你的要求。

其次，销售员的成功不但在于卖出产品或服务，还在于赢得客户。同样地，你的成功也包括赢得同事。这不仅是因为你们同属一家公司，而且你的帮助在将来也许会派上用场。

13.5　处理令人讨厌或糟糕的同事行为

到这里，我们已经阐述了如何应对不配合的同事。但是，与同事的人际关系或是同事的其他行为有时也会让人头痛。影响他人行为是一件很困难的事情，但也并非绝无可能。

正如我们讨论过的那样，烦人的行为通常不是无法解决的人格冲突，而是工作方式的不同。回顾一下当时的案例讨论，看看是不是这样。在其他时候，在数值上可能会存在不那么容易解决的基本差异。虽然有一些人黏糊糊的（我们已经和他们一起工作过），但在我们能够探索的大多数案例中，问题更多的是被贴上了特定行为的标签。一个人可能会用不同于你的方式来描述一件事，但这会让他成为一个“无可救药的骗子”吗？或者另一个人经常把你认为是私人信息的事情告诉别人，但与其拒绝她，也许你还可以和她一起工作。

13.6 令人发疯的同事行为

“我的一个同事总能让我发疯。他总是偏执于细枝末节，从来看不见更大范围内的情况。我要花费很大精力向他解释什么方法可以让我们更好地为客户服务。他和我说的好像不是同一种语言似的；他从来不会对任何新点子给予热烈的响应，而是只会说：‘那样的话我明年应该安排多少工时呢？’或是类似的话。有时候我感觉他好像‘摩西出山’似的大动干戈，而他想知道的不过是我为什么没有用那把 6 号凿子这种小事！”

方法：如果每个人都和你一样，也许世界会变得更美好。但是，没有思想的多样性就无从提高生产力。如果你是个天才的理论家，你的作用固然很重要。但要知道，只有像你同事这种关注细节的人才能把你的宏伟蓝图付诸实践（同样地，你的超凡想象力也许正是你那位碌碌无为的同事必需的一剂良方）。

因此，要影响这位同事（以及大多数同事），首先你应当反观自己的预期和行为，看看你的某些做法是不是引发问题的根源或是应当对问题负责。如果是那样的话，他对你的耐心可能也已经达到极限了。回顾一下正确评价别人的方法，找出肯定他们的方法。要想懂得自己的不足并认识到其他处理问题方式的价值，你需要不断实践和学习。

另外，检视一下你对同事偏执于细节的不耐烦态度和批评是否导致了他变本加厉的苛求。当然，也许他天生就对细节非常敏感，但是你过度坚持天马行空的思维方式也许反而更加坚定了他坚持务实的决心。于是那样又刺激到了你，你也愈加变本加厉，接着又是他，如此循环（见图 13.1）。（图 13.1 以最一般的形式描述了这种互惠角色关系。请参见第 6 章“建立有效的关系”，以了解更多关于与同事相处的信息。）

图 13.1　循环性人际关系

你的态度与同事的行为之间的内在联系表明：你们双方都应当作出改进以改善关系。不只是他需要改进，你们双方都可以主动打破僵局。你既然更容易控制自己的行为，那么你可以开动脑筋想想你可以如何主动打破僵局。

着手方式之一就是同对方共同讨论目前的模式。在纸上描画出你们的模式，询问对方是否也认为这一模式就是你们二人目前的关系模式。一般情况下，承认现状可以打开双方的心结，让双方不受干扰地改善关系。

如果你不愿意这样做，你也可以发起一场会谈，向他承认你有时候的确会因为他注重细节而发火（可以举几个例子），并询问他是否属实。你可以向他解释你为什么要生气，从而告诉他你担心的是他不能把眼光放长远些（也许他会告诉你他担心的是你永远都学不会脚踏实地）。一旦开始了这样的交流，后面的交换就不再是难事了，例如：

“我当然不想只当个空想家。但如果我得不到响应，我会很受打击的。如果你能够稍后而不是当面就提出那些具体意见，我会很乐意用实际问题来反省自己的想法并放弃那些不切实际的想法。我放弃它们就和提出它们一样容易，所以我可以向你保证，我不会顽固地死守着那些错误的想法。”

或者可以说：“我会在提出每个想法之后给你一个发表意见的机会，如果你能把你的意见稍后提出来而不是当场就批评我的错误。”或者还可以说：“我说话不愿意被人打断，所以如果你愿意把你的意见事后再列出来给我，我会采纳它们的。顺便说一句，如果你能举出以前的事实作为例证，我会很高兴的；如果我认为你举证不够的话，我还会做自我批评的。”一旦你们双方认识到了问题所在，解决问题的可能性也就更大了。有时候，一点自我解嘲的勇气并不会让你损失什么。

13.7　工作关系与人际关系的内在联系

为了便于演示，我们把工作上的影响同事的问题与人际关系上的问题分割开来。但是，有时候二者是交织在一起的。工作上的分歧→无法赢得同事的配合→产生挫败感，于是开始对同事产生意见，两类问题便纠缠到了一起。很多时候人的个性或是人际关系上的问题不见得能够决定同事是否愿意配合你，但它们确实会影响到人的情绪。

因此，我们的建议是，当你对同事有意见时，你应当找出问题的背后是工作上的分歧还是个人恩怨。

利用交换法则可以比较容易地解决工作上的分歧。如果可能的话，你可以从这里着手。如果确实属于个人恩怨，那么你要记住，你也是矛盾的一方，不要过分指责你的同事。如果别无他法，你可以得出这样的结论。但一开始就这样想可能会不利于你在处理问题时取得进展。

向同事施加影响需要很多技巧，特别是那些与你的身份和想法有关的技巧。利用交换法则也许并不是技巧问题，而是为了不让自己看上去像是在推卸责任。在职业生涯中，有效的影响方式并非只有一种；如果没有相互依存的观念，很多公司员工就会变得更加抵触或是消极等待纠正平衡的机会（通过打破你的平衡）。因此，在对待同事时，相互依存的概念尤为重要。如果公司强调竞争理念，那么应付同事就会变得更加困难。表 13.1 列出了可能会降低你影响力的一些个人行为。

表 13.1　妨碍向同事施加影响力的个人行为

对过去的事耿耿于怀，非要分辨出谁在分歧中是“正确的”
不愿意承认是自己的责任
害怕自己受人影响
得寸进尺，在同事承认错误后又提出新的指责
同事只有竞争，忽视合作
认为找出解决办法，尤其是对于人际关系问题就必须牺牲个人原则
对别人动机的判断陷入两极化思维，看不到现实的复杂性
只愿意感觉自己是“正确的”（在判断同事是多么愚蠢和错误时），而忽视效率问题
过分在意在上级面前的表现
陷入僵局后，只顾保存自己的脸面

第14章

发起或引领主要变革

所有的影响都是为了创造变革。无论你是在负责一款新产品的研发，还是在负责组织架构的调整，或是实施一套新的薪酬体系，或是实施一项伟大的商业计划，或是优化供应链以获得上百万的成本节约，你都必须对众多关键人物和团体施加影响力。如果你即将针对你的目标发起变革或是引领一场重大变革，有几个特别的方面需要注意。

要想向他人施加影响，你就需要提供有价值的东西与其进行交换来获取你需要的东西。因此，要想获得足够的影响力来创造一场重大变革是十分具有挑战性的。你需要向你的上司和同事施加影响，让他们提供资源、信息、支持或者是许可。你必须应对和精通组织政策。你还需要整合出一支对你的事业充满坚定信念的工作团队。同时，你还需要拥有足够的耐心、毅力、动力和灵活度来坚定地朝着自己的最终目标前进，并适时调整路径。

重大的变革往往是非常复杂的，要想完全表述清楚需要写一本书。因此，在这一章中，我们将重点放在影响最大的几个关键维度上。为了说明这一点，我们来看一个实际的案例（文中姓名都是化名），一个所有人皆认定为棘手需要一个人独自面对的问题。“既没有资金，也缺乏权威”，希拉·康拉德需要调动资源在她的公司进行一项重大的变革。

14.1 既没有资金，也缺乏权威

一家大型连锁酒店的装修主管希拉·康拉德正处于一个严重的两难境地。许多家酒店都需要重新升级装修，然后她却不能简单地下达指令；因为每家酒店的业主都可以自主做出决定。而且，她也不掌管财权。资金来自每家酒店不同的外部投资者。这意味着公司可以制订标准并推荐进行变革，而不是“命令”他们。投资者经常反对，他们不一定会同意企业的观点——必须严格按照建议的标准对酒店进行翻修和维护。因此，有关改进的决定是在每个酒店经理和该酒店的投资者协商后，按单个酒店来执行的。酒店经理可能认为改善会增加客流量，但缺乏确凿的数据来证明这一点。因此，管理者不愿对投资者施加压力。

由于希拉没有直接与业主打交道，她想知道如何让经理们接受她认为重要的改进建议。反过来，如何让他们更愿意向投资者施压呢？这个问题越来越复杂，因为这些业主不仅遍布美国各地，而且是跨国的，所以很少尝试施加面对面的影响。

公司内部的挑战进一步使问题复杂化。公司缺乏从评估需求到协调一致的回应流程，而协调一致的回应会让酒店管理者意识到需要进行革新。这家公司对自己的标准缺乏强的洞察力。如果没有这种基础架构，本应周期性进行的升级并不能持续执行。

希拉还面临着公司内部的其他问题。为了在不同的酒店间进行类似的翻新，质量、财务和法律等不同的部门需要进行协调。但他们都有自己的优先事项和时间表，这意味着每次协调都必须做出决策，而且由于没有标准化的决策过程往往是随意的。

在更重要的层面上，希拉并没有得到老板的大力支持。尽管他大体上同意这个问题，但如果没有同样有力保证的情况下，他不会采取强硬立场。

所有这一切似乎都是呈现反对性的——尤其是对各种利益相关者而言。为了处理这些问题，希拉仔细研究了目前的形势。她收集了所有酒店不合格的数据。这让她能够明确地了解它们目前的状态，以及它们在多大程度上偏离了标准。她无法准确计算收入损失，但她可以明确指出，一家不达标的酒店越长时间不翻修，客户满意度下降的程度越大。从那以后，希拉制订了一份改造时间线路图，分解了不同的步骤（以前从来没有人这么做过，因为人们觉得这项工作太耗时了：它需要清晰梳理组织中各种场景和法律问题）。

这一路线图不仅让利益相关方相信项目是可管理的，还让希拉开始描述一个愿景，包括当前的翻修和（更重要的是）跨区域协调过程，以促进未来的项目。表面上无法解决的问题现在被缩小了。就像希拉说的："我们展示了如何解决这些问题，并对所有问题都有了答案。"

计划是一回事，实施又是另一回事。希拉知道她需要建立一个支持团队。她首先联系了加里，他是她以前在质量保证方面的同事。他接受了这个设想："这是正确的做法。"幸运的是，正如希拉所知，她的愿景也支持了他在全球范围内所做的工作。

下一步是得到高级管理人员更广泛的支持。虽然高级管理人员不能直接命令进行改造，但他们的支持对项目非常有帮助。加里和希拉确定了一位高级副总裁，他面临着重振该品牌的最后期限。他们向他展示了他们的项目会让他的工作更轻松，从而得到了他的支持。

然后希拉和加里开始组建一支代表各个领域的工作团队。他们没有钱，所以这个工作超出了其他人的常规工作范围。他们发现愿景是有影响力的。跨部门协作的困难让来自其他领域的成员感到沮丧，因此寻找有效的合作方式非常有吸引力。希拉和加里说服了其他人，不仅以身作则展示团队如何协作，还通过争论以达成一致："这对公司来说是正确的事情。""我们真的可以做出改变。"希拉说。随着大量宣传，其他人开始慢慢加入进来。（后来，一个团队成员热情地宣称："我们在做上帝的工作。"）所有的团队成员都能看到他们需要做的部分，以及它在整体计划中的位置，这也很有帮助。

随着这个项目的实施，希拉的老板变得更加投入。尽管他以前从未试图阻止它，但积极推广它并不是当务之急。希拉告诉他，她得到了其他人的认可，包括一些高级管理人员，这减轻了他的担忧。现在大家都很热心了，他不再担心走得太前了，而是担心落在后面，于是他开始积极支持。

由于公司里的人（包括各种职能部门的人）都已经加入，希拉可能面临着最严峻的挑战——让酒店经理买单。她意识到他们犹豫了，因为他们不想与业主（酒店所有者）发生冲突。由于管理层没有任何确凿的数据显示翻修会增加收入，他们觉得自己没有理由与业主争论。希拉意识到，向酒店经理施压可能不会起作用，因此她改变了目标："我们需要把这场战斗放到它应该去的地方。"该团队告诉酒店经理，他们"会去找业主（酒店所有者）说明情况"。这一招奏效了，经理们承诺提供二次支持。

接下来是最具挑战性的目标——酒店所有者。虽然希拉没有具体的数据显示单位升级和收入之间的直接关系，但是翻新和客户满意度之间的关系是非常具有启发性的。她的综合项目也很有说服力。企业对品牌的重视程度越来越高，这对所有者来说是一个强有力的理由。因此，系统变革开始了。他们已经创建了一个程序，尽管很复杂，但可以在全球范围内启动。事实证明，在为一个异常复杂的项目设计组成部分时，“魔鬼就在细节中”，这引发了广泛的热情，并让人们“相信”这是可能的。就像希拉总结的那样，“它值得一试，并且能够适应我们没有计划的事情，这是成功的关键之一。”另外，我们与数百人合作，发起了一场“运动”，试图解决这个长期存在而“无法解决”的问题。

14.2 描绘愿景的重要性

把变革实现后给客户带来的影响描绘成一幅清晰的愿景。愿景是获得变革所需支持的一个重要因素。如果人们能够清晰地看到你所做的工作会对公司的客户或公众带不同凡响的影响，他们就会做出积极的反应。愿景不是你唯一的法宝，但它是一个良好的开端，它可以吸引各种各样的人。如果他们能看到实施变革所带来的最终收益，他们就会更愿意提供帮助，更宽容地对待你的失误并且更有创造性地思考如何支持你的努力。

一幅有效的愿景应当生动地描绘出成功实施变革会给某个（或某些）组织带来改变的场景或图画。它不但描述将要发生的事情，而且描述了变革之所以重要的原因。如果你只说它能赚取一大笔钱或是节省开支，那么它通常不会太奏效，尽管这一点对一些高级经理们来说确实是吸引他们眼球的话题（在部分情况下，要善于针对不同对象调整话题）。最佳效果是，愿景可以帮助人们看到工作的重要意义——意识到他们所做的事情很重要。这样才能吸引他们，激发他们的最佳本能，赋予他们更大的意义。

这就要求你在最短时间内讲出一个精彩的故事（当然不是虚构的那种！）。风险投资专家们常常向企业家们发表“闪电促销演说”或者叫“电梯间促销演说”，即那种简短有力的、在搭乘电梯的有限时间内就可以讲清楚的商业计划的浓缩版。你不一定总是用如此短的时间来描述变革，但是重要人士永远是忙碌的，你需要提前做好这样的准备。你如果有一份十分吸引人的愿景描述却不知道如何开口，那么价值就不会太大。但是如果你的变革不能得到他人足够的关注并使人们相信它，你就完不成一个很棒的计划。

切记，愿景本质上是为了激发人的热情。因此，你自己首先就要对愿景描述充满激情。

希拉已经有了一个对公司不同的区域如何协同工作以确保有规律定期地进行翻修的愿景。注意，这个愿景是和加里以及其他团队伙伴一起完成的。它不仅让他们登上了舞台，而且给他们的工作赋予了更大的意义，一位领导小组的成员惊呼："我们在做上帝的工作。"

但愿景对每个人的吸引力并不相同。希拉似乎并没有让她的老板参与进来，我们也不确定这一愿景是否会成为这位高级副总裁支持的因素。可以肯定的是，这个愿景对酒店的业主没有吸引力，因为他们的底线是不投入资金。

将变革的愿景与组织的核心价值观、目标、战略和目前困境相结合。从定义上说，任何变革都会带来与以往不同的变化。然而，如果你能够将其和组织内的传统与文化联系起来并展示给人们看，他们就会感觉更加舒适，不会过于抗拒。有时候，这一点是很难做到的。特别是当你觉得组织文化本身需要变革的时候，例如，从保守的、安逸的企业氛围过渡到以客户为中心的、积极的企业氛围，但你还是可以创造出一些联系的：你也许需要追溯较早时候的公司历史，那个时候公司是另一个样子的，但值得再次付出努力。这种联系有助于减轻新想法的冲击，帮助人们对它保持开放的态度。

14.3　管理压力

愿景并不仅仅是描绘出前进方向，同时也会制造出一定的压力。如果没有目前状况与理想状况之间的差距所带来的压力，那么也就不会有前进的动力。如果愿景是十分吸引人的，它就会清晰地表现出目前状况与理想状况之间的差距；如果愿景激动人心却还并不容易实现，它就会带来一种有益的压力。（如果愿景十分引人入胜但你的听众并不认为其可行，你需要向他们表明你知道如何实现目标，或是反省自己建议的可行性。）人们在适当的压力下是最容易去学习和做出改变的：过高的压力会使人们产生畏难情绪（这和焦虑对人的效果是一样的），但是毫无压力则不会给人带来改变的动力。

运用"管理压力"这一技巧，你不仅可以调整自己的愿景描述，还可以为那些你想要与之合作的人注入变革的动力。通过强调现实状况与理想状况的差距或是强调现实状况的恶劣程度，你可以使他们感觉更差或是稍好一些。两种方法都可能奏效，但是后者的风险在于可能会遭到同事的抵制，尤其是当他们就是公司现状的缔造者的时候。因此，请在有把握的情况下利用愿景描述来制造适当的压力。

虽然压力可以激发对达成结果、前进的方向和缩小现实状况与理想状况的差距的意愿，但是它并不能显示出实现这一愿景的步骤。在目标的驱动下，旅程似乎无法达成，那么愿景就失去了它的力量。

需要注意的是，希拉的出发点并不是愿景（因为那被认为是不现实的），而是从管理压力开始。基于来自现在和可实现的理想状态之间的差距，她首先在当前条件下开始了她的研究。尽管组织中的大多数人都知道存在问题，但量化问题是很重要的。但是，停止这样做可能会增加挫败感。她的下一步是制订一个可行的计划来说服他们。只有这样，这一愿景才会可信和引人入胜。

关于变革存在一个有趣的现象，有人消极抵制，有人渴望加入，还有人心态处于矛盾中，既惧怕又好奇。对于极端的人，也许你无法有效地施加影响，但是对于那些处于矛盾中的人你应当给予更多的注意力，因为他们同时也是潜力分子。影响得当的话，他们会对你的压力策略做出更积极的反应。你可以通过强调现实状况与理想状况的差距来制造压力，或者通过来自客户或其他利益相关者的不满更进一步地施加压力；你也可以通过减缓变革进程、鼓励积极反馈、全盘考量、表彰过去和当前的实践以及花更多时间培训新技能等策略来减轻压力。总之，你应当对处于“中间地带”的这些人给予密切关注，运用压力策略最大限度地发挥他们的能动性。

14.4 确定必须施加影响的利益相关者

任何变革工作都会涉及多方利益相关者，比如接收者、实施者、经理、计划制订者、可能受到直接影响的人等，即那些对于变革的最终实施具有决定作用的人。这群人还包括变革的受益者、受害者以及一些诸如财政、媒体之类的外部单位。通过系统地梳理公司内部和外部环境，你应当及早从上述名单中挑选出对你的工作拥有决定权的那些利益相关者。

对于这些“利益相关者（个人或企业）你要加以区分，判断出哪些是你必须做工作的；哪些是拉拢过来会对你有利的；哪些是可以忽略不计的，即便他们会对变革颇有微词。接下来你就可以把工作重心放到那些必须拉拢的“利益相关者”身上。

在希拉的案例中，就涉及了多个利益相关者：她的老板，一个重要的同事，公司其他部门的领导，专业领域的员工，公司高级管理人员，酒店经理和酒店业主。她无法同时处理所有的问题，但她明确谁最重要，谁可以在最后去处理——她的老板、酒店经理和酒店业主。

你还需要利用你现有的一些信息去判断这些“利益相关者”关注些什么，如你的第一手资料和切身感受、他们的言行为你提供的线索、他们所处的环境以及你从他们那里能够得到的情报。他们对于变革的态度也是你判断他们想法的重要线索之一。（关于如何判断不熟悉的人的想法，详见第 3 章、第 4 章的有关内容。）

不同的利益相关者需要不同的货币。希拉之前与加里的关系对她很有帮助，但她的远见和实现这一目标的具体步骤很可能在质量保证方面对任何人都很有吸引力。此外，她还为他提供了一个“合作伙伴”，参与这个改变项目。她“付钱”给她的老板，不是强迫他支持她，而是让他给予她一定的自主权。她（现在是加里）的目标对这位高级副总裁很有吸引力，因为这些目标可以帮助他实现商业目标。正如我们所提到的，她的设想对其他部门的人来说是一种重要的手段，这些部门因无法进行协调和系统的改进而感到沮丧。

14.5　如何向远程决策者施加影响力

14.5.1　决策制订者

如果你不了解那些需要拉拢的决策者们，问题就复杂起来。下面的几种方法也许会帮得上忙。

你的决策者名单中包括 CEO 或是直接向 CEO 负责的人吗？包括首席财政官或是同等职务的人员吗？包括技术权威吗？有没有一个或多个分支机构领导或是驻某国业务经理？有董事会成员吗？有没有公司的投资者？你越早确认他们的身份，你就会有越多的时间做好准备工作去调研他们所关注的，从而了解如何为其提供有效的决策来获得你需要的支持。

14.5.2　影响远程高级别利益相关者的力量

一旦你有了决策者名单，你就要着手了解他们所处的环境并判断他们的想法，你要考虑让他们了解到什么才能赢得他们的支持。

根据你所知，他们的角色可能会带来什么压力？根据公司所处的行业和领域、公司竞争对手及背景的不同，决策者的压力也是不尽相同的。但是决策者们在经济和政治上还是会受到某些共同因素的影响。

决策者可能会考虑和担心哪些情况？是什么让他们夜不能寐？决策者的立场越高，他们就越有可能把长期问题以及外部金融界的期望和影响放在首位。你的改变会对股价（或债券评级）产生什么影响？媒体会以某种方式做出回应吗？决策者会考虑组织声誉吗？同样，职位越高，对组织整体利益的考虑就越重要。

决策者的角色和职责范围也会影响人们关注的内容。人们会自动关注供应链纠纷和断供问题，或者是客户偏好和需求的变化转移？他们是关注雷达屏幕上的某个特定区域，还是只需要聚焦国内市场或者持续的巡视全球市场？

要了解决策者可能看重什么，一个重要信息来源是此人所说的任何话，无论是在年度报告、演讲、内部备忘录还是关于组织的文章中。尽管你必须考虑到谨慎和公共关系部门如何对公开声明进行处理，但你仍然可以推断出很多事情。高管们即使只是在说他们想让你知道的部分，但这仍然揭示了很多对他们来说很重要的事情。看看他们是在谈论增长和创新，还是在削减成本。你还需要提防那种满口称“是”的执行总裁，他们的话也许很难让你找到破绽，但如果你认真地倾听他们的话并且对公司背景已经具备一定了解的话，你还是会有所收获的。

这种背景调查可以帮助你在决策者面前做出“切中要害”的陈述，从而使你把自己的需求与决策者的需求联系起来。同样地，你也可以利用这种方法发现哪些信息是决策者需要却尚未掌握的。如果你了解了他们的关注所在，你就能够推断出自己掌握的信息哪些对他们是有用的，哪些是没有意义的。

希拉面对的是两个远距离的利益相关者，分别是酒店经理和酒店业主。由于他们在地理上的分散，她无法直接评估他们的需求，但她不需要太多的研究来准确评估他们关心什么。

在短期内，她“付钱”给酒店经理，不要求他们向业主施压，要求他们为拟议中的装修提供资金，后来她承担了与业主打交道的主要责任。

对于业主来说，尽管她无法证明翻修与增加入住率（和收入）之间存在直接关系，但客户满意度与单元改进之间的积极关系有力地支持了她的观点。同样重要的是，希拉组织的系统计划整合了公司的所有各方。

14.6 你的“电梯间演说”准备好了吗

重要决策者们往往对你而言都是难得一见的，因此你需要时刻准备好用最简短、最精练的方式向他们陈述你的想法。你如果碰巧在电梯里或者下楼时碰到了他们，那么“30 秒闪电促销演说”或是“电梯间促销演说”正是你可以利用的方法。蒙蒂菲奥里医院很多主管都曾私下里透露，要想找到机会了解这里全球闻名却异常忙碌的领导，屈指可数的可行办法之一就是研究他的日程表，然后装作随意地阅读他办公室门口布告栏的样子，等他出门时“碰巧”和他撞到一起并迅速和他谈起目前的工作或需要。不论他是否能够识破这种小把戏，总之最后的结局是大家都能受益。如果你运气好到有机会同一位重要决策者搭乘同一班飞机，你是否做好了准备能够用几句话就抓住他或她的注意力并最终抓住机会实施你的计划呢？

14.7 争取那些对决策者具有影响力的人

如果你没有直接渠道去接近决策者，那么你能找出哪些能影响他们的人吗？如果你能够确定这群人，他们也许比决策者们更容易接近，更愿意为你提供信息。利用本书所阐述的推理方式，你同样可以确定他们的关注所在。

希拉就做了这样的改变。她无法影响所有的高级管理人员，于是她找到了一个关键的人，他的支持（以及她的成功示范）能让其他人加入进来。同样地，她也不能直接影响她的老板，但当她的老板看到团队其他伙伴都参与进来时，他就加入进来了。

要想接近重要决策者，还有其他一些外部方法可以提供对关键决策者的访问，但那些方法实际应用是有难度的。这里有一些想法。能否写篇文章吹捧一下你正在推广的变革的优势和带给公司的好处？这样做可以在一定程度上影响公众的意见。（有关利用媒体关系帮助推动变革的鼓舞人心的例子，请参见我们的网站上关于提高人们对风力发电兴趣的描述。）有没有你可以利用的客户群或员工群？有没有能够提供有用信息的客户调查报告或者是对你有利的员工调查报告？一定要注意避免做出让人觉得有悖你身份或是会损害到公司的行为。一般来说，如果你更多地利用正面信息并能把重点放在歌颂公司及公司业绩上，出错的风险就会小得多。

14.8 你需要提供什么

认真思考你的哪些努力能够切合重要决策者的想法。有些东西肯定会与决策者的关注不谋而合，如你本人处理棘手工作的声望、应付变革的技巧、过去的工作经验以及我们向你建议的愿景描述。但有些想法则只能等到你了解决策者们的想法之后才能确定。例如，某位决策者也许十分重视员工的公平待遇问题，而你则发现自己的计划（或计划的修订版）确实有助于改善员工下岗待业问题。

有时候人们会自然而然地认为金钱和权威是唯一的关键等价物，但希拉却不是这样想的。在她那里，关键的等价物是一项貌似可行的系统性革新计划。是的，她有针对特定人群的等价物（正如我们上面所描述的），但没有一种等价物依赖于金钱或权威。

要注意经常收集那些你能够提供给决策者的“回报”。这种回报可以是具体的，如承诺向他或她的部门提供新产品设计的前期投入；也可以是抽象的，如他或她对于积极推动公司发展而产生的自豪感。决策者们所看重的东西因人而异：有些人可能看重的是工作中的良好表现，有些人则更看重奖金，还有些人关注的是晋升高层领导职务的机会。同一项工作对于不同的人有着不同的影响。事实上，同样的影响对于不同的人意义也是不同的。比方说，你对决策者上司的赞扬可能会被看作想要获得晋升机会，也可能被看作强调专业感的一种赏识。总之，你应当对任何可能性都有所准备。

对于那些你无从切合其想法的决策者们，你可以找一找有没有可以通过三方交换来帮你提供“谈判筹码”的人可供你利用。这样，即便你没有直接通道接近决策者，你也可以通过同第三方进行交换来达到目的。例如，你可以说：“借调两个分析员给我，我保证你们部门能最先得到最终产品的消息。”接下来你便可以利用这种约定向该部门展示你所负责项目的意义，从而打消他们的疑虑，赢得他们的支持。

当你行动受阻时，不要把反对者视为敌人，他们不肯合作只是因为你苦心收集来的信息与他们的想法暂时还不对路而已。你也许没法改变他们的想法，但你对待他们的态度却可能会决定他们的最终态度：是仅仅不同意你的意见还是顽固地反对和抵制。要知道，拒绝的理由只要一个就足够了！

14.9 识别并强化人际关系

建立起友好的、相互信任的人际关系是施加影响力的首要的一步。(这正是公司里最具影响力的人往往平时就拥有强大的人际关系的原因。)然而，并非所有的决策者都是你熟悉的同事，因此你必须设法与之建立起最低的信任度去赢得他们。

每个公司中都有少数不善交际的人，但对于大多数人只要你对他们给予足够的尊重和重视，你还是很容易和他们建立起人际关系的，除非他们真的认为自己日理万机没时间被打扰。你可以从倾听他们的谈话、关注他们的兴趣开始，通过社交性谈话或是主动提出给予小交换来与之建立人际关系。

强化人际关系的一个重要途径就是仔细倾听你不熟悉的那些决策者的谈话。倾听可以使你了解对方的想法，而且倾听和认真的态度对任何人而言都是一种十分受用的待遇。你如果还能积极做出回应并向对方表明你完全理解他的立场，那么你几乎可以不必再费什么工夫了。然而，如果你只是象征性地询问对方的意见，对方会很容易感受到你敷衍的态度，这样只会增加对方的不信任感，造成适得其反的结果。

接近决策者或决策团队的方式也是建立人际关系的一个重要方面。有些人乐于直接讨论负面信息，而另一些人则不习惯那样。如果你发现他们不喜欢过于直接的对话方式，不要因为你喜欢就坚持这样的方式，而是应当缓缓地步入主题。一旦发现他们流露出不快或退缩之意，你就应当尝试其他方式。你能找出一些共同话题或是共同利益可以与之交流吗？有没有你们都认识的朋友可以帮忙安排一次巧遇、一次普通的会面或是像在日本那样作为中间人代为求情？也许你必须先和他们信任的人建立关系，这样决策者才能最终打开一扇门。

如果你与决策者之间的关系不足以让你与之进行交换，或者找不到共同语言可以与之交流——并且决策者对你的工作十分挑剔——那么你可能不得不放缓节奏甚至改变计划从头再来。不过，还是别那么轻言放弃。如果你运用了我们这里讨论过的施加影响力的方式，即便是最苛刻的决策者通常也能够被你打动。

处理人际关系的另一个重要方面在于，每个人对于互动的方式都存在个人偏好。你在推销自己的变革方案时需要了解决策者的偏好。他们喜欢初步的想法还是成熟的计划？他们喜欢一份厚厚的预案，还是更愿意一份最原始的评估？技术力量对于他们来说是首要考虑的因素还是可有可无的因素？他们喜欢一上来是提纲挈领式的概括还是具体而微小的细节呢？这种个人偏好可能会严重妨碍你，也可能会帮你个大忙，所以花点工夫在这里还是有价值的。如果你不认识决策者，那么有些和你关系要好同时又了解决策者偏好的朋友则可以给你提供帮助。如果你的人际关系很紧张，看看第 6 章，可以得到很多关于重建有问题的关系的建议。

14.10 强化你的交换策略

在实施游说之前，反思一下你还需要哪些信息，或是哪些策略还需要进一步的考虑。我们前面提到过的关于倾听的概念在这里也同样适用。

接下来要考虑的是游说对象的顺序，以下三种变量可供你善加利用：

（1）你的相关权利。

（2）获得积极响应的可能性。

（3）获得支持的重要性。

哪些重要的决策者会成为你的早期支持者，以至于你想要尽早开始联络？要知道，越早行动就越可能取得成效。哪些决策者的支持会带动其他人？你赢得他们的机会有多大？你是否需要先拜会一些次要人物了解具体情况，以便在接近重要领导时掌握了充分的论据？有哪些决策者具备专业经验能够验证你的想法？对于这样的人你也许希望尽早接近。有没有人会因为没能从一开始掌握情况就采取否定的态度？哪些重要决策者忙到你每次见面都来不及多说一句，以至于你正在考虑是否应该等到搞定其他人之后再去找他？

最后，还要想想哪些决策者只愿意和“正中他们下怀”的人合作。你希望尽早拜见他们以便更好地了解他们的想法，还是希望等到你能够确定讨论议题时再见面呢？对于这些问题应该尽早考虑。你的判断不一定会全对，但是在你应付某些重要人物时，提前考虑也许会帮你少走许多弯路。这些问题中，有些问题只有当你开始实施变革时答案才会变得明朗。对于新的信息要虚心接纳并对自己的方式进行相应调整。

14.11 在不同规模的团队中周旋

对任何有关采取变革的工作，除主角（也就是你）和上层的保证人（某个个体或团队）之外，你还需要一个小工作组（核心小组）来组织工作的进展，有时候甚至还会通过个体参与或者大规模会议的形势涉及更多的人。

在希拉的案例中，她与小团队中的加里关系紧张，但最终有一百多人加入进行中的项目当中。

参与工作的人数和时机也是需要考虑的问题之一。如果将参与人员的数目限定过少，也许你工作的进展会很迅速，但也或许会就此遗漏那些可能决定你成败的重要决策者的参与。参与人员过多或是参与时间过早看似已经充分动了群众，实际上会造成工作上难以管理，难以形成最终意见，从而阻碍了工作进程。

有什么好的解决之道吗？那就是本着“随机应变”的原则。有些情况下应该召集众多决策者召开大规模的会议，有些情况下则压缩为小规模的核心小组的会议。不要拘泥于单一的形式。可以由小团队迈出变革的第一步，然后由大团队进行评估并分析如何跟进。接着再由小团队负责实施，再由大团队分析和判断，再由小团队和核心小组制订计划，再把球传给大团……如此反复。不要指望依靠团队或跨机构团队做出决策，也不要片面重视核心小组或小团队而对多数人视而不见。

14.12 规划与计算

为了实施变革你不得不做充分规划，但是在实施规划的过程中，你要警惕自己过于巧言令色或是表现出过于明显的控制欲，那样只会适得其反。例如，以下两种情况显然会导致截然不同的结果：①通过邀请决策者吃午餐来了解他们，利用谈话的机会更好地了解他们的想法，逐步地接近他们；②完全是功利性的谈话，花言巧语地编造一些内容，实则只是反复强调自己的目的。在少数情况下，有些特别忙碌来不及细听你说话的人也许会比较容易被你欺骗，但是更多的时候，受欺骗者都会有所察觉并拒绝与你对话。一旦他们开始怀疑你只是为了某种目的才刻意接近他们，他们就会对你产生更大的抵制情绪。

这里有一个我们曾见证过的案例。有一位不太称职的经理想要求得到独立官员们的合作然而徒劳无功。得不到对方支持的话她就无法进一步开展工作，然而她又确实无法打开僵局。她的经理便建议她与那些重要官员们至少应当建立起一种热忱友好的工作关系。于是几天后，她按照经理确认过的重要人物的名单闯入了其中一位的办公室，而那位仁兄是这样抱怨的："我从没见过像汉娜这么怪异的拜访者。她没有预约就闯到了我的办公室，我甚至不知道她想要干什么。这实在令人莫名其妙。我感觉自己好像上了别人的'黑名单'似的。"

没有人愿意受到别人监控或是成为别人的目标。因此，类似恭维的话、友好的私人谈话、小礼物、各种好处以及各种宝贵资源都可能会起到适得其反的效果，除非你的态度十分真诚。这就好像送人一块假的劳力士手表，乍一看可以以假乱真，片刻之后光芒散尽，你不可能指望对方会感激你。

如果你在某位你想要接近的同事身上下足了功夫，你会成功的，并且在接下来的交换中你也会有所收获。事实上，一旦你建立起了良好的人际关系，有时候你甚至能够以更强硬的姿态提出进行合作的要求。只要你能够证明你提出的"筹码"是最有利于对方的，那么你尽可以直奔主题。例如，对一位和你关系不错的同事，你完全可以这样直截了当地说："听着，我需要帮助。我知道这对于你来说有点困难，所以我要告诉你我有多需要你，你有多了不起。我要让你帮助我，因为这对于我们的客户来说具有不同寻常的意义。"这种话会让陌生人或是你只打过一次交道的人觉得很过分，但你的朋友听了可能只是会心一笑并且会积极地响应你。你还要做出几次成功的交换，让你的朋友觉得当你有需要时他们也可以那样帮你。

要想了解本章所讨论的几项原则在具体案例中的体现，请参考扩充案例研究中那位培训经理的案例（见我们的网站），他正在研究如何为创新的在线培训系统获得财务和组织上的支持。（全球建筑项目经理保罗·韦斯特布鲁克利用间接影响力在德州仪器——Texas Instruments 获得可持续性支持的例子也可以在网站上找到。）

14.13　关于变革的更多理念

鉴于公司变革的复杂性，还有一些相关问题需要用独立的（却相关的）章节来阐述。在规模较大的公司，引入变革会因为触动不同的集团、部门、分支机构和布局的利益和权利而产生诸多复杂问题。某一方面的成功也许会激起其他决策者的反对。要深入了解这个复杂的领域，请参阅第 15 章。

第 15 章

了解并超越企业政治

> 在团队中，如果你想做些什么——同时不受他人左右——你必须玩转政治。
>
> ——迈克尔·沃肖，《办公室政治中正面人物指南》，《快公司》1998 年 4 月

我们应该如何理解“企业政治”——这是令人讨厌的词，一个对丑陋现实的嘲讽式解释，一个描述性词语，抑或是一个机会？大部分人对企业里的政治（这里多指那些暗中追逐个人利益的行为）都持一种讥讽的态度。这种企业政治可以被更准确地描述为极端卑鄙的行为，而服务自我的行为并不需要损害组织便可获取。

这种行为可称为以个人中心的政治，其首要目标是实现个人利益，完全不考虑整个公司或部门的利益。这些只考虑个人私利的人通常会以多重面目出现，典型的特征是：见人说人话、口是心非、指桑骂槐，或散布谣言等。

这些为人所不齿的现象让人不非常愉快，但又确实存在。反过来，在某些情况下正常行为也可能因为对当事人动机和行事风格不了解而被解读为追逐私利或抱有不可告人的目的。而且往往在被认定自私或动机不良后没有人会再去检验其真实想法，因为大家都认为和卑鄙小人进行不必要的接触是很危险的

行为。因此对某人的人品下定论必须非常慎重。

对企业政治的另一种理解则是认识到企业里有不同的利益集团，他们有着不同的任务分工和利益。只有当你对企业内部潜在的影响势力及他们对成员行为的影响有充分的了解后，你才能在企业中发挥最大的能力。

事实上，本书中影响力模型的前提是每个人都有自己喜好——等价物——他们看重的，这是完全合理的动机来源，必须得到满足才能获得影响力。只有当人们一致地、完全地把个人喜好放在第一位或者以牺牲组织、单位或其他人的需求为代价时，困难才会出现。

第二种政治行为需要意识到组织的本质是如何政治性的，因为不同的群体有不同的任务和喜好。一些个人，通过承担角色或做出行为，比其他人拥有更多的权力。如果你不理解这种更温和但更有效的组织政治形式，你就不可能高效。这是所有社会制度的正常发展，应该被理解，而不是被贬低。

本章将重点讨论第二种类型的“政治”（下一章我们将重新讨论如何处理第一种类型）。在我们下面的讨论中，我们将说明“组织政治”不仅是不可避免的，而且是必要的，因为组织要适应当前的环境条件。随后，我们会展示如何在这方面具有影响力。

15.1 公司的本质

上面提到的第二种类型的企业政治来源于公司的本质。无论一个公司的创始人多么有智慧，他都不可能预测并控制其成员和小团体所有的互动方式。正式的企业形式只是一个蓝图，我们每一天的工作都包含着各种非正式的组织行为方式。这些即兴的行为方式构建出一种非正式的关系。在这种模式下，某些个人和团体通过发挥超出或少于期望值的影响来保证公司正常运转。你只需要设想一下，协助总裁处理一些需要特别关注的事情有多么重要。例如，等待任命的职员总会有人令人讨厌，也有人是欢喜的；有些经理需要严守信息；有些顾客不能忽视，也有些可以忽视。时间一长，助理可以发展出一套应对这些状况的策略，而且通常会超出总裁制订的一般性管理规定的范畴。当某种解决问题的办法成为模式后这种非正式的安排会很快变成惯例。例如，某三个受宠的经理常常与助理一起喝咖啡，并谈论一些敏感话题。当这种情况逐渐多起来之后，公司的正常体系就会受到某些知情人士的影响，职员将通过他们了解公司真正的管理重心和决策导向。如果没有这种非正式的组织体系，正常体系运作的效率和效果反而会受到影响。

因此，我们常常发现在企业的正常框架内没有什么权力的人反而有很大的影响力，反之亦然。如果你希望能办成事，你就必须搞清楚每个人的真实身份以及实际影响力。

除此之外，由于工作业绩的自然碰撞和工作风格的自然分化，公司成员对不同的个人和团队都会产生不同的感情或认同感。这种现象产生的历史其实很短，虽然它基本上是可以被理解的。

更有甚者，企业为完成不同任务而设立的不同部门也有可能以整个组织或其他部门为代价追求这些目标。这并不是出于自私或卑鄙的目标，只是源于企业最初的设计。企业需要决策，而企业政治的内涵就是每个小团队使决策朝着对自己有利的方向进行。因此，政治是指对利益的追求。如果每个部门都不这样做那才奇怪了。（领导者的工作就是使企业的整体目标更加吸引人，从而把各个部门拧成一股绳。）

每个企业都有其独特的历史、习惯的办事程序和方式，关键的决策人物，以及某些有特定含义的象征。大部分成员都会有意识或下意识地了解这些惯例，并按照大部分人都接受的固有模式行事。

以这种方式看待企业政治意味着你工作的一部分就是了解上下层级关系以及必然的冲突等，接受它们为职业生活的一部分，并通过适应这种结构来完成你的工作。老练的员工工作时总是同时考虑这些因素。对大局的了解是达成工作效率的一部分。

但是了解企业政治，突破它的限制或绕道而行，并不意味着任何人需要降低自己的人格并陷入个人争斗。也许看起来这种做法很有诱惑力，但长远看它很少能带来好的结果。因此不要陷入政治，但是也不要置身事外。这种心态太过天真，也是完全否定现实的一种严厉批判。其实你只要把它看作一种政治立场即可。避而远之或嗤之以鼻只是对权力的放弃，而用某些不可告人的或卑鄙的方法参与其中一定会恶化人际关系并最终损害自己的名誉。记住，你可以全身心投入，但是一定要遵守规则。

15.2 企业文化决定游戏规则

每个组织对企业政治的企业文化都不同。首先，对“是否可以接受某个部门追求部门自身利益”的分歧很大。虽然大家都认同部门利益小于企业利益，但他们可能认为部门利益只是追求企业利益的副产品。而在其他一些企业里，追求部门利益则被认为是天经地义的，而且几乎所有的事情都可以公平竞争。

其次，存在文化差异时，一个企业能在多大程度上容忍部门之间的矛盾。有些组织对冲突和对立的观点持反对态度，并试图抹杀所有的分歧。因此，冲突和矛盾只能在台面下进行，这使得它们更难处理，并可能产生消极效果，这种政治非常恶劣。（如果你和许多非营利组织打过交道，你就会发现它们存在这种模式。）

反之，你可以看一下纽约的上市公司或汽车制造业，在那里斗争是一种艺术形式，赢得战斗比实现组织目标更重要。越来越多的组织看到了公开表达分歧的价值，然后努力实现创造性的双赢结果。这本书中的很多内容都可能导致这种形式的建设性冲突。

15.3 认清方向

对你而言，最重要的是了解你是在参与一个什么样的游戏。仅仅因为身处明争暗斗的环境，并不意味着你需要陷入无谓的背后较量，但是你可以退后一步，以旁观者的身份观察形势发展。反过来，你不能假设人们会因为你喜欢辩论而和你争论不休。你需要考虑你能在多大程度上合理追求部门利益，以及公开你的价值取向。了解游戏规则是提高工作效率的首要法则。（这条规则同样适用于处理人际关系。）

当你需要其他部门的人协助完成某项任务时，你应该了解他们的办事规则。就像你需要对影响的对象投其所好，你也需要了解你面对的企业内部关注的价值点是什么。

15.4　收集政治信息

当你还是一个新人，对情况不太了解时，一定要不耻下问。你可以找老员工寻求帮助。在表 15.1 中，我们列出了一些可以用于提问的问题清单：

表 15.1　帮助了解企业行为模式的问题

经理们最敏感的话题是什么
哪些话题有隐含的意义
谁是隐藏的最有影响力的人
谁是最主要的决策者
哪些人是你在接触高层前不可跨越的
哪些人的看法需要特别的重视
公司有哪些惯例需要遵循

15.5　利益相关者诊断

以上所有工作都是你为诊断组织的重要参与者或团队所做的铺垫工作。如果你能从一开始就融入企业文化和玩转政治，你就能通过了解有影响力的人群以及与你发生工作关系的人而使工作更有成效。了解关键的利益相关者是成功的关键。

正如我们所强调的，如果能向希望影响的对象提供有价值的事物作为你达到个人目的的交换，你就能对他们产生影响力。（也许有人会反驳，这么明显的影响方式岂不是鼓励搞企业政治，但是正如我们前文所提到的，关注利益的政治是源自公司内部的。）在和追求不同利益的人或团队打交道时首先需要了解他们的想法。除了显而易见的部门利益外，他们还关心什么。如果你能把这些都了解清楚，你就增加了交换的可能性。

案例

十诫练习

我们遇到很多管理团队，他们或是希望减少内部负面的企业政治，或是想要找到改革的方法从而使更多的人成功。这里有一个简单可行的活动——你可以独自实践或找老员工帮忙——就是十诫练习。我们会问："如果你想帮助一位优秀的新员工快速了解这里的工作原理，那么公司的十诫是什么？"这份清单通常很有指导意义并且可以就此展开很好的讨论。

总体来说，我们提倡以直接的方式追求利益并将此作为可供讨论的话题，如果你所在的公司大部分认可对个人及部门利益的追求，你可以直接提出这样的要求："我需要你的合作，而你也会从中获益，那么请你告诉我你所关注的价值，以便我尽量满足你的要求。"但是如果你所在的公司一般不提倡这样的对话，或者更糟的是，人们总是互相猜疑，提出这样的问题只会让人觉得你强出头，你就需要掌握好问话的语气和方式。我们在第 3 章和第 4 章中都给了很多这方面的建议，在这里我们做主要的总结和补充。

首先是对不同的利益团体所处的位置进行评估。他们所面临的压力和影响力来源是什么？本章前半部分谈到的企业文化只是影响力的一个来源。他们的具体分工，以及各自需要与哪些利益相关者发生关系？员工考核与奖励标准是什么？这些体系发挥的作用如何？他们使用了哪些策略以完成工作？某一领域构成人员的主要教育背景怎样？你所在的团队是否长期存在人事关系紧张？哪些方面是经常出问题的？

这些问题的答案能帮助你确定每个团体的利益，以及实现不同目标所需的不同手段。此外，你还可以了解如何向不同的利益相关者推销你的计划。针对他们关注的不同利益和价值，你需要有哪些不同的侧重点以使你的计划符合他们每一个人的最大价值取向。这样做不是撒谎，而是知道应该强调什么。如果你估计某个团体会认为你的计划影响到他们的利益时，你就需要特别强调你能提供的其他价值。

15.6 了解自己的重要性

利用企业政治实现自己的目标，需要你有敏锐的观察力，有对各种利益做出复杂的权衡取舍的能力，以及应对相互竞争的观点时从容镇定的勇气。因此，你必须对自己的目标非常明确，并充分了解自己的想法和价值取向。你真正需要的是什么？什么是你的敏感话题？在什么情况下你最容易失控？当你决定何时要完全坦白，何时要有所保留以及何时要口是心非时，你的价值观和道德观可能会受到考验。光是设想如何向不同的人推销你的方案就已经是一个负担。你必须对自己的目标和界限非常明确。对自己越有把握，你就越能在重压之下做出正确抉择而不是惊慌失措。

如果你是在一个充满竞争，同时存在很多利益团体的公司工作，这一点是至关重要的（处理这一点将是下一章的重点）。虽然我们并不提倡这些做法，但是你需要做好处理类似情况的准备。所有的组织，由于不得不分配稀缺的资源，以确保人员、资金和空间都具有竞争力。你还必须影响组织中更高层的其他人，所以弄清楚“什么是首要的、什么是次要的”是很重要的。

为了说明这一点，并看到一个有技巧的、高度正直的政治人物在工作时的情况，我们来看看弗兰·格利兹比的例子。我们看看她是如何处理一种复杂的政治局面的，当时她面临的是需要关闭一位颇受欢迎的资深同事的一个价值 1 亿美元的项目，并在此过程中驾驭好组织政治。

弗兰·格利兹比曾在许多大公司担任过重要管理职务，几年前，当她从 DEC 公司来到康莫公司后，很快就发现自己要在一个有着严肃的文化传统的公司完成一项棘手的任务。她被任命负责一项多数人不看好的项目，这个项目由一位备受尊敬的高级经理启动，而且她现在也仍然关注它的进展，而弗兰的任务则是把这个项目继续下去。在这个案例中，她回顾了她的经历以及学到的如何在企业政治中生存的经验。由于我们是很好的朋友，所以她愿意将一些内幕说出来。这里我们掩去了那家公司的具体名称以及一些细节。虽然她说的部分情节可能会让你感到不快，但是我们可以从她成功的过程中学到许多东西。你可以像她一样决定不参与这种争斗，但是你也可以从中学到当你真正需要的时候，如何利用企业政治。

案例

我当时被康莫公司聘请为信息系统部项目的副经理。这个部门负责的工作涉及公司的方方面面，基本上除了电话和纸张以外的所有工作都与我们有关。公司当时承诺，如果我能干好这个工作，我可能会被任命为一个分公司的负责人。一个月以后，信息系统部的负责人被撤换，新的管理者重组了这个部门，并让我负责分立出来的四个分公司之一：交换机项目。

交换机项目的历史

这个项目在我接手以前已经进行了4年，200多名工程师和市场营销人员致力于设计一个复杂的企业专用高端多用途电话交换机。这个项目是应电信用户的要求上马的。康莫公司向来是以个人为主要服务对象的。而这个项目是仅有的几个针对大公司客户的大项目。事实上，康莫公司只服务于广域网，对电信的用户并不是很了解。

这是个很庞大的项目，当时公司已经投入1亿美元但是还没有看到成功的希望。根据我在公司了解到的情况，大家普遍认为这个项目由于忽视软件设计及进度的策划，使系统在完成前无法进行测试。你不能把整个系统停下来测试任何子系统。这样的设计非常糟糕。任何软件系统都不应该设计成这样一个复杂的整体，你不能把它分解成部分并对子系统的正确性进行测试，而只能在所有设计完成后进行检测，那时再发现问题就太晚了。

这个项目最初是由负责事业拓展的副总裁倡议的，这个绝顶聪明的人还说服公司让他负责软件设计部分。一般而言，事业拓展部的同事并不了解生产程序，但是他想进行尝试。这样做的结果就是，负责软件设计的人实际上并不了解设计，而公司已经被这个无底洞似的项目拖得不堪重负。

我全权负责后所面临的企业政治挑战

最后公司决定专门成立一个子公司管理这个项目并任命我全权负责。所有相关的工程师，包括事业拓展部，以及一些营销部成员都被划拨到这个公司。当时已经大肆宣传了4年这个项目将如何成为公司的旗舰产品，并由此吸引了所有主管的关注。负责公司事业拓展的副总裁已经把他的人生都押在这个项目上了，而他所有的追随者也期盼这个项目早日成功。这个吸钱的项目变得更加有吸引力，成功的压力非常大。

这是很典型的做法：新上任的经理很清楚这个项目会失败，所以把它丢给同样是新人的我。我当时本该回答：“不，还是让我回DEC公司吧。”

很明显，我在这个传统古板的公司是一个全新的面孔。从我接管副总裁的项目起，我就知道我会做出他不喜欢的举动。为了和团队内部原副总裁的势力对抗，我认识到我需要从改变公司的权力基础开始。无论要达到什么目标，我必须首先得到利益相关者的支持。

从一开始我就很清楚，虽然没有明说，但是我必须撤掉这个项目。其他部门的同事私下告诉我，这个项目的软件代码实在设计得太糟糕，如果我想成功，就必须全部重来。而这样的结果就是产品只能推迟两年上市，所以即使已经投入 1 亿美元，我们还是必须放弃。整个事业拓展部的成员也都认可这一观点，除了副总裁，他的想法是继续努力可能会有一些成果。

上任后，我的第一项工作是评估并决定如何处置这个项目。这个任务本身就是荒唐的，因为很明显这个项目太糟糕了。我清楚我需要政治支持，同时我需要提出替代方案，因为一旦这个项目被放弃，我手上就会有太多工程师需要安置。IT 业现正处于良性发展阶段，好的技术人员很抢手。如果我们放弃这个项目，则必然需要转向新的行业，而我很不希望看到失去这些我们将来可能会需要的优秀人才。

我意识到我正在陷入麻烦。接受这个任务无异于从悬崖上跳下去。但是我把它看作一个挑战，我当时很天真地想“我可以做任何事”。我并没有担心副总裁可能会驳回我的决定，因为我相信他是一个很有逻辑、值得信任的人。

但是，我的确从公司的工程师眼光中感觉到我可能会被看作这位深受欢迎高层管理者的反对者。这同样会影响我提出的新计划的吸引力。

首先我必须赢得下属的绝对支持。我必须让这些康莫公司的老员工认识到支持我是正确的选择。我以个人名义向他们保证我会用心领导这个团队同时告诉他们可能面临的情况，如果这样还不足以争取到他们的信任，我会提出开拓新市场，开发新技术的计划来吸引那些工程师。一切还只是开始。我不能保证我完全说服了他们，但是我的想法是尽量创造机会，让他们得到良好的管理并发挥最大的价值。以前他们甚至没有得到这样的机会。作为专业人士他们当然希望制造出更多的产品，因为他们可以从中获得更多的提成，我给他们安排了很多与项目毫无关系的工作，给了他们大量与外界接触的机会。比如，我为他们提供在职培训、学习最新科技、送他们参加国际会议等。这些对他们的发展都很有好处。

我还尝试过聘请以前共事过的一位工程经理。他有很好的工程实践经验，是我可以依靠的人选。（但是很遗憾我最终没能请到他来帮忙。）

还有非常重要的一点：我发疯似的寻找乐趣。我们把压力抛到脑后，尝试各种疯狂的举动，如互相送橡皮鸡做生日礼物，评选生日榜前十名，不为任何理由而庆祝，花心思装扮会议室，找一个理由开怀大笑等。面对这样大的压力我们必须笑。这种方法非常见效，在我们最困难的两年里我们仅仅失去了八个人。（现在我仍然和他们中的两个人保持工作联系，因为通过这段并肩作战的日子我们的关系变得非常亲密。）

寻求企业政治支持

我的工作是推动项目进行的同时对它进行评估。为了使评估结果可信，我必须使用公司内部的人力。同时，我需要观点相对中立的评估者。我找到了我上司的上司。我请他给我分配一个小组。他从全公司给我调配了一个跨部门的小组。（这些都是既精明又相互关联的老员工。）通过对项目的几次考核，他们认为应该撤项，因为这个结果非常有政治意义。

此外，我还专程到公司总部向高级主管汇报情况，其中包括将来的首席执行官。我把项目现状、我们的计划以及评估标准都一一向他们说明。我希望传达这样的信息:提出此项目的副总裁是一个很好的经理（但不是一个政治家），这样就使我保持正直清白的形象。当然，这只是一种政治姿态，但这是必须做的。除此之外我没寻求任何人的帮助，因为我甚至不知道应该去找谁。我在公司还是个新人，所以我根本没有可以求助的人际关系。

一切都进行得非常顺利。当项目正式下马时，公司内部的反对声音很小。因为我事前已经和每个人沟通过我们的想法。但是这个任务本身的问题是我们已经陷入麻烦，公司已经在这个项目上花费巨资，同时我们已经对产品做了市场推广！我不能把那一部分也撤回，这也使得我做的铺垫显得更加重要。因为正式撤项给整个公司带来一系列消极影响。如公关部门需要向媒体解释我们正在开发替代产品等。因此，虽然我做了所有努力，但是影响还是重大。幸运的是，我本人并没有因为这个决定受到太大的影响。虽然我收到堆积如山的电子邮件，大部分来自那些和这个项目产品有关的公司中层经理以及那些尊敬副总裁的部门主管们，他们提出撤项是一个耻辱，我们应该尽力挽救等。但我没有受到任何严厉批评。

我很担心副总裁的反应，但显然他没有马上做出反击。而且看来我不用担心他会激烈反对。我和他定期碰面，开始是让我自己熟悉这个项目，接着我向他传达了我的想法，然后我们共同就工程师的去留进行规划。很明显他对这个项目非常失望，也对他领导的失败很是尴尬，但他从未公开就此表态。最后他保留了在公司的职位，仍然负责公司的事业拓展。

项目下马后应该如何处置这些员工？我的构想是在公司内部消化这些人员，并给他们创造一个好的发展机会。我最不愿意看到的就是失去这些人才。当时 ATM 技术正处于发展阶段，所以我们尝试将 SWITCH 技术与 ATM 技术对接。通过严格管理和效益评估，我使这些工程师认识到他们并不是在做注定失败的工作。无论如何，事实上已经不存在需要 200 名工程师的项目。因此，当我们决定撤项时，我必须进行裁员。我希望以快刀斩乱麻的方式一次性解决这个问题。这是典型的做法，但是影响仍然很大。首先，我裁掉整个团队的 60%。

当你没有合适的工作时，你就不需要继续雇用他们。我厚着脸皮裁掉了团队的大部分人。虽然我非常同情对这个项目倾注了全部心血，现在又必须眼睁睁看着几年的工作付诸东流的工程师们。

以前我从来没有承受过这样大的压力。这是个英雄式的举动。我希望一切都进行得很顺利，但事与愿违。我希望以自己的能力补偿已经浪费的四年心血，而我实际上根本做不到，同时没有任何人愿意向我伸出援手。每个人都知道撤项是正确的决定，但是解散作为公司旗舰产品的团队所带来的影响波及整个公司。

15.7　从弗兰·格利兹比的案例中学到的教训

15.7.1　熟悉环境

重点关注弗兰是如何仔细评估关键利益相关者的，以及对他们来说什么是重要的利益。她建立了联盟，使她能够解决问题，并在组织政治中生存下来。这在很大程度上与心态有关（这是本书的重点）。弗兰是这样描述她的思维过程的：

政治头脑有两个组成部分：我需要对每一个伙伴仔细的评估。我要将他们归类分组。不管我在做什么，我的大脑都会不断地整理。不管发生什么事情，我都会用这个策略进行分析。这就像一张思维地图，自认而然地将人和事联系起来，我会为每个区域类别制订针对性计划。例如，我确保评估后放在一个区域的成员是相互联系的，通过那些在康莫公司待了很长的伙伴身上找到信任，所以当他们说了什么，就会得到可信度。

15.7.2 你的需要是合法的

我们在本章开始时就提出：只要不损害本组织，满足自己的需要是正当的。有很多方法可以做到这一点，其中业绩是最核心的方法之一。因此你过去的工作表现，你的信誉就变得尤其重要。它不能保证你不会遇到反对的意见，但是它的确能帮助你获得一定自由度以及支持。这个道理似乎很明显，因此你一定要尽可能早地通过干好工作累积信誉。

如果你是个新人，那么你过去的工作业绩就不太重要，甚至在一些保守的公司，你过去的成绩还可能起反作用。因此你一定要注意在新的团队里尽早获得信任。

一种方法是为公司解决一个长期存在的难题，特别是当其他人没有勇气去解决的时候。当然，这意味着承担一定风险，但是如果你成功了，你将能像弗兰那样迅速提高信誉度。你当然不会像某个年轻人那样幸运，只是运用他在学校学到的计算机知识，就解决了烦恼他的第一份工作的公司数月的工作程序混乱问题。顷刻之间，他就成了英雄！但是你可以以旁观者的身份找到一些烦恼内部成员问题的症结所在。

你也可以像弗兰那样与公司政治的一些障碍作斗争，而你树立信誉的方法就是让公司意识到你的行为会对企业文化产生一定影响并由此关注它的成效。这不仅能给你提供很多有价值的信息，同时敢于挑战现状本身就能帮助你建立自己的信誉。无论如何，对真相的渴求只是很自然的想法。

但工作业绩只在已知的范围内起作用。一个人不必成为一个吹牛大王才会被人知道。弗兰是这样说的：

还有，你必须知道风是朝哪个方向吹的，做一些能让你处于良好状态的事情……这样可以知道如何让自己看起来不受现实的影响。例如，注意外部事物，如现在什么种类的产品受到了广泛的关注。这通常是一种直觉，很难用言语来表达。经理或公关们在发布信息时有种倾向，那就是对一个尚在进行中的项目或商业机会的无限夸大，即使人人都知道这个计划是不可能实现的，但是如果你敢夸口说能用它来实现价值 50 亿美元的收益，你就可以获得大家的尊重，因为你愿意说我可以让风刮起来！

15.7.3　随时准备为更大的或长远的目标做出让步

虽然只有你自己才能决定是否放弃一个职位，但是在多数情况下，你不得不为更大的成功做出牺牲。在理想、原则和战术需要间找到平衡通常是很困难的。同时，虽然坚持不懈是非常重要的，但也不要陷入“不是鱼死，就是网破的心理”。真正的政治家即使遇到观念上的抵触也总是能找出和对手的相处之道。同时他们非常清楚为达到最终的目的总是需要付出一些代价。好的政治家是天生的交换主义论者，而且就算观点不合也要和对手保持良好的人际关系。

15.7.4　在人际网络中随时借机传播观点或计划，建立自己的人际关系网

建立良好的人际关系网主要是为了得到关于决策层的重要信息，同时也是为了拉拢人脉。此外，人们通常需要时间来接受一个新观念。第一次听到时让人不可思议的新观念随着不断重复将会变得可以接受。

15.7.5　如果需要做无法接受的事情，那么尽快找到替代办法解脱自己

即使弗兰是一个有雄心的成功女性，也成功地在一个高压古板、政治斗争复杂的企业做出业绩，她也不愿意继续这样的生活。一些人不喜欢在安静、悠闲的环境里工作，觉得刺激太少，同时也有一些人认为在大公司工作压力太大。找到适合你自己的方式。

第 16 章

棘手任务

前一章讨论了，当组织结构和情况造成了差异化的权力，并需要仔细了解当前的形势时，确定了如何以保持相互交换的方式进行组织的政治。但有时政治挑战更加个人化，有必要采取更强硬的立场，一种更具对抗性和自我保护的立场。在这本书中，我们一直强调朝着双赢方向努力的价值。在现代的组织中，未来的发展机会非常多，你今天击败的任何同事都可能在明天给你帮助。最好做到不论什么结果相互坦诚，不伤和气。

然而，在一些情况下我们总是需要做出一定牺牲以得到双赢。通常为了和对方达成协议，你可以提出一些可供交换的利益，不过有时候这样做还不够。我们必须承认即使是积极的要约也有隐性的弊端。一个显而易见的事实是，在没有接受交换条件之前，任何明示或暗示都会过早暴露底牌而增加达成协议的代价。在这个过程中，你要表现得比较强硬，同时不放过任何把有对抗倾向的对手变成盟友的机会。这里的“棘手任务”是指对自己的要求坚持到底，同时当对手使出卑鄙手段时也要给予强硬的反击。

这个策略可能很棘手，甚至是引火烧身。即使是隐性的威胁通常也可能带来对抗，特别是一旦对手被激怒，他可能只关注复仇而不是达成协议。我们反复强调，为了得到双赢应该向积极的方向努力。其次，永远不要让这种交换成为私人交换。要记住，你是为了实现企业的目标做事，而不是争夺个人的权力。有时候，讲清楚可能出现的消极结果，并表达将尽一切努力达成协议的意愿，不仅可以吸引注意力，同时为坚信的目标努力争取的意愿可以为你赢得尊重。

哪些情况需要你采取强硬而非妥协的策略呢？有时候，不管你想要的是什么，不管你付出了多大的努力，还是无法就可交换的利益和对方达成一致时，就需要你表现出强硬。例如，在你尽全力帮助你的盟友后，他还是对你的要求充耳不闻。当你提出你所受到的不公平待遇时，他总是找各种借口，推脱他还有其他更重要的工作需要完成。这时，与其把他看作伪君子或寄生虫，你还不如对他说：

比尔，我知道你已经超负荷工作，当然，我们都一样，而我提出的一些要求的确不在你的职责范围内。但是为满足你的要求，我已经超越我的职责并尽力为你做到。目前这种情况我们需要面对的只有两种可能的结果：要么我们都超出自己工作范围帮助对方，要么都按规则办事。你想要哪一个结果？我希望大家互相帮助，但是我拒绝去做没有一丝回报的事情。如果你想要真正的付出与回报，我希望你能对我的要求更加重视。

如果他不是真正想利用你，这样的表态足以引起他的注意，从而创造一种相互响应的关系。你愿意与人合作，但不愿意被别人当成傻瓜。此外，你也希望清晰地给对方传达这样一个信息：如果对方拒绝合作，将必然会带来一些负面影响。

下面我们来看看如何在展示强硬态度的同时，保留最终达成合作或同盟的可能。

16.1 逐步提高你盟友的代价

如果你为了公司利益而一定要从非常抵触的交换对象那里得到某样物品，你就需要更灵活的方式或付出更大的交换价值。基本的原则是每次增加或暗示会增加一点筹码。逐步抬高价码是为了尽量减小消极反应，为自己保留维持关系的回旋余地，同时增加可供选择的机会。在采取正式行动前你需要给对方相应警告。强调消极结果（“如果你不这样做的后果可能是……”）这样做可能会比较冒险，但是提出警告本身也会减弱你的行为的个人色彩，同时减少这种额外的压力给对方带来的刺激。

你实际上要传达的意思是你并不想看到你的盟友失去能得到的利益，这样你的重点就是交换而非个人。这和你说“拒绝是愚蠢的行为，我会让你得到好处的”是不一样的效果，事实上，你想告诉你那固执盟友的是，由于他的行为导致了这样严重的后果。

这种策略在使用时需要非常小心。为了减少谈判破裂的风险，你需要强调你是多么不愿意采取这种消极策略。这种策略强调你的目标是促成合作，而不是伤害对方。

在下面的案例中，主人公为了取得影响力顽强地前进。我们看到他们如何为争取固执盟友的合作而一步步增加筹码以及采取越来越强硬的措施。

对你的同事来说，增加的筹码并不代表要用顾客或上级来进行威胁。即使不用这些手段，你也可以通过坚持你的想法而达到目的。

案例

索尼·戴依：对不予回应的同事逐步抬高价码

作为商业保险销售者，阿尔波特·索尼·戴依很清楚当他代表顾客对公司同事提出的要求得不到满足时，应该如何一步步抬高价码来实现自己的目标。索尼的工作要求和他的顾客建立长期稳定的关系。而维持他们的商业关系涉及许多个人服务，要求公司许多其他部门予以配合。索尼需要不时地提醒其他部门的同事为他的顾客提供评估、报告、计算以及理赔等服务。但是在一个高度部门分化的公司里，他常常不能及时得到让他的大客户满意的服务。他向我们讲述了他是如何处理这样的棘手状况：

通常各个部门的眼光都太短浅，只愿意负责自己分内的工作。因此，我的工作内容就是让他们用更广阔的视野来看待顾客的需求。毕竟，公司的一切长远发展都要依赖我们的顾客。

最开始，我的策略是不停地提出要求，并且监督他们实施。有时候就是给某位同事留个纸条或给他的上司写信或打电话。监督是非常重要的，开始时我总是表现得比较温和，但是越往后就越强硬。如果我的要求没有得到任何回复，我就逐步加大价码，直到我变得非常强硬。举例来说，我曾对一个拒绝提供帮助的同事说：“由于你对我顾客的要求不闻不问，你正在让我失去顾客，如果到明天中午还没有满意的答复，那么我将告诉地区经理，由于你的原因我们失去了这个顾客。”我很讨厌这样做，这让我自己也心里不好受，但是我不得不去做我认为必须做的事。

当我遇到真正的对手时，我诉诸的法则是任何人都有敌人，于是我尝试把我的对手的敌人找出来。我不需要提高嗓门或进行卑鄙的威胁，我只需要说：“现在我遇到不能解决的麻烦，我想我唯一能做的就是向保险业联盟求救。”但是我只会在为求自保别无他法的情况下才这样做。

索尼在一家严重部门分化的保险公司工作，员工对本部门利益的关心大于对顾客需求的考虑，这也是让索尼的要求得不到应有重视的原因。在其他那些重视顾客需求的公司，任何由销售代理提出的顾客要求都能自动得到及时的响应，索尼在开始时就处于劣势。因此，即使不愿意，他还是必须寻求更多的手段帮助他达到目的，而他也最终改变了雇主的观点。但是当他还在公司工作时，出于需要，他学会如何变得越来越强硬。

值得注意的是，不管索尼对现状多么不满以及多么愿意抬高价码，他总是把顾客的需求和公司的利益放在首位。他的强硬手段并不仅仅是出于个人目的，当然失去顾客也会使他失去很多佣金。重要的是，他没有提出任何与公司利益相左的要求，同时，每次在他做出任何会使同事变得很难堪的事情之前都给予了相应警告。

16.2　当你遇到一个很难相处的上司

如果你遇到一个很难相处的上司，他或她一直坚持消极的行为，你必须努力寻找合法的、不会激怒对方的方法逐步提高你的筹码（请阅读“回击横加干涉的上司”）。

16.3　谁掌握权力

在下面的例子里，即使弗莱德是大卫的上司（在职位上高于大卫），我们仍然认为大卫才是真正掌握权力的人。

案例

大卫·奥芬博奇：回击横加干涉的老板

大卫·奥芬博奇是一名工程经理，当他发现他的上司不恰当地干涉他的一名下属的工作时，他通过斗争使上司退回到应有的角色。大卫表述如下：

今年3月，总公司东部分区工程部主管弗莱德·维尔森问我对一个新的项目是否感兴趣。我和弗莱德从未共事过，但都听说过对方的人品及工作业绩。所有人都告诉我，弗莱德是一个粗鲁、无情、严厉而且性情急躁的人。在我们就这次工作安排进行的讨论中，弗莱德（一年前调到现任职位）向我透露，公司已经任命他全权负责，尽一切努力提高他所在分部的工作效率和工作成果。至于找我负责新项目的理由，他解释为他的团队成员素质普遍偏低。为了提升人员队伍素质，他已经聘请了一批高级人才。弗莱德给我提供了一个由他直接领导的职位。他的最终目的是争取再回到西北分部，由我来填补他的空缺。在我上任的第一天，弗莱德告诉我下属中有三个水平很差的工程师他准备尽快开除。由于刚刚上任，我请他给我30 天的时间熟悉环境。开始我也以为弗莱德对这三名工程师的判断是正确的，但是随着了解加深，我发现其中一名工程师瑞恩和其他两人的状况不同。瑞恩总是乐于随时接受新的工作，同时能很好地完成所有任务。由于对新的工作和人员素质的担忧，我花了很大工夫观察下属的工作习惯和表现。我发现，无论是在公司内部或与外部的沟通交流中，瑞恩的工作表现都能获得整个项目组的信任，除了弗莱德。

在一次和弗莱德共进午餐时，我请他解释开除三人的理由。他对其他两人的评价都是可以理解的，但是我要求他解释对瑞恩的看法。弗莱德认为瑞恩对公司毫无价值且所有的问题似乎都出自他所负责的工作范围。他总是迟交或漏报工作成果，他无法解答一些重要问题，在整个部门缩编的情况下他总是要求增加人力。

在非常形象地描述了他对瑞恩的看法后，弗莱德马上问我对瑞恩的去留有何意见。在听了我的观察结论后，弗莱德非常不高兴。他命令我不要再在瑞恩身上浪费时间，而是要考虑如何尽快接替他的位置。

接下来我对瑞恩的背景进行了调查。从瑞恩的人事档案上看从来没有负面的评价。事实上，他的工作表现一直非常出色。在他为我们公司工作的 14 年里，他被分配了各种工程及管理工作，而且每一次，瑞恩在设计、管理以及合作方面的能力都获得了称赞。后来这份履历在我和瑞恩的前任领导的谈话中得到肯定。

这种情况使我非常困惑，我决定和瑞恩进行沟通。那次谈话进行了两个小时，瑞恩告诉我在此之前弗莱德已经通知他会将他解雇。我让瑞恩向我解释弗莱德在此事上的逻辑。瑞恩的分析和弗莱德如出一辙。虽然他常常加班但仍赶不上产品发表截止日。他总是要求增加人手，而他所在的部门总是出问题。而且他无法回答弗莱德关于这个项目初期规划的一些问题。但瑞恩同时指出，他只是在弗莱德接手之前 6 个月才参与这个项目。由于这个项目已经进行了 4 年，设计上的问题实际上是瑞恩的前任设计师留下的。但是，每次瑞恩提出这个理由都会激怒弗莱德。瑞恩还提出他的工作任务比起其他部门实际上已经超负荷。谈话结束时，我向瑞恩保证我会就这个问题给出一个圆满的解答，同时我认为对瑞恩的评价是不公平的。我告诉瑞恩很满意他的工作表现，并让他好好干。

通过比较各部门的工作量，我找到了支持瑞恩分析的证据。为此我给瑞恩分配了足够的人手以保证各个部门的人力与工作量基本相当。接下来，我告诉弗莱德我没有撤换瑞恩的计划，事实上他的工作很出色。弗莱德听到我的结论后非常生气，这也证明了瑞恩关于弗莱德无法接受其解释的说法并不是空穴来风。

在接下来的几个月里，瑞恩继续出色地完成他的工作。他的部门制订了工作计划并最终改掉了拖沓的毛病。但是，弗莱德还是对瑞恩耿耿于怀。同时在各个公开场合，无论是会议还是在瑞恩所在的部门，特别是我也在场的情况下给他难堪。让我惊奇的是，弗莱德并没有对我表示出特别的不满。事实上，他还逐渐给了我更大的自由和权力。

乍一看，大卫的处境似乎很艰难，因为他老板的风格。但我们的模型显示大卫的立场其实很坚定。

- 良好工作表现的影响。弗莱德把大卫视作自己职位的接班人就是看重他过去的杰出工作表现。同时，与弗莱德相比，大卫得到的赞誉远远多于批评。所以如果弗莱德坚持己见，大卫能够掌握自己的去留。他仍然可以保留自己的职位，而信誉受损的则是弗莱德。这张底牌不能一开始就亮出来，但最好你自己有这种退路。

- 谁更需要谁？一旦弗莱德离开，大卫可能会接过他的职位，但他也有其他选择。弗莱德是临时被任命接管这个分公司的，他急需借助大卫的能力来提升业绩从而使他能更快回到西北分公司。
- 信息的力量。在瑞恩的去留问题上，大卫不仅分析了现状，考察了部门的工作量，同时他还对瑞恩的个人履历进行分析从而得出自己的结论。瑞恩过去的工作表现足以推翻弗莱德对这三名工程师的工作表现的评价。

让我们来看看大卫是如何影响弗莱德的：

- 通过行动建立威信。首先他对这个问题进行仔细考察并得出结论。接下来他果断地开除了不称职的两名工程师，从而在弗莱德面前树立起有决断力和行动力的形象。
- 潜在的盟友。仅仅根据他人的评价大卫已经足以把弗莱德看作一个铁石心肠的独裁者。但是他还是不断地尝试去影响并改变弗莱德的看法。大卫没有陷入对独裁者的固有印象的原因之一是虽然弗莱德对瑞恩的去留问题带有个人感情色彩，但他并没有把偏见转移到大卫身上。
- 互相理解。大卫通过午餐时的沟通试图理解弗莱德的立场。即使在弗莱德非常不高兴的情况下，大卫也并没有和他争吵。事实上，大卫把弗莱德的观点看作有待证实的信息，并通过仔细倾听给予对方足够的尊重。
- 目标明确。大卫把关注的重点放在如何体现并保证对员工的公正待遇，以及如何对公司的成功有益。他没有一味袒护自己的下属，也没有陷入与弗莱德的私人争斗。

在初步保留瑞恩的职位之后，弗莱德对此仍然有情绪。大卫应该怎样做才能使他不再为难瑞恩呢？在收集了关于瑞恩工作问题的资料以及了解了问题的成因之后，大卫帮助瑞恩重新分配工作，最后他向弗莱德证明瑞恩的确是在不断改进他的工作。但一切都不足以改变弗莱德的成见，大卫只好求助其他方法。

在弗莱德指出大卫的工作业绩会因为瑞恩的问题受到影响后，大卫仍然坚持他对瑞恩工作能力的看法，这也向弗莱德表明他对瑞恩的信心。这一步非常正确：通常授权让你负责某项工作的上司希望看到你愿意承担责任并保证完成任务，同时这也意味着你可以拥有一定的决策自由。接下来大卫应该做的就是使这一点更为明确，即向弗莱德表示如果他继续对瑞恩抱有偏见并不停干涉他的工作，大卫将无法保证他的团队能保质保量完成工作。或者说，公司的利益将有可能因弗莱德而不是瑞恩的行为受到损害。

大卫需要考虑的问题之一是弗莱德是否能容忍他的强硬态度。弗莱德是否会尊重他的决定，抑或他会就此爆发而让大卫下不来台？事实上，大卫可以换一种方式：弗莱德就像一头公牛，他只能接受下属的绝对服从，同时他也毫无耐心，所以不能容忍大卫在瑞恩身上花太多精力。从大卫与弗莱德的交往中，大卫发现弗莱德实际上可以立即还击，但是弗莱德并没有惩罚大卫，这一点大卫本人也很惊讶。这也可以看出，弗莱德实际上很欣赏大卫，因此可以容忍他在瑞恩问题上的不同观点。我们可以就此猜测弗莱德实际上是吃硬不吃软的。强硬对弗莱德是有效的交换条件。另外，弗莱德希望由大卫接替自己的位置，所以他对大卫的判断力有信心也是另一个有效的交换筹码。这些筹码对弗莱德而言比他自己对瑞恩的了解和判断更为重要。

最后，大卫还是决定再进一步："弗莱德，你对我应该有足够的信心才会把我调到这个位置。我现在已经朝着扭亏为盈的方向前进了一步，但是你的行为实际上在阻挠我们获得成功。关于瑞恩，我们已经讨论了无数次。我也明白我不可能让你喜欢上他。但是，他为我工作而我需要对他负责。我完全相信他可以胜任这份工作，而他也证明了他的能力。如果你还是不能放过他，那可能真的会把事情搞糟。从现在开始，如果你对他的工作有任何不满，请直接对我说，而不要指责他！如果你还是坚持要开除他，我只能说我不能保证我们的工作能获得成功。那么你来选吧，是继续让瑞恩难堪，还是让我根据我的判断力把工作干好？"

弗莱德听后气急败坏，但最终还是妥协了。在以退为进的过程中，大卫采用了一些策略故意拉开与弗莱德的距离，比如，通过强调工作成绩的重要性，让弗莱德认识到他的行为有可能影响他最看重的工作业绩。同时，大卫提醒弗莱德注意，虽然他在职位上是大卫的领导，但是大卫才是应该领导并评价他直接下属的人，如果弗莱德不断干涉大卫的管理，他实际上会减弱大卫的权威而不利于管理。他如果还是坚持要横加干涉，那么他可能需要对比现在更坏的局面负责。同时，通过提到弗莱德对自己工作成就的赞赏和信任，大卫也在暗示弗莱德有可能会失去一些有价值的东西。因此，如果弗莱德继续为难瑞恩，他也需要付出一定代价，而弗莱德显然本不想看到这种情况发生，于是他妥协了。最后，大卫对弗莱德用了一种以其人之道还治其人之身的态度，也起到了很好的效果。

16.4 最后的筹码：赌上工作

大卫在和弗莱德交涉过程中从来没有提到要以自己的工作作为赌注，但是这可能是他的最后底牌。遗憾的是，这并不是一个完全的胜利。即使在弗莱德回到西北分公司后，他的脾气仍然不会改，而他对瑞恩的态度也只会被理解为出于本性的一种报复，不会为人所不齿。反而是那个袒护自己下属的人要承担名誉受损的风险。

很多情况下，当你用尽其他办法却仍然无法说服你的盟友，特别是你的上司时，你只能把自己的工作作为最后的筹码。例如，你发现上司可能会犯一个极大的错误，你觉得受到极大的不公正对待，上司提出不道德的要求，或者你认定如果上司不停止某种行为会使这份工作变得毫无意义等。

当其他方法都失效，而你又认为这件事情的重要性值得你为之冒险时，最后的办法就是提出一个基于现状分析的且上司不可能拒绝的方案。只有当你确认即便为此而赔上工作的后果与维持现状相比不会让你更加难过，你才能这样做。

然而，有时赌局输了，你威胁说要离开，结果上司接受了。这一结果是好是坏，取决于形势能否挽救。我们认识的一位年轻的领导者，两年内将公司的年销售额从几百万美元提高到 8 000 万美元，但他的老板从不信任他，导致很多方面都对他不利。他尽其所能来修复这段关系，尽管他喜欢这家潜力巨大的公司和行业，但他意识到，如果没有他认为适当的支持，他最好还是离开。然后他以一种不会激怒老板并导致报复的方式离职。让老板决定用全额解雇费把他赶出去是痛苦的，但对他来说是一种更好的选择。

采取极端的措施来反击你的老板并非总是必要的，有时你如果不能获得影响力说明也许你的想法是坏的，或者你的影响力技巧是不恰当的。承担多少风险取决于你自己承受最坏后果的能力，以及你衡量观点的时间线的长度。不可否认，从长远来看，我们都已经死了，所以忽视短期是愚蠢的；但同样正确的是，只在短期内采取行动，同时假装没有长期行动，这是一种好办法，可以让你摆脱困境。准确衡量是必要的。

16.5　生活中都会经历一些风雨

在本书的大多数例子中，主人公都需要和难相处的对象打交道，但是他们都不是十恶不赦的坏人。虽然实际生活中发生的概率很小，但是你还是有可能碰上一些确实比较糟糕的同事或上司，他们为了满足个人私欲而不惜采用各种卑鄙手段来对付有可能对他们造成威胁的你，甚至制造各种谣言。（例如，有人曾被造谣和公司老板发生不正当关系，或挪用公司资金等。）如果你能确认所有的诽谤都是别人编造的，而不是由于你的行为或应该由你负责的行为造成的，你就必须采取一些非常措施来自保，这时就不是讨论如何取得双赢的问题了。

与人为善并不总能影响那些希望伤害你的人，必要的时候还是应该适当地采取一些强硬措施。但是强硬并不等于不道德。虽然你有可能遇到让你产生复仇心理的人，但这里我们不讨论这种“相信以牙还牙的报复是解决冲突唯一办法”的理论。本书所要传达的是如何在无法达成双赢的情况下坚持对自己合法权益的追求。你是不会考虑和永久的敌人进行任何交换的。

下面我们来看年轻的律师鲁迪 • 马蒂尼的一段常见的经历。鲁迪的同事沃特在私下里抱怨了他们共同的上司之后，力劝鲁迪既然两人都认同了上司的不足之处，就应该在午餐时共同对抗他。当鲁迪来的时候，沃特已经和上司在一起了，他们的上司说：“鲁迪，我知道你有一些批评的话要对我说。鲁迪不知所措、毫无准备，一个人孤独地面对抱怨和不忠。他咕哝半天说出了一句很平淡的话：“一定是有误会，”然后迅速离开了。后来他了解到，沃特因在律所使用类似战术而臭名昭著。

16.6　想清楚再对抗

鲁迪有什么选择？一种方法可能是提前退出，在确定要做什么之前保持镇定，然后与沃特进行激烈的对抗。

16.6.1　真相曝光

对付在背地里蓄意破坏之人的最好办法之一就是尽量让阴谋者曝光。那些卑鄙小人之所以能屡屡得逞都是因为在幕后搞花样，同时还有当事人对公开事实的犹豫。但是，既然公开事实能让阴谋者现出原形，我们就应该努力揭发事实。到那时，沃特这样的行为就无异于搬起石头砸自己的脚。

我们有时间和距离的优势，由于我们一直认为鲁迪应该说这样的话，所以这并不完全是后见之明。

鲁迪本可以在老板面前表现出乐于助人的意愿，而不是在老板面前感到尴尬。虽然当有人出乎意料地激怒你的时候，你很难做出完美的反击，但没有必要把他当成是“专门做对”。遵循这个简单的原则：如果你真的想为公司的利益而行动，那就直接说出来，并对突然袭击做出公开的反应（假设你不想跳起来拧同事的脖子）。

也许鲁迪所能做的就是大喊一声：“真是令人震惊！我以为我们是一伙的。怎么回事，沃特？” 这样的表态已经足以说明沃特也牵涉其中。如果接下来沃特把一切责任推得一干二净，鲁迪可以向上司解释他被误导了，但他真的想帮助上司更有效率，且有必要的话，他会独自去做。

如果鲁迪也想算计别人，或者是想和老板过不去，那么这些都不会奏效。事实上，他如果出自真心关心部门的发展（鲁迪的确是这样的），那么把真相说出来并不是什么坏事。沃特这类人总是忙着算计别人，所以他们永远不会想到有人真的愿意做正确的事。这也就是他们的弱点。他们不会认识到，他们阴谋的牺牲品勇敢地说出真相会让他们自己显得多么卑鄙。还有一种可能，沃特并不认为自己是小人，他对自己的行为另有一套解释，他的行为结果可能和他的出发点大相径庭，他的真实面目会在勇敢地质问下暴露无遗。这样，也可以让他感受一下自己的行为带来的恶劣结果。

俗话说，善有善报，恶有恶报。沃特后来因为太热衷于玩弄权术而没有当上合伙人。鲁迪当上了合伙人，但是没有得到投票权，因为大家认为他没有表现出统领全局的能力。这个例子很好地说明了光靠政治手段或抓不住时机都不能带来成功。

这可以通过人前有节制地表达愤怒或私底下发泄来实现。资深的谈判专家会建议，最好不要在公司里真正发怒，但是恰当地表达愤怒也可以成为一种很好的策略。有节制地表达你的愤怒，如瞪目或尖叫都能迷惑幕后操纵者，让他无法揣测你的下一步行动，同时也在一定程度上防止类似事件再度发生。你可能没有阻止沃特在老板面前挑拨离间，但是你可以阻止他再对其他人故伎重施。

本书的作者之一就曾经用这招还击过一位试图算计他的同事（为了争夺办公空间），当时他瞪大眼睛盯着那位同事，大声说道："别跟我来这套，杰克！我是教谈判的！"杰克当即退了回去从此收敛许多，因为他知道他的伎俩不会再起作用了。

16.6.2　散布一点阳光

如果无法和对手直接对质，那么你也许可以把这件事告诉尽可能多的人，让大家都提高警惕。但就像我们提到的，这种做法本身带有危险。那些小人可能不但不会被吓倒，反而会因此激起他们更大的报复心。跟他们相比，你可能没有那么大的仇恨心理和坏脾气，所以如果可以避免最好还是不要卷入这种肮脏的无谓之争。

此外，当其他同事看到只是你在讲某人的坏话时，他们反而会把你看作卑鄙小人。就像一个篮球选手为了反击对方的偷袭而犯规，你永远得不到真正的公平对待，而且你甚至不能从这种反击中得到任何好处。无论如何，职场上的信誉是最重要的，你要相信，那些终日在背后搞鬼的人终会得到应有的惩罚。而且一定不要滥用计谋，要记住有些武器只是用来自卫的。

总体来说，我们讲过的这些策略都是在你"威胁"打算使用的时候最有力。一旦你真的使用，其后果可能是无法估计也无法控制的。因此最好的办法是警告那些阴谋策划者不再继续作恶，让他们相信你会报复，而不是真的去报复。你需要做的则是在必要的情况下发出警告。

16.6.3　影响，而非操纵

职业生涯中的信誉是一点一滴累积起来的，一个人如果总是从个人私利出发考虑问题，那么迟早人们会认清他把个人利益看得比公司利益还要重要的真面目，那时他就会失去信誉和影响力。虽然有时候等待的时间比我们估计的要久，但是施恶者终将受到惩罚，伤人者必自伤。同样，那些滥用利益交换原则的人，如为非法利益行贿者，也终有败露的一天，正所谓天网恢恢，疏而不漏。

有时候应对特别麻烦的对手时，会增加你跨越自身底线的诱惑。首先找出给双方都带来不好后果的不道德的操纵行为，再把它和有计划的影响力，即公司里所有人都可以进行的无害行为区别开来（见表 16.1）。

表 16.1　总结了影响和操纵的区别

下列这些行为是否属于操纵	回　答
为累积影响力而关注你所做的每件事	否
根据对方的兴趣调整自己的观点和语言	否
不主动提起自己的最终目标	否
为让交换显得更有价值而夸大自己的代价	否
想对方所想	否
向每个人提供未曾给予过的帮助	否
尽力美化可以获得的利益	否
假意关心对方	否
对自己的意图撒谎	是
对自己付出的代价撒谎	是
对得到的利益撒谎	是
做虚假的付款承诺	是
通过打击对方的弱点使其处于劣势	是

影响和操纵的最大区别就在于，当你告诉对方真实意图后仍然不会减弱其影响力的行为是影响，反之则是操纵。遵循此原则并不意味着你必须公开所有的行为，也不会妨碍你准备最有说服力的论点，但是这条原则告诉我们，任何情况下我们都不应该撒谎。谈判专家都知道："你应该总是讲真话，但你不需要首先讲出整个事实。"

16.7　提防不怀好意之人

是的，偶尔也会有害群之马。但我们也见过很多情况，双方都确信自己的动机是纯洁的，而对方的动机是恶意的，而且双方都无法克服这些偏见。例如，我们咨询过的一群医院管理人员，多年来都对彼此表现出恶意，他们都认为除了自己以外其他人都是会伤害他人的恶人。然而，每个人都私下告诉我们，他们不喜欢这种互相敌视的相处方式，但是人人都认为自己应该主动出击，因为相信对方早已准备好进攻。当大家的感受被公开后，所有人都长舒了一口气，并开始从每个人身上发现许多以前从来不敢想象的美德！他们这种不加考证就互相猜忌，并得出消极结论的做法很值得我们每一个人检讨。

然而，当强硬的升级策略变得必要时，另一个风险是你会感到压力过度并过早地退出。你必须有足够的毅力坚持下去，即使你宁愿把这作为最后的手段。

人的本性是倾向于合作，共同承担责任同时各取所需。但是就像人类其他的行为一样，互惠和交换原则也有可能而且经常被以其他形式滥用（见表 16.2）。我们列出这些消极的方面，一方面为了提醒你潜在的危险，另一方面也是帮助你自保。

表 16.2　互惠及交换的潜在消极面

腐　败
不当、不道德的、或违法的交换
操　纵
对真实意图、目标，以及获得利益的真实用途撒谎
付款或偿付中的欺诈行为
对真实价值撒谎
对真实贸易动机撒谎
创造不存在的价值以要求互惠因而违背个人对公平贸易的信仰
报　复
过分夸大的义务及回报
消极的企业氛围
过分强调个人利益而忽视企业利益
过分强调利益交换，而忽视和谐人际关系的建立
否认利益交换的存在，无法完成任何任务
害怕打击报复和其他消极的事情，而不是积极地交换利益

16.8 结语

一旦出现棘手的状况，对个人或是公司的发展都是不利的，不管你处于哪一方。但是，你不愿意面对并不等于你害怕或没有能力面对。如果有可能，尽量争取双赢，即使你必须使用一些消极的策略来抬高你的价码。

在此需要提醒的是，在处理问题的过程中应该尽一切可能建立合作关系而不是无谓地破坏这种关系。这意味着不要一开始就把对手想成坏人。在进行反击之前警告对方，并表明自己不愿意看到消极结果的立场。抬高价码的过程中始终不放弃达成合作的机会并尽量避免最坏的结果，同时不要做以伤害对方为目的事。

在苹果公司工作过的唐娜最后创立了 Handspring 和 Palm 两家公司，她谈到“永远要给自己留退路”。如果你并不是完全依赖这份工作，你可以更加勇敢。但是如果你能尽早开始给自己创造良好的职业记录以及建立更大的关系网，这会让你在职场上处于更有利的地位。拥有很多潜在的盟友会让你更容易得到影响力，也更容易处理任何棘手的问题。如果你需要回顾一下如何建立良好的人际关系网，请参见第 6 章。最后，请注意避免下列这些自设陷阱：

- 如果对方反抗或抵触，我就撤退。学习采用其他交往方式。
- 如果别人对我使用卑鄙手段，我就直接还击，并且不对负面结果予以警告。不要把核武器浪费在一记耳光或一脚可以解决的问题上。
- 不愿意采用消极利益的交换。当需要醋而你只有蜂蜜的时候，你只能束手无策。
- 只顾攻击而不给将来的合作留余地。不要害怕战争，但更不要让和平失去吸引力。

附录 A

1. 线上拓展案例与补充材料

想了解以下案例的完整信息，可以登录我们的线上网站（http://www.influencewithoutauthority.com）进行查看。这些案例内容详尽、描述具体，是我们对各层级不同组织中应用措施的详细分析。

（1）内蒂·西布鲁克斯的职业启发：不顾一切地施加影响力

作为一名女性非裔美国人，内蒂在克服困难以获得影响力方面的经验可比她分享出来的要多得多。尤其是在她初入职场时所在的通用汽车公司。她获得影响力的非凡故事向我们揭示了以下列出的宝贵经验：

- 提升工作质量以获得可信度和良好声誉，这是获得影响力的最基本要求。获得影响力可不能单凭技巧。
- 培育牢固的人际关系。
- 把组织利益放在第一位，这样就不会被认为是谋求私利。
- 警惕自我设限，比如给难以影响的人贴标签，放弃学习机会，或者忽略对方的需求。

（2）沃伦·彼得斯引领多阶段的复杂交换：在真实的组织中工作

在沃伦试图更换他的保险经纪时，他与该经纪的上级经理产生了冲突。沃伦不得不决定是否要坚持他的选择。一旦坚持，他就要思考如何保持与保险公司的关系，与此同时还能得到自己想要的结果。沃伦的故事告诉了我们施加影响力的关键原则：

- 在被挑战时，克制住立刻还击的冲动。
- 仔细倾听对方的言论，从中提炼出对他们最重要的东西。
- 坚持自己的观点，用稳定的耐心来逐步达成。
- 必要时优雅地中止交换。

（3）安娜·奥斯丁的跨越：兜售新的产品理念，并得到一份难以获得的工作

当安娜作为一名市场分析师，为一个财富500强消费品公司服务时，她发现了一个新的产品商机，但她的困扰在于如何让她的想法得到认同。但她凭借巧妙的影响力策略和难以置信的坚持，在组织内部推动了各种活动，最终终于使得她的产品理念得到了认同，自身也得到了期望的工作。她的故事证明：

- 聚焦目标，在任何情况下都尝试交换。
- 牢记目标，坚信可以获得成功。
- 慎重地对待阻力。
- 自信，从不对抗。

（4）创新的产品经理莫妮卡·阿什利的起起落落：坚毅的影响者的教训

这个复杂的案例展示了长达数年的多层次挑战，并揭示了项目管理工作中应如何确定关键影响者、明确重要事项，以及用全部的影响力技巧来实现重大的战略项目。

莫妮卡面临强有力的技术专家的阻碍，虽然她赢得了可以通过外部合作解决技术问题的争论，但因为她所采取的方法，被从产品开发团队中剔除并被“雪藏”了一年。如果所处的工作环境需要与多方建立关系并赢得支持，你需要好好审视一下如何更好地分配你的时间和精力。莫妮卡的经历告诉我们：

- 拥有正确的信息是良好的开始，但并不足以决定全局。
- 影响力的建立需要建立稳固的关系并进行维护。
- 赢得支持者的帮助和克服反对者的阻挠同样重要。
- 你尊重的人并没有做你期望的事情，不要仇视他们，你需要进行询问和学习。
- 管理层级越高，行为准则就越微妙，而且对你的声誉和职业生涯的影响也就越大。

（5）蒙大拿州的“小小”奇迹：使用影响力来改变组织外部的人员和团队

提姆林·巴比特斯基和吉姆·所罗门看到了蒙大拿州风力发电的巨大潜力，但并不了解当地的组织情况，因此感到不安。通过与几个政府赞助的团体合作，他们进行了良好的宣传之后。他们启动了一场基层运动，通过强大的现有资源改善人们的生活。

他们推进影响力活动的重要因素包括：

- 找到持续克服复杂的反对力量的个人兴趣点。
- 找到所有的利益相关者，并想方设法和他们建立联系。
- 使用所有可能的沟通方式来多样化传递你的信息。
- 为关键利益相关者提供信息、拜访、反馈和后续跟进来减少他们的时间压力。

（6）威尔·伍德实现了电子学习平台的销售：成功实施变革的案例

威尔·伍德被任命到了一个业绩糟糕的部门，担任部门负责人之后，他实施了谨慎的变革计划，使用强大的影响力技巧和精密规划来落实电子学习平台。这是一种更有效的培训方法，但要取得成功，他必须克服质疑和压缩预算。他实践的一些原则包括：

- 提供变革可以有效提升效率的愿景。
- 通过更好的业绩建立信誉。
- 调整他的互动风格，与关键人建立重要关系。
- 为变革带来的政治影响做好准备。

（7）他为什么不听？一个常见的失败案例：如何通过影响力模型得到帮助

在这个案例中，一位经理因为某位同事的行为深感挫败，尽管他尽了最大努力去尝试改变。我们发现由于他并没有考虑同事所重视的东西，因此经理无法获得他想要的那些影响力。

（8）与敌对组织建立合作

尝试将支持提案和反对提案的学校团体凝聚起来，双方都坚持立场不肯让步，这是一个极其困难的影响力挑战。关于解决问题的步骤和经验总结，本案例提供了教科书式的操作。

（9）与来自历史关系不佳的部门的难缠同事建立联系

部门历史关系不佳、情绪消极，这是一个难以合作的联合项目。本案例讲述了如何克服这种情况——要理解难缠的合作者的感受，并注意与之达成合作的积极影响。

（10）寻找和支付有价值的等价物：打消国家办事处和营销人员的疑惑

迈克·加西亚是某 500 强电脑公司拉丁美洲软件营销团队的成员。作为总部的职能部门，他必须得到国家办事处管理人员和其他抵制总部的人员的合作，了解对他们来说有价值的东西。他投入了大量精力与国家办事处负责人建立关系，倾听他们的担忧，将他们视为合作伙伴，根据他们关注的需求来制订他的方案。

（11）影响难缠的下属

这一整个章节介绍了如何应对直接领导但难以影响的下属。通过密切了解不同下属所关注的东西，并根据他们的需求调整对策来获得他们的合作。其中包括如何提供帮助下属学习和成长的反馈。

（12）低层级的人员有效领导产品开发团队

作为 MBA 学员，泰瑞·韦勒在快速发展的健康食品公司 Healthy Bites 进行暑假实习。令他惊讶的是，他被要求担任一个关键的高级产品开发项目负责人，该项目需要管理协调组织各个层级和部门的 20 余人。预计该产品在第一年就将产生数百万美元的收入，并对竞争品牌形成压制。他确定了团队成员和他们的需求，处理了一个别人认为很困难的“多管闲事”的同事，从而让团队齐心协力，最终取得了成功。

（13）露西亚·艾默生——实施跨越三个部门的影响力

露西亚在一家大型跨国公司从事供应链管理工作，她难得有可以领导的下属，在这样的情况下，她被要求领导一个重要的跨部门团队，成员来自具有不同愿景和目标的部门。她需要使用她的影响力技巧来帮助他们为公司做出明智的决定。

（14）更多关于处理上级难题的问题和答案

这是第 9 章内容的拓展，并提供了更多的示例。

（15）因为误解减少互动和理解：奥利弗和马克的悲伤故事

这是一个令人悲伤却并非罕见的故事。双方都是聪明人，每个人都过于简单地理解影响力，结果他们的关系持续下降，不断丑化对方的形象，消极行为的不断加强最终产生了一系列负面的结果。

（16）合作伙伴使用交换让关系得以改善

使用影响力模型并不简单，尤其是当存在着强烈情绪而且对对方有着负面假设时，陷入僵局的两个人不一定能自己解决，这个案例就说明了这一点。同时也强调了客观第三方的价值。

（17）保罗·韦斯特布鲁克，走出艰难变革的政治影响：在德州仪器获得更多可持续的支持

这是一个利用工作之外的个人关系来推动重要举措的绝佳案例，来自德州仪器公司的全球建筑项目经理保罗·韦斯特布鲁克，他对公司因对环境恶化和浪费的关注而启动的可持续实践充满热情。美国也正在施行一项关于这些问题的举措，但像保罗这样的热心者很难能让公司的决策者做出回应。

德州仪器已经在全球各地的工厂进行了大量的环境改善和可持续发展设施建设，但保罗希望能将公司提升到更高的水平。与此同时，他的热情也让他在自己的住所引进太阳能，使用了各种绿色技术。

（18）成功使用对抗风格来增强影响力

销售实习生克丽丝·哈蒙德在开发潜在客户和获取高价订购单方面非常成功。但她的上级却更加偏爱一个男性同事。在尝试获得公平机会失败之后，她威胁要带着最好的客户资源辞职。这个例子详细说明了她是如何获得她认为自己应该获得的机会的。

（19）关于“谈谈价格”的威力

这个例子说明，在与内部同事打交道时，谈谈价钱（通常被认为会令人不快）能够创造出一些积极的转变。

2. 调查问卷

关于非权力影响力、影响力与领导力的360度调查问卷工具。这些问卷要求同事、下属和上级填写关于被评价人当前行为表现和他们对被评价人所期望的行为表现。所有的问题都与可以改变的行为紧密联系在一起，并与工作中同事的需求相关联，因此测评结果务实可操作。关于示例，请访问网站。

反侵权盗版声明

电子工业出版社依法对本作品享有专有出版权。任何未经权利人书面许可，复制、销售或通过信息网络传播本作品的行为；歪曲、篡改、剽窃本作品的行为，均违反《中华人民共和国著作权法》，其行为人应承担相应的民事责任和行政责任，构成犯罪的，将被依法追究刑事责任。

为了维护市场秩序，保护权利人的合法权益，我社将依法查处和打击侵权盗版的单位和个人。欢迎社会各界人士积极举报侵权盗版行为，本社将奖励举报有功人员，并保证举报人的信息不被泄露。

举报电话：（010）88254396；（010）88258888

传　　真：（010）88254397

E-mail：　dbqq@phei.com.cn

通信地址：北京市万寿路 173 信箱

电子工业出版社总编办公室

邮　　编：100036